江苏省教育科学规划办"十三五"规划(重点资助)课题
"高中语文经典作品细读教学的行动研究"研究成果

经典作品细读津梁

李 彬 著

苏州大学出版社

图书在版编目(CIP)数据

经典作品细读津梁 / 李彬著. —苏州:苏州大学出版社,2017.12

江苏省教育科学规划办"十三五"规划(重点资助)课题"高中语文经典作品细读教学的行动研究"研究成果

ISBN 978-7-5672-2338-7

Ⅰ.①经… Ⅱ.①李… Ⅲ.①阅读课-教学研究-高中 Ⅳ.①G633.332

中国版本图书馆 CIP 数据核字(2017)第 320142 号

经典作品细读津梁

李 彬 著

责任编辑　史创新

苏州大学出版社出版发行
(地址:苏州市十梓街1号　邮编:215006)
苏州工业园区美柯乐制版印务有限责任公司印装
(地址:苏州工业园区东兴路7-1号　邮编:215021)

开本 700×1000　1/16　印张 15.25　字数 224 千
2017 年 12 月第 1 版　2017 年 12 月第 1 次印刷
ISBN 978-7-5672-2338-7　定价:36.00 元

苏州大学版图书若有印装错误,本社负责调换
苏州大学出版社营销部　电话:0512-65225020
苏州大学出版社网址 http://www.sudapress.com

序

魏本亚

李彬老师是一位爱动脑筋的语文老师,他教语文不愿意人云亦云,总要琢磨出自己的想法。这种做法成就了他的教育事业。他花了多年的时间做文本细读方面的研究并写了一本书,让我写序。写些什么呢?就写写我的心得吧。

文本细读,作为解读文学作品的一种方法,在孙绍振、钱理群、王先霈等一批著名学者的大力提倡和率先垂范之下,俨然已褪去其枯燥玄奥的面目,并渐渐走进中学语文课堂,赢得了一线教师的普遍认同和积极尝试。对细读的认同,绝非仅是一种教学方法的更新,其本质乃是人们对以前粗疏、机械甚至错误教学观念的反思和修正,其意义不言而喻。然而,由于上述名家多是在纯文学理论层面上介入文本细读,其目的是力求将作家的艺术创造力与文本的艺术奥秘揭示出来,较少从中学语文教学的语境出发提出文本细读教学的具体策略。于是,如何将文本细读更加有效、深入地落实到课堂教学实践中,便成为一线语文教师迫切需要探索的问题。李彬老师在一线讲坛已躬耕三十年,对细读教学独有会心。书名中的"津梁"二字,颇为恰切,体现出李老师对这一问题的性质,以及对这本书定位的认识是非常准确的。"津梁",即连接两岸,助人渡河的桥梁。在书中,它连接的正是文本细读理论与具体教学策略,它欲探寻的是二者得以有机融通的逻辑接口。在这一定位的指导下,全书的筋骨、线索和具体章节的安排都始终体现出理论建构与具体教学实践相结合的特征,理论的深刻性、系统性与教学方法的丰富性、灵活性相得益彰,这对于一线教师无疑具有切实的指导性。为搭建这一"津梁",李彬老师做了大量追根溯源、归纳总结以及个案分析的工作,使得中学语文的细读教学不再尴尬地徘徊于各种细读理论与教学技法之间,渐趋于自成体系,这确实非常难得!

上文指出,尽管有诸多名家对文本细读做了一定的研究,有的还提出了一些具体的细读方法,比如孙绍振先生的"还原法""错位法",但其与语文教学毕竟属于两个体系。如果将其直接植入中学课堂,难免会干扰语文教学本身的规律,也将削弱以上方法的阐释效力。所以,建构一个较为完善的语文细读教学体系显得尤为必要。为此,该书在纵向与横向两个逻辑层面切入,为细读教学廓清了理论背景。纵向,指的是在文学理论层面上,追溯文本细读的起源。该书从我国传统文学批评理论、西方的新批评理论,以及当下的阅读教学三个维度,梳理了一些代表性观点,分别指出了它们之于细读教学的价值。这一略显枯燥、烦琐的工作对于奔忙在中学一线的教师而言,的确是个不小的压力,但李彬老师在书的开篇用一节内容就较好地完成了,可见他已很明了自己的研究处于理论谱系的何种位置。虽然只有一节内容,却足以告诉我们,中学语文的细读教学并非跟风、臆想出来的课题,它有深厚、丰富的理论传统,它是这些批评理论与当下中学语文教学视域融合之后自然生成的一个问题。横向,指的是立足于教学活动本身,探寻实践文本细读的依据。这里,李彬老师从教育学、心理学、接受美学与高中语文新课标四个角度,来分析文本细读在教学活动中开展的必要性和规律性。尤其是将语文新课标列入其中,便将细读教学之根扎进了现行权威的教育理念之中,也为文本细读进入一线教学找到了抓手。于是,我们看到第二章,便从语文课程教学要求、教学文本、教学对象、教学内容的有效性、教学内容的生成性、教学内容的整合六个方面,阐述了文本细读教学内容安排的几个原则。如此,相对玄奥的文本细读便以一线教师更为熟悉、更易驾驭、更具有操作性的面貌呈现出来。

如果说,宏观理论的建构与转换可见出一名教师的理论修养,那么,直面语文课本中大量的经典文本,对其做精雕细刻、细致入微的解读,则更是一名教师必备的基本功。正如著名特级教师于永正先生所言:"要想真正地上好语文课,必须要学会解读文本,走进文本,要深入挖掘教材,不能片面地停留在文本的表面,要挖出文字背后蕴藏的东西,只有钻研出语文的味道来,才能上出带有语文味道的课来。"所谓"语文味道",就是每一篇经典文本所内蕴的源自文学艺术本身的魅力与奥秘。这一"味道"只有细品、细嚼方能感知,那种粗疏浅陋、大而化之,甚至先入为主的解读只能带给人政治的、伦理的、道德的说教。正是基于这一认识,该书将大部分篇幅留给了对具体细读教学内容、方式、策略、方法的阐释,从中可以看出作者见微知著的细读功力。

为了便于一线教师理解,也为了防止陷入琐碎细读方法的缠绕之中,李彬老师一反长期以来"淡化文体"的风气,坚持了文体导向,从而使文本细读在不同文体的视域内获得了各具特色、深入细致的展开。童庆炳先生指出:"文体是一定的话语秩序所形成的文本形式,它折射出作家独特的个性特征、感觉方式、体验方式、思想方式、精神结构和其他社会历史、文化精神。"所以,不同的文体必然内含着各自文本细读的规律,将这些规律找出来,凸显重难点,对于一线教师的细读教学无疑具有直接的指导意义。总体看来,该书对各种文体的细读是有针对性的。比如,面对文言文,便强调对语言的品味;面对古诗词,则强调对意脉的把握;面对小说,则强调对人物和情节的解读;面对新诗,则强调对现代意识的培养。可见,这些细读教学策略均是因体而设,抓住了该文体最需要中学生掌握的特质。这样的细读就是有的放矢,有所为有所不为方能真正地深进去、细下去。比如在分析《项脊轩志》时,作者抓住不为人所注意的"闻姊家有阁子,且何谓阁子也?"一句,进行深入追问,发掘这一"闲笔"背后的情感逻辑。最终发现,文中的"阁子"应是"姐姐在家里经常提起,而且肯定是在姐妹们面前夸耀,反复描述南阁子中的甜蜜生活,引起了妹妹们的好奇与兴趣,甚至是'向往'"。这一分析是符合人情事理的,深化了我们对这一名篇的理解,让人耳目一新。

对具体细读教学方法的介绍,既是全书逻辑结构的最后一环,也是我最为期待的部分,因为任何方式和策略最终必须落实到具有可操作性的具体的方法上面来。在仔细阅读该书第五章后,我发现,李彬老师提炼出的十种细读方法,即诵读法、体验法、想象法、推敲法、还原法、比较法、变形法、入境法、评点法、改写法,可以称为真正意义上的教师细读法,而孙绍振等文艺理论家所总结的是学者细读法,二者各有擅长。对于广大一线语文教师而言,教师细读法无疑更为亲切、娴熟,因为这些方法是在长期一线教学实践的基础上,再经过理论总结和提升所获得的,其出发点和归宿都是教学。尤为难得的是,李彬老师所总结的方法既吸取了学者细读法的有益成分,也接通了东西方细读批评的传统,将二者都化入具体的教学实践中,从而使得上述十种方法看似寻常，实则更为系统、深化、凝练、丰富。它将传统教学方法中有细读特质的成分去粗取精，会聚于此，并合理地融贯到具体教学主题的拟订、教学环节的设置、教学场景的营造之中，使我们看到了细读教学法勃勃的生命力与广阔的实践前景。比如在介绍"评点法"时，李老师将其多年教学心得总结成一张表格，清晰地标示出运用评点法组织教学活动时，其内部环节设计的思路。不论是时间的安排，还是师生角色的分配，都井井有条、一目了然。可以说，参照这张表格，师生当可以在其引领之下，将教学活动较为理想地"细"下去、"深"进去。阅读至此，我感到，语文细读教学法真正地"落了地"，从高头讲章走上了三尺讲台，从散碎走向了规范。所谓"且把金针度与人"，当是如此吧！

掩卷之时，我的一个感受越发清晰，即这本书可以说是为热闹多年的中学语文细读教学做了一个冷静、深刻的小结，也为李彬老师本人三十年的教师生涯画了一个逗号，更为以后的教研之路奠定了一个新的起点。凭着李彬老师在文中展现的才思以及对语文教学不竭的热情，我相信并且期待李彬老师在细读教学研究之路上收获更多硕果。

是为序。

2017 年 11 月 18 日

（魏本亚，中国高等教育学会语文教育学专业委员会副理事长，江苏省高校教师教育专业委员会文科分会主任委员，江苏省卓越教师培养工程指导专家，江苏人民教育家培养工程指导专家，江苏师范大学教师教育学院教授）

目 录

第一章 细读教学的理论 / 1
  第一节 文本细读的源起 / 4
  第二节 文本细读的原则和依据 / 9

第二章 细读教学的内容 / 21
  第一节 确定细读教学内容的几种因素 / 21
  第二节 文言文细读教学内容 / 29
  第三节 古诗词细读教学内容 / 43
  第四节 小说细读教学内容 / 55
  第五节 散文细读教学内容 / 97
  第六节 新诗细读教学内容 / 105

第三章 细读文本的方式 / 110
  第一节 印象式细读 / 111
  第二节 潜入式细读 / 116

第四章 细读教学的策略 / 131
  第一节 文言文细读教学策略 / 131
  第二节 古诗词细读教学策略 / 137
  第三节 小说细读教学策略 / 145

第四节 散文细读教学策略 / 155
第五节 新诗细读教学策略 / 161

第五章　细读教学的方法 / 170
第一节 细读教学诵读法 / 171
第二节 细读教学体验法 / 179
第三节 细读教学评点法 / 192
第四节 细读教学比较法 / 208
第五节 细读教学对话法 / 218

后　记 / 230

第一章

细读教学的理论

文本是人类文明成果的载体。后代要站在巨人的肩上看世界,阅读是一条重要途径。打开封闭的文本,继承传统的精华,消解讹误的旧说,使它放射出现代的光芒,正是解读理论所研究的课题。文本细读,无疑是实现这一目标最便捷、最重要的路径和平台。教师只有抓住文本细读的关键点,运用适当的方法,引导学生亲近文本,涵泳语言,才能让学生循着语言的幽径,走进文本深处与作者对话,进而主动地、富有创意地建构文本意义,建构起学生个体的心灵空间。

文本有确定的意义,但读不出新意,不能适应时代的需要,就会消亡。文本细读总是与时代的需要和发展密切相关的。传统的解读曾经把文本读成道德的讲义、生活的教科书、娱情遣兴的工具和审美的艺术品等,当代又时兴解构式的阅读,但任何阅读都是为了当下,并指向未来。正如克罗齐所说"一切历史都是当代史"那样,解构绝非漫无目标的解读游戏,而是为了消除僵化的、保守的、错误的读法,开启另一扇窗户,在更远大、更深广的背景下,构筑新的解读理论。解构原有的读法,也绝非斩断历史传统,而是以它为起点,向现在与未来延伸。阅读教学应引导学生钻研文本,在主动积极的思维和情感活动中,让学生加深理解和体验,有所感悟和思考,受到情感熏陶,获得思想启迪,享受审美乐趣。

任何一部文学作品都是曾经存在的、现在存在的以及将来可能存在的一切读者经验的总和。法国作家法朗士在《乐园之花》第十二节里曾说过这样一段话:"书是什么?主要的只是一连串小的印成的记号而已,它是要读者自己添补形式、色彩和情感,才好使那些记号相应地活跃起来,一本书是否呆板乏味,或是生机盎然,情感是否热如火,冷如冰,还要靠读者自己的体验。或者换句话说,书中的每一个字都是魔灵的手指,它只拨动我们脑纤维的琴弦和灵魂的音板,而激发出来的声音却与我们心灵相关。"①这段话告诉我们,文本作为固定的物化物,一旦确定,自身不再变化,以同一面目向所有读者敞开。它的每一个词语,每一个句子,每一段话,都是一种召唤,一种诉说。而这种召唤与诉说却是一个不确定的存在。对于接受主体来说,任何文本都具有未定性,都不是决定性的或自足性的存在,而是一个多层面的未完成的图式结构,其中存在许许多多的空白或未定点。要想通过文本感受艺术形象,就必须用自己炽热的情感和有血有肉的经验去融化语符,填充图式,重构形象,使作者的经验、情感由凝固的物化形态,重新变为流动的观念形态。

  新世纪以来的语文教育经历了既波澜壮阔又曲折艰难的发展历程,改革中出现了一些值得警惕的不良倾向,这些不良倾向是错误解读语文课程标准的产物,是新形势下语文教育出现的歧路。从语文教育历史发展的角度来观照,它也是语文教育的一些积弊在新的历史条件下的恶性发展,有其偶然性也有其必然性。不仅是许多一线教师"荒了自己的地,种了别人的田",甚至一部分学术视野较宽的语文名师(含网络上的名师)所上的语文课也迷失在哲学、美学、生命教育等学科丛林中,偏离语文教学的正道,失却了语文教学的味道。它的实质是语文教育的自我放逐,如果任其发展下去,将在很大程度上消解语文教育的价值和根本内涵,李海林教授称之为"泛语文""反文本""无中心拓展""无效讨论""教师不作为""去知识化""多媒体化"。

  传统阅读观是建立在以作者为中心的阅读理论基础上的,因此阅读的目的就是对作者的创作意图的探寻。这种"传记"式的阅读方法导致对作品的单一解释,即认为只有符合作者创作意图的理解才是正确的,否则就是错误的。现代阅读观的基本理念是:阅读的目的在于建构新的意义(而

---

① [法]法朗士.乐园之花[M].上海:真善美书店,1929:86.

不是复制作者的意图），这个新的意义既来源于文本，又来源于读者，它是读者与文本在某一点上的精神相遇（视域融合）。当前阅读教学中出现"反文本"倾向，首先就表现为对文本确定性的否定。例如：有的教师带领学生阅读《愚公移山》，批评愚公没有环保意识，愚蠢自私；有的教师教《南郭先生》，当学生提出"南郭先生善于抓时机"的解读时，教师评价为"独具匠心"；有的学生读了《背影》后认为父亲土里土气，他爬铁轨是"违反交通规则"，教师却大加赞赏，认为是一种创造性阅读；有的教师任性理解《背影》主题为"本篇就是在说生命之背之影，在说明'生命轻，才珍重'这个主题"；阅读《米洛斯的维纳斯》，竟有人产生维纳斯"身材不够苗条""三围不够突出""残疾人不能参加选美"之类的高论；等等。这不是对文本的创造性阅读，而是对名著名篇的亵渎。诸如此类的解读，都表现出一种对文本的绝对的相对主义态度：文本只是一个引子，它不再是阅读的对象，而只是一些引发随想的"踪迹"，是任性发挥的"由头"。

对文本的确定性的破坏还更多地体现在对文本结构的完整性、整体性的瓦解上。例如，有的教师上《孔乙己》，称丁举人打人犯法，组织学生替孔乙己告状，要让孔乙己"在新时代翻身做主得解放""扬一回眉吐一回气"，并认为这是学生"对文本的独特体验"，是一种"创造性阅读"。"孔乙己告状"这一教学设计着眼的是孔乙己挨打的事实及法理意义，但我们仅凭《孔乙己》是无法确认孔乙己挨打的事实真相的，因而也无法认定其中的法律责任。更主要的是，我们从小说《孔乙己》中找不到孔乙己告状的任何暗示或可能性，"孔乙己告状"的教学设计与文本整体意义没有任何关系，它与小说的关系只能是：孔乙己曾挨了打及"孔乙己"这个名字。文本被"破碎"成一堆"素材"，然后教师、学生从这一堆素材中拾起某一碎片，镶进另一个与原文没有任何关联的意义结构中。这样的阅读教学绝对是荒谬的，完全是对新课标"创造性阅读"精神实质的歪曲。在教学实践中，这种"反文本"常常表现为和作者或文本"对着干"，是一种"反其道而行之"的思维定势。在语文教学中我们常常可以看到，用环保的观点批判施耐庵的《武松打虎》，用唯物主义思想批判蒲松龄的《画皮》，用儒家的入世观念批判陶渊明的《桃花源记》，用道家的出世观念批判杜甫的"三吏""三别"……

这种批判完全是为批判而批判,是"泛立场""无立场"的批判,是无可无不可因而也是无止境、无必要、无价值的批判,在"弱化文本"的同时,不断地"破坏文本"。

多年前,我读过周汝昌先生的红学随笔集《红楼夺目红》①。周老先生从新的视角引导读者于细微处发现文本更丰富的意蕴、更深刻的内涵,使我对文本细读的精妙有了初步感受。比如在《姥姥才是奇女流》一文中,多数人以为刘姥姥不过是个让人取笑的贫婆村媪罢了,可周老先生不盲从别人的评价,拈住一个"奇"字。纵观《红楼梦》,刘姥姥奇在她虽处于随人俯仰、供人取笑的酸楚处境中,但仍以其机智、谐趣的表演来博众人一笑;奇在她能在荣国府家亡人散之危难时救出巧姐。这些无不凸显一个"识相、知趣、机变、低而不卑、野而不鄙,身份拿得住,任务完得成"的"奇女流"的形象。她讨得府里上上下下的喜欢,而不是厌恶,多么难得,多么可爱。周汝昌先生的随笔集《红楼夺目红》,不但使我感受到他善于在细微处引出新意的用心,而且启发了我对阅读方式的思考。目前高中语文教材选入大量的优秀作品,如果教师有文本细读的意识,在备课中正确地使用细读教学,并在教学实践中引导学生细读文本,那么学生将在阅读学习中习得科学的方法,从而丰富知识,提高阅读能力。

第一节 文本细读的源起

一、我国传统文学批评理论中的"文本细读"

在我国古代文论中,"细读"作为一种读书范式源远流长,如汉代经生"微言大义"和"穿凿附会"的细读,六朝文士"印象主义"的细读,明清评点家们的细读。其中,对现代文学评论影响最大的当属"评点"这一中国古代

---

① 周汝昌.红楼夺目红[M].北京:作家出版社,2003.

文学特有的批评形式,它最初是针对诗文而言的,后来才拓展到小说上。中国比较有名的古典小说几乎都有评点本,比如脂评,就是今天红学研究《红楼梦》的重要参考资料,并且成为当今学者对《红楼梦》进行"文本细读"的一个重要线索来源。评点家中集大成者当属金圣叹,他点评《水浒传》主张"细细读之",说"《水浒传》章有章法,句有句法,字有字法。人家子弟稍识字,便当教令反复细看,看得《水浒传》出时,他书便如破竹","最恨人家子弟,凡遇读书,都不理会文字,只记得若干事迹,便算读过一部书了"。对词语的分析,金圣叹运用了统计的方法,例如《水浒传》第二十三回"横海郡柴进留宾 景阳冈武松打虎"中西门庆勾引潘金莲一段情节,金圣叹统计"笑"字出现38次,"帘子"出现13次,"后门"出现4次。现代文学批评常常使用的这一方法,金圣叹早已使用了。小说评点虽然存在着重内容轻形式等诸多缺陷,但它在按照文本的特性、主张细读中想象的参与、强调仔细揣摩、思索作品等方面,为今天文本细读理论的研究提供了宝贵的借鉴资源。

　　文本细读虽然在我国古代文论中没有形成理论系统,但是我国现代众多的文学、文艺理论家们看到了古代细读理论的可借鉴之处,在深受西方文论流派之一——新批评派文本细读理论的影响下,积极地从传统理论中寻找合理的精华之处,以期弥补新批评派文本细读理论的极端之弊;或是借用新批评的理论来反观我国古代文学和文学理论,以弥补传统文学批评方法的某些不足。比如叶嘉莹先生在其古典文学与英美新批评研究中提醒人们在对古代文学作品作客观、科学的分析时,对传统的"知人论世"观要审慎用之。文本细读立足言语确立文本主体性的做法,一直对文学阅读产生着较大影响。虽然这方法遭到后来的阐释学、接受美学等读者主体理论的冲击,阅读的重心从文本转移到读者,但这其实也在另一种意义上丰富和发展着文本细读,如读者的期待视野、空白的想象与再创造,为文本细读注入了新的意义。而期待从古代细读理论中汲取有益养分,综合中西方之长为文本细读之所用的想法,正是基于这样的目的——丰富和发展文本细读,更好地为文学理论的发展以及阅读教学服务。

在这样的背景之下,文学理论、文艺批评领域的众多学者以新批评的"文本细读"为蓝本,或在文学研究或在文学阅读或在阅读教学的语境下开始了对文本细读"从狭隘走向开放"的研究,并且提出了阅读文学名著的"直面作品""寻找经典""寻找缝隙""寻找原型"的文本细读的方法。王先霈先生讨论的文学文本的细读是指"从接受主体自己的文学理念出发,对文学文本的细腻地、深入地、真切地感知、阐释和分析的模式和程序"①,倾向于文体分析、新批评的细读、印象派的涵泳和技术化的分析,审美性与实证性并重。孙绍振先生在细读的方法上主张用黑格尔的辩证法,正反的内部矛盾转化的模式,还有结构主义的层次(表层和深层)分析法,并提出"从形象结构的逻辑起点上,做分析的和综合的,逻辑的和历史的展开,这是我方法论上的追求"②。更难能可贵的是,孙绍振先生针对当前中学教学中作品解读普遍存在的诸如"习惯于从表面到表面的滑行,在作品与现实的统一中团团转,缺乏揭示矛盾进入分析层次的自觉"等现状,提出了针对具体教学实践的"还原""比较"这样可操作的方法,把文本细读理论的成果手把手地演示给教学一线的教师。

二、新批评视野下的"文本细读"

新批评是英美现代文学批评中最有影响的流派之一,盛行于20世纪20至50年代的英美批评界。狭义的形式主义批评即英美新批评,又称本体批评、文字批评、美学批评、纯批评等。称其"新",是因为它区别于19世纪流行的学院派传统批评;称其"形式主义",是因为它只注意作品的形式;称其为"本体批评",是因为它把文学作品看成是独立自主的,不须借助外力存在的本体;称它"文字批评",是因为它认为批评的任务就是对作品的文字进行分析;称它为"美学批评",是因为它专注于作品自身的美学结构;称它为"纯批评",是因为它抛弃了政治、经济、社会学、作家传统等

---

① 王先霈.文学文本细读讲演录[M].桂林:广西师范大学出版社,2006:4.
② 孙绍振.文学性讲演录[M].桂林:广西师范大学出版社,2006:16.

外围因素的影响。20世纪50年代后期,新批评渐趋衰落,但新批评提倡和实践的立足文本的语义分析仍不失为文学批评的基本方法之一,对当今的文学批评尤其是诗歌批评产生了深远的影响。

以作品为本体,从文学作品本身出发研究文学的特征是新批评的理论核心。新批评认为,文学作品是一个完整的多层次的艺术客体,是一个独立自足的世界,文学作品本身就是文学活动的本源。为此,他们提出了两个著名的概念:意图谬误和感受谬误。在作家—作品—读者共同建构的艺术有机过程中,新批评毫不犹豫地斩断了两端千丝万缕的联系。在我们今天看来,新批评流派的这种孤立文本的主张并没有实现它所指向的科学性和理想性。文学本身就是沟通情、智、理的一门艺术,它以文字的多意性跨越各种疆界,在对客观的模仿中进行着主观的加工,它的产生和被接受都与不同的语境发生着多维的联系,如果孤立起来研究,必然失去一些况味。文学作品诞生后,即使与创作者断了脐带,仍有着"遗传基因"的联系,在接受方面,更无法找到真正的"理想读者"来进行理想的解析。美国当代文艺学家M.H.艾布拉姆斯指出,文学作为一种活动,总是由作品、作家、读者和世界等四个要素构成①,因此文学研究必须兼顾四者才可能获取一个比较正确的结论。那么,在文学文本教学的细读中又何尝不是如此呢?这要求我们一方面坚决尊重文本的主体地位,把文本作为细读的根本依托,另一方面要防止走入新批评极端的文本主义的泥淖。

新批评理论的另一个基本特点就是以语义学作为文学研究的基本方法,并高度重视对于文学语言的研究,而且强调理论与实践的结合,其理论一般都能在文学批评实践中自觉运用。新批评的"细读法",是指对作品仔细地阅读和评论,评论者通过对作品的结构,作品中反讽、比喻的运用,以及作品呈现出的张力等的分析显示文本的语义。在这种批评中,批评家似乎是在用放大镜细读每一个字,捕捉着文学词句中的言外之意、暗示和联想等。其操作过程大致分为以下三个步骤:首先是了解词义,然后是理解

---

① [美]艾布拉姆斯.镜与灯——浪漫主义文论及批评传统[M].北京:北京大学出版社,1989:5-6.

语境,再次是把握修辞特点。这种对文本的科学性、规范性、细致性的操作为我们今天文学文本的细读方法和方式提供了可贵的借鉴。新批评于20世纪50年代后期开始衰落,但新批评的一些基本论点和方法已在美国文学批评和文学教学法中留下了无法消除的痕迹。有人说,如果说新批评已经死去,那它是像一个威严而令人敬畏的父亲那样死去的。新批评给当代文学批评留下了一些被普遍接受的观念和概念,也给新开始的课程语境下的文本细读提供了源源不断的甘美的营养。

三、阅读教学视野下的"文本细读"

什么是文本细读?把朱光潜《美学》"慢慢走,欣赏啊"中的这个"走"换成"读",就是"慢慢读,欣赏啊"。用王瑶的话说就是:"在汉语中出生入死。"用南帆先生的话来说就是:"文本细读就是沉入词语。"或者说:"文本细读就是穿行在多重话语之间。"用吕叔湘先生的话来说就是:"文本细读就是从语言出发,再回到语言。"用夏丏尊先生的话来说就是:"文本细读引发一种对语言的敏感。"孙绍振、钱理群教授等文学理论家、评论家主动把研究理论的成果与具体教学实践结合起来,文本细读开始走下文学批评和文学研究的经院神坛,走入文学阅读教学的广阔视野中,这无异于给课程语境下的文学阅读教学洒下了一抹明媚的春光。耕耘在教学一线的教师们也主动地重新接受理论熏陶,并积极地把它与自身的教学实践结合起来,运用到具体的教学过程中,形成了自己个性鲜明的文本细读方法。特级教师王崧舟把文本细读定位为语义学视界中的文本细读,研究出了课程教学语境下的文本细读衍生的与其母体不同的规定性,这是他对语文教育的一大贡献。他提出了小学语文文本细读的十大策略:还原比较,文本细读的核心策略;契合文体,类型解读的多元有界;结构分析,解读形式背后的意义;擦亮语言,文本细读的本体视域;观照语境,在关系和场域中解读;同中辨异,解读文本的"这一个";知人论世,解读作者的隐秘意图;文化自觉,文本细读的精神返乡;潜入思维,解读文本的深层逻辑;回归课程,文本细读的五方会谈。窦桂梅老师主张文学经典是细读的物质前提,文本细读就是对经典文学作品的语言、细节、结构和背景进行细读……由此可见,一线教师对文本细读的解读已经完全过渡到了课程语境中的阅读教学之中,看到了教师在文本细读中所处的地位和作用,以及文本细读对教师本身素质的塑造作用,并开始对细读的文本有所规定性。

  总之,文本细读开始逐渐深入阅读教学的内核,接下来,结合教学中其他因素,诸如学生的主体性、细读文本性质的划分等,对文本细读的影响将进一步展开。王先霈先生说过,文本细读可以有三种理解:一是把它看作一种文学教学方式;二是把它看作一种文学批评和文学研究的工作程式;三是把它看作一种文学阅读态度。① 本课题的研究属于第三种理解,细读要掌握一定的方法并按照一定的程式进行。"高中语文经典作品细读教学"中的"文本细读",就是细读主体调动自己的全部内在,运用视觉、听觉等多种手段和各种视角并融入自身独特的情感体验直观文本,并在此基础上对文本本身进行细致、精确、全面的语义分析,实现对文本意义深入、透辟的解读。

第二节　文本细读的原则和依据

一、阅读教学中"文本细读"的原则

  语文教师在进行文本细读时要树立正确的文本细读观,即语文教师在解读文本时要综合考虑各方面的因素,并对具体文本做到具体分析。种植美丽的花草,我们只能观赏一段时间;种植正确的观念,我们则可以收获无尽的果实。让正确的观念植根于教师的头脑,才能使学生健康地发展。

  1. 尊重作者的创作意图

  一般来说,作者在创作作品时总是有一定的意图的,作者想要通过文字来表达他的思想,寄寓他的感情。因此,我们说作者的意图是创作作品

---

① 王先霈. 文学文本细读演讲录[M]. 桂林:广西师范大学出版社,2006:1.

的基础。在中学语文文本细读中,透过文本寻找作品的本源意义是十分必要的。一般而言,作者的创作意图来自他所生存的社会和文化环境,创作意义指向也是社会和文化这两个方面。也就是说,作者的创作意图不是凭空而生的、随意的,必须有其相应的缘由,任何作家和作品都不能例外。解读作品的关键是理解作品的创作意图,但这并不是唯一的因素,还可以通过作者生存的社会和文化环境来认识,也可以通过作品本身来认识。例如解读郁达夫《故都的秋》,首先要考虑作者写文章的心情,还要考虑到作者的身世和遭遇。文章写于1934年,全国笼罩在国民党的白色恐怖中,人民也生活在水深火热中,郁达夫的忧国忧民之情就来自于此,郁达夫在对北平秋的描绘中,寄寓了对故都自然风物的怀恋和对美的执着追求,流露出一种沉静、寡淡的心境。再如汪曾祺的《金岳霖先生》,许多读者只是看到了金岳霖的幽默、古怪、痴情,但是"你们能欣赏我故事的清新,照例那作品背后蕴藏的热情却忽略了;你们能欣赏我文字的朴实,照例那作品背后隐伏的悲痛也忽略了"①,作者真正表达的金岳霖先生的家国情怀、人生坎坷、失去独立人格和学术自由的悲哀,往往被遮蔽了。

  在文本细读过程中,尊重作者的创作意图,只是一种理想的状态,实际上很难达到。因为我们不能超越自身的存在而还原作者的思想,所以说将作者的创作意图作为唯一的正确的结论显然是不可取的,这也是一直以来语文教学过于重视作者的创作意图所带来的负面影响。但若完全凌驾于作者之上,不顾及文本原有的整体倾向对文本进行解读,也是极其错误的。

  面对文本,无论是"立"还是"破",无论是质疑还是辩护,都要尊重文本自身的要素、结构与逻辑,基于客观的文本说话,基于文本的事实说话,基于文本的逻辑说话。这种基于文本事实与学理的解读,才是阅读教学的正道。但在教学实践中,无视文本及其意义客观性的"去文本"倾向一直存在。有人片面强调读者的解读自由,随意扩张"多元解读"的边界,甚至为了所谓的个性与创造性而不惜"过度阐释"。这种无视学理合法性与逻辑合理性的解读,往往以个人的知识结构与理解意向,强行突破文本固有的

---

① 汪曾祺.沈从文的寂寞[J].读书,1984(8).

结构与意义框架,导致文本解读中的"信息过载"和"意义溢出"。像我们熟知的"一千个观众就有一千个哈姆雷特",在强调多元解读的时候,千万不能忘了,再多的哈姆雷特也必须是哈姆雷特,而不能变成哈利·波特,哈姆雷特是一个客观存在,它的生产者叫莎士比亚,从它诞生的那一天起,它的要素、结构与意义倾向都固定了下来。每一部作品都有一种内在的一致性,一种它自己特有的结构,一种个性,一系列特征,它们为作品在接受过程中被接受的方式、产生的效应以及对它的评估预定了特定的方向,"一千个哈姆雷特"的存在是合理的,因为人见人殊;但作为一个公共文化产品,《哈姆雷特》的内涵又是清晰且相对稳定的。在"一千个哈姆雷特"之中,一定有一个"最哈姆雷特"。

2. 尊重文体的客观性

教学过程中,教师不对文体做详细的解释,始终以文章称之。学生只知道学了课文,不知道是什么文体,这样的教学是没有效果可言的。在文本细读中一定要依据文体特点和学生的认知规律,只有从文体着眼,才能领悟文本的教学目标和教学重难点。否则,就很难准确、透彻地理解文本丰富的内涵,更不能品读出文本的精妙。

教学中,教师有时会对课文文体判断失误,造成文本细读的牵强附会,学生学到的知识就会出现偏差甚至错误。例如,有的教师将韩愈的《师说》与贾谊的《过秦论》两文的文体混为一谈,都做一般的议论文来处理。事实上"说"和"论"文体并不相同。"论"是一种论文文体,按《韵术》:"论者,议也。"一般认为:论有两体,一曰史论,乃忠臣于传末作议论,以断其人之善恶,如《史记》后的太史公曰;二曰政论,则学士大夫议论古今时世人物或评经史之言,正其谬误,如《六国论》《过秦论》等。而"说"不同,"说"是一种议论文体,与现代杂文相似,古代用记叙、议论或说明等方式来说明事理的文体,多用来陈述作者对某个问题的看法,如《爱莲说》《捕蛇者说》《马说》等。"说"就是"谈谈"的意思。教师对各种文体之间的关系认识不清就会影响对文章结构、内容和表现形式的深刻理解。我们需要在尊重文体的同时继承、发展文体,但是不可错误地解读文体。语文教师应该加强文体的研究,并在实践中灵活地应用。"文体"是打开文本细读之门的钥匙,教师只有解读好文体,才能为学生的发展打好根基。

3. 尊重读者的创造性

在尊重作者创作意图和文体客观性的同时,不能忽略读者的主观能动性,即尊重读者在文本细读中的创造性。在接受美学理论的影响下,文本细读中读者的地位有所提高。在文本意义的构建中,不能离开读者的参与,否则,文本就失去了它应有的价值。艺术作品的魅力是人对文艺作品的审美产物,是审美的主客体和谐统一的产物。艺术魅力并不是凝结在作品上的纯客观属性,而是在欣赏实践中主客体相互作用"生成"的,属于发生学的概念。读者的"二度创造",对原创作品来说,完全是一种新的创造性的诠释。通过"旁通其情"和"触类以感",做到"作者之用心未必然,而读者之用心何必不然"(谭献《复堂词录序》),从而扩大原创作品形象的内涵和外延,跨越时空的局限。又由于各人的"情"不同,而同一人因时因地因境其"情"亦不同,所以张书绅说:"以一人读之,则是一人为一部《西游记》,以士农工商、三教九流、诸子百家各自读之,各自有一部《西游记》。"(《新说〈西游记〉》)读者的参与使文本的价值得以实现,并呈现出丰富的内涵。

文本对象经过接受主体积极能动的参与,逐渐为接受主体所把握、所占有、所再造而成为接受主体审美个性的化身、审美理想的负载体。读者在阅读过程中必然要激活自己的想象力和感悟力,通过对文本符号的解码,不仅要把创造主体所创造的文本形象中所包含的丰富内容复现出来,加以充分的理解和体悟,而且要渗入自己的人格、气质、生命意识,重新创造出各有特色的文本形象,甚至开拓、再构出作者在创造这个文本形象或艺术意境时所不曾想到的东西,从而使文本的意义更为丰富,更具有厚度、深度和力度。例如苏轼脍炙人口的《水调歌头》一词,同一文本对象,在不同接受者眼里变为不同的对象性存在。有的读者可能由词前小序"作此篇,兼怀子由",想到此词抒发了兄弟间的友爱和亲情;而现代青年可能由"起舞弄清影"句推想到古时候的人也有发泄内心情感的"街舞";而连做梦也在揣摩臣下心思的宋神宗看了,从"我欲乘风归去,又恐琼楼玉宇,高处不胜寒"句得出苏轼"终是爱君"的结论;广告商读了,会发现此词是难得的宣传媒介,因为此词是写中秋的艳压群芳之作,广为人知,正可以借此推销月饼……

再拿舒婷的《致橡树》来说,以她创作时的初衷,这并不是一首爱情诗,而是想要呼唤、展示女性的坚强与独立,是在表达自己对世界的感受。但是,这首诗一经发表,便被读者赞誉为"爱情诗的典范"。舒婷自己也说,能给读者想象空间的诗歌才是真正的诗歌。《致橡树》是一个生动的例子,它告诉我们,作品的意义并不是作者一个人说了算的,因为"作家想表达什么"与"作家真正表达了什么"之间总是存在着错位,在作品已经完成之后,作家就退出了舞台,留下的只是文本本身。美国的格林斯潘有一句名言:"如果你们认为确切地理解了我讲话的含义,那么,你们肯定是对我的讲话产生了误解。"也正是因为如此,文本才有无穷无尽的意义值得我们反复品味和欣赏,达到"言有尽而意无穷"之效。但是尊重读者的创造性,并不是在文本细读中无视文本,想入非非。尊重读者创造性的前提是尊重作者的创作意图和文本客观性,在这个基础上再进行创造性的解读。阅读教学中的读者主要是指学生,即尊重学生的创造性阅读和个性化的理解。

实际上,尊重文本与尊重学生并不冲突,尊重文本是为了站在客观的角度上去理解文本的意义,避免个人思想影响对文本的整体理解;尊重学生是为了培养学生创造性的解读思维,形成自己个性化的理解。例如学生对文本有这样的理解:"孔乙己真的死了吗?""焦仲卿是不是一个信守承诺的痴情郎?""如果玛蒂尔德知道丢失的不是真的钻石项链会怎么样?""周朴园为什么要原样保留侍萍的房间?"等等,学生对文本有疑问并按照自己的理解进行思考,这些有意义的思考都是对人物形象的个性化把握和对文本的创造性理解。不同的学生对文本的内涵有不同的理解,同一个学生在不同的阶段对文本内涵的理解也不相同,无论是学生的变化还是时间的变化,在文本细读中都要做到以文为本,用历史的视野和现代人批判的眼光两个尺度,引导并鼓励学生说出自己的见解和理由。这样,学生学习语文的积极性提高了,静态的语言文字也拥有了生命活力。

我们也应该看到,文本是有客观性的,读者创造性也不是随意为之,是在尊重文本的前提下发生的,甚至是读者的观点反过来得到作者的追认。

古今中外的文学文本,特别是经典的文学文本所表现出来的意义,一般都会超出作者意图的限制。托尔斯泰的写作,是按照他的宗教伦理观念的预定意图而写的,但他的《安娜·卡列尼娜》《战争与和平》却成为"俄国革命的一面镜子"(列宁语)。中学语文课本节选了曹禺《雷雨》的第二幕,我们在解读文本意义时也大多将其概括为"揭示了封建大家庭的罪恶"等。曹禺在《雷雨·序》里对于《雷雨》的主旨曾这样解释:"有的我可以追认——譬如暴露大家庭的罪恶……也许写到末了,隐隐仿佛有一种情感的汹涌的流来推动我,我在发泄着被抑压的愤懑,毁谤着中国的家庭和社会。"这说明曹禺对"暴露大家庭的罪恶"主旨的认可,只是一种事后的"追认",其实作者自己在创作《雷雨》时并没有这样的意图,是后来的读者在解读时把这样的意图填补进去而得到了作者的承认。由此可知,作家意图有时是无法追寻的,甚至连作者本人都不确知自己的真正意图是什么,想重建作者原来的意图是很难做到的。对此,我们应该记住马克思的一句经典名言:"对于一个著作家来说,把某个作者实际上提供的东西与只是他自以为提供的东西区分开来,是十分必要的。"

这里需要强调,读者对文本进行创造性解读的同时也要受文本的制约。读者在创造性解读时不能超越文本而过度解读,否则,文本细读将误入歧途。另外,中学语文文本细读应有教师自己独特的见解,应该体现教师的创造力,应该充溢着教师的教学机智和文化素养,也应该给学生提供一个展现生命光彩的平台,诱发学生潜在的创造因子。

克罗齐曾经说过,一切历史都是当代史,因为研究历史都有当下的情怀。化用到文本解读中来,我们对于经典作品的阐释也必然是当代阐释,因为尽管读者也会采取种种的方法来知人论世,力求回归到作者创作的特定情境和现场来理解作品,但是读者作为"当代读者",必然是用现代人的眼光和趣味来审视文本,从中发现和构建与当代社会和人生相适应的"当代意义"。

学习《品质》一文,在解析主人公格斯拉的靴品和人物命运悲剧之源,深入挖掘人物的品质内涵和社会意义后,学生还能体会到底层人身上与内心的令人感伤和愤激的美好,还能发现和构建与当代社会与人生相适应的

"当代意义"。

有学生说,格斯拉兄弟身上具备许多优秀的品质,他们诚实守信、敬业吃苦、勤俭节约、严谨、耐心、专注、坚持、一丝不苟、精益求精。这不正是我们当下所着力弘扬的工匠精神吗?只可惜格斯拉兄弟生不逢时,要在今天说不准还能评个劳动模范呢。一位学生接着说,当今社会心浮气躁,追求"短、平、快"(投资少、周期短、见效快)带来的即时利益,从而忽略了产品的品质灵魂。"工匠精神"具有现实意义,值得当今企业学习。也有学生有不同看法,认为格斯拉确实是一个能工巧匠,但他绝不是一个合格的经营者和管理者。社会已经进入工业化时期,格斯拉却仍然固守自己的小作坊,怎能不被社会进步的洪流淹没?格斯拉悲惨的结局也反映了理想主义与现实主义的冲突。理想主义面对现实有时就是这样脆弱无力。19世纪法国的圣西门、英国的欧文为了自己的"空想社会主义"倾家荡产;傅立叶还被称作"大脑患病的产物";格斯拉沉溺于对"品质"的追求,宁肯饿死也不退让。处于现代社会的我们,对格斯拉既有几分尊敬又有几分惋惜。我们敬佩他对自己技艺的执着追求,敬佩他固守自己理想的可贵品质,敬佩他不为社会风气左右的从容淡定,但我们也为他不能与时俱进而惋惜,为他的不改变自己适应社会而惋惜。

有学生说,格斯拉为了靴子的品质专注地努力奋斗着,哪怕没有饭吃,哪怕哥哥已经饿死,这种执着,难能可贵。用生命坚守职业道德和职业理想,虽低微而有尊严,虽贫穷而又高贵。还有学生认为,老鞋匠一生在追求什么?我想应该是他的一个梦,一个关于靴子的梦,一个艺术家的梦。《品质》震撼人心之处或许在于每个人都能在格斯拉身上看到自己的影子。当理想的风遇到现实的墙,又有多少人能够像格斯拉一样,为了自己的梦想直面现实的苦难,永不向挫折低头?

学生的这些颇具有个性的阅读感言,也引发作为教育者的我们对当下教育与职业的一些思考。教育越来越为功利需求所困扰,教育的高雅也正逐步让位于现实环境中的庸俗,曾经有过的教育梦想和人生追求也丧失殆尽。都知道要教书育人,可是在功利性评价下,有多少教师还能坚守自己的教育理想?作为一名教育工作者,内心更多的是无奈。即使如此,我们还是希望教育工作者能多一些理想情怀,让教育多一点理想,以此化解过度的教育功利化带来的弊端。犹如西西弗斯往山顶推动巨石,虽然石头还会滚下来,但还是要使劲推。这些启示就是作为"当代读者"的师生,"用现代眼光审视"《品质》文本,所获得的"现代意义"。

4. 尊重文化的渗透性

文学作品中,作家的情感是通过文本来表达的,而作家都生活在特定的环境中,在文本细读中要考虑作者的生存环境和创作背景,全面了解作者创作文本的动机,这样才能对文本有较准确的深层解读。教师在具体的文本细读中,要考虑作者文本创作背后文化的渗透性,因为任何文学都不可能摆脱它所属的文化形态,而向我们提供对世界的绝对认识。例如台湾著名诗人余光中的《乡愁》,是一首抒发思念祖国、渴望两岸统一的名篇。余教授曾经说:我的乡愁是对整个中国的眷恋,它包括地理、历史和文化等很多方面。他在讲学的时候又说:大陆和台湾分隔五十多年了,两岸不要因为五十年的政治而抛弃五千年的文化。虽然我们在政治上很不幸,有这么一段隔阂,可是中华文化毕竟是一脉相承的,我们吃的都是月饼,过的都是中秋。我们反对一切分裂祖国的行为,维护祖国统一是人民的根本利益所在。乡愁文化在反对"台独"政策,推行两岸统一的今天,具有特殊的意义。教师在文本细读中也应该讲解乡愁文化的内涵,教师在解读时,可以用一些具体的事例加以说明,以便于学生对乡愁文化的理解。例如,2003年12月10日,国务院总理温家宝在美国纽约会见华侨华人时说,"浅浅的海峡,国之大殇,乡之深愁"。台湾媒体界曾因为这句话引起了很大的轰动,记者争相采访余教授,台湾一些著名人物也发表了评论。又如,2005年5月1日上午,中国国民党主席连战带领家人回到祖籍西安祭扫祖母墓,这是六十多年来连家首次有后辈回乡扫墓,乡愁文化的深远意义随着国民党主席连战先生回乡祭祖而更加得以凸显。这里列举的两则代表性的案例使学生对乡愁文化的理解更加深刻、透彻,也更具有说服力。

席勒是德国著名美学家,也是"现代审美教育之父"。他认为审美教育"有促进健康的教育,有促进认识的教育,有促进道德的教育,还有促进鉴赏力和美的教育。这最后一种教育的目的在于,培养我们感性和精神力量的整体达到尽可能和谐"①。文本细读中教师对审美教育的关注,有助于培养学生感受美和鉴赏美的能力,有助于提高学生的修养,丰富学生的精神生活,最终形成良好的审美观。《普通高中语文课程标准(实验)》指出:"语文教育是审美的,诗意的,充满情趣的。"古代诗词作为中国传统文化的精华,无论是语言、内容,还是情感、技巧等,都包含着丰富的审美因素,是对学生进行审美教育的极好素材。例如《诗经》中的《关雎》,不仅语言美,而且思想美。语言美主要体现在运用了双声叠韵的联绵字、偶句入韵、兴寄的表现手法等方面。思想美表现在这首诗通过描绘男主人公和一个少女邂逅并展开激烈的追求,表现了对幸福爱情和美满婚姻的热烈期盼。《关雎》是《诗经》的第一篇,古人把这首诗爱情诗冠于三百篇之首,主要在于审美价值。中学诗词大都节奏鲜明、韵律和谐,读起来抑扬顿挫,听起来动人心魄。例如李商隐《无题》:"相见时难/别亦难,东风无力/百花残。春蚕到死/丝方尽,蜡炬成灰/泪始干。晓镜但愁/云鬓改,夜吟应觉/月光寒。蓬山此去/无多路,青鸟殷勤/为探看。"引导学生把握这种规律性的节奏,抓准押韵的字,注意语速和语调等要素,引导学生读好诗韵,读准诗意,读出诗境,学生在这样的诵读中自然可以领略到古诗词的韵律美。

总之,在中学语文文本细读过程中,不能从单一的角度对文本进行解读,要综合考虑以上四个方面对文本做出全面又深入的解读。针对具体的文本,具体问题具体分析,做出既全面又有侧重点,既求同也求异,既大众化又不乏个性的解读。语文教师在文本细读中还要做到,既尊重作者的创作意图也尊重读者的创造性,既尊重文本的客观性也尊重文化的渗透性。当然,还可以从其他方法和角度来解读文本,语文学科的优势之一就是拥有丰富的资料,这是其他学科无法比拟的。教师在文本细读的过程中,只有寻找到合适的切入点介入文本,才能帮助学生拓展文本的厚度,生成文本的价值,最终达成对文本的深度解读。

---

① [德]席勒.美育书简[M].北京:中国文联出版公司,1984:108.

二、阅读教学中"文本细读"的依据

1. 教育学理论

教育学关于人全面发展理论的内涵是指人的智力、体力充分自由地发展，以适应不同生产劳动和社会实际的需求，同时人的道德品质和审美情趣也高度发展。教育（包括阅读）是社会有目的、有计划地传授知识和经验，培养全面发展的人的重要途径之一。阅读丰富了人类的精神生活，能让人类进行超越时空对话，自由放飞心灵。

人的学习是一种主动的活动，它作为一个特殊的中介连接着主体与环境。教学课程标准是基础教育工作的基本依据，是教育活动的出发点和归宿，也是确定教育目标、选择教育内容和方法、评价教育体系的依据。新时期，我国教学课程标准一个最明显的特点是培养受教育者独立的个性，即让受教育者的个性得以自由发展，主体意识得以增强，个人价值得到提高。教师在文本细读过程中要考虑到学生已有的知识积累和实际生活经历，在尊重学生个性的同时保护学生的个性得以充分的发展。

2. 心理学理论

认知心理学是20世纪70年代心理学的主要流派之一，主要研究记忆的加工、存储、提取和记忆力的改变。长期以来，认知心理学家从不同的角度对认知发展进行了研究，也形成了众多理论，如皮亚杰的认知发展理论、布鲁纳的认知发现说、奥苏贝尔的认知同化说等，其中和语文学科密切相关的理论是布鲁纳的认知发现理论和奥苏贝尔的认知同化理论。

布鲁纳是当代著名认知心理学家和教育学家，他不赞同通过S-R联结和对动物行为的研究来解释人类的学习活动，相反，布鲁纳关注的是教师和学生，学生获得知识的内部认知过程和教师如何组织课堂以促进学生"发现"知识等问题是布鲁纳关注的重点。在引导学生解读老舍经典散文《济南的冬天》过程中，学生整体感知最直观的办法，就是对冬天的感受。教师在文本细读中可以先让学生用语言描述对冬天的感受，再比较自己的感受和老舍先生对冬天的感受有什么不同，然后引导学生欣赏这篇文章的语言，让学生多听、多读、多说、多写，通过对优美语句的品味感受作品中温晴的冬天,让学生情不自禁地流露出喜悦之情。

奥苏贝尔认为,学生已有的认知结构是影响学习的重要因素之一,他强调学生的学习应该是有意义地接受学习,这种学习是通过新知识与学生原有认知结构中的有关观念相互作用而进行的,其结果是新旧知识意义的同化。例如编者将《孔乙己》和《范进中举》两篇文章放在同一单元,对学生接受新知识具有重要意义。首先,这两篇文章都抨击了封建科举制度,揭露了封建社会的黑暗和腐朽,孔乙己和范进都是封建科举制度下的牺牲品。其次,范进和孔乙己都是封建社会底层的读书人,生活贫困。最后,都运用了对比的写作手法:通过孔乙己和丁举人的对比,凸显了孔乙己的不幸遭遇;通过范进中举前后生活的对比,反映了封建科举制度下人与人之间的势利关系。通过这样新旧知识的比较,学生对旧的知识进行温习,对新的知识又有了深入的理解,不能不说这是一种很好的解读方式。

3. 接受美学理论

20世纪60年代末70年代初,由文学史专家、文学美学家姚斯和伊泽尔提出的接受美学理论在联邦德国出现了。接受美学的观点是通过问与答和进行解释的方法,去研究创作与接受和作者、作品、读者之间的动态交往过程,也就是读者对作品的接受、反应、阅读过程,审美经验和接受效果在文学社会功能中的作用等方面。接受美学为中学语文文本细读提供了坚实的理论基础,让我们在文本细读中对读者的地位和作用有了更准确的认识,促使教师在文本细读中"以生为本",让学生参与文本细读的过程,只有这样文本的意义才得以实现,学生的创新能力才得以激发。

当下的中学生普遍对古代的文学作品缺乏兴趣,经典文本也"遭遇冷门",有些学生甚至认为鲁迅的作品晦涩难懂,他们不喜欢读《狂人日记》,也不喜欢读《呐喊》……问题的症结在哪里?在当下的中学语文文本细读中,阅读教学模式化十分严重,教师习惯用"本文记叙了……反映了……,揭露了……启发了……,通过……说明了……"等放之四海皆准的模式解读所有的文本,灌输既成的陈旧的强加的观念,却没有引导学生学会独自解读作品,学会对作品多问几个"为什么",养成独立思考问题的习惯。随着信息化时代的到来,中学生通过网络、报纸、杂志、书籍等多方途径接触到很多和语文相关的知识，他们对文本的解读也越来越个性化、复杂化。有时学生个性化和复杂化的文本细读与教学目标背道而驰，也是有一定原因的，教师要尊重这个事实。因此，教师要从学生的文本细读中吸取最"新潮"的观点，最符合中学生年龄特点和时代特点的解读方法，来丰富自己的解读手法，实现与学生更亲密的交流。

综上所述，接受美学的理论给我们提供了一种与以往不同的解读文本的全新视角，它充分肯定了读者的创造性。读者对作品的读解心得，有同有异，甚至针锋相对，但只要是从作品文本出发，有内在理据或合理因由，也应该作为研究成果肯定下来。我们反对一味地独树一帜，离开文本随心所欲地发挥，可谓认同而不求同，存异而不逐异，这是我们倡导吸收接受美学理论的相关思想来解读文本的基本用心。

4. 课程标准的理念

《普通高中语文课程标准（实验）》指出，语文是工具性与人文性的统一，这是语文课程的基本特点。教育的"人文性"与之前课程称呼的"思想性"相比，具有更广的外延性；与狭隘的"思想品德"相比，具有更多的开放性。它以对个体的情感态度和价值观等人文因素的关切为终端关怀。中学语文文本的内容，具有丰富的内涵和深远的意义，也深刻地反映了人的精神世界和具体的现实生活。文本细读，对学生人格的形成有很大的影响，包括情感、个性、气质、追求等品质的发展。同时，文本所具有的审美价值也培养着个体对艺术美、自然美和人性美的欣赏能力，长此以往，必将收到好的功效。新课标还提出，在"阅读鉴赏"当中，学生应当"善于发现问题、提出问题，对文本能做出自己的分析判断，努力从不同的角度和层面进行阐发、评价和质疑"，"注重个性化的阅读，充分调动自己的生活经验和知识积累，在主动积极的思维和情感活动中，获得独特的感受和体验。学习探究性阅读和创造性阅读，发展想象能力、思辨能力和批判能力"，这是中学语文文本细读策略的重要依据。

第二章 细读教学的内容

第一节 确定细读教学内容的几种因素

理想的阅读教学体系,应该首先由课程专家开发出阅读教学的"课程内容体系",然后由教材专家将"课程内容体系"转化为"教材内容体系",接着由教师依据"教材内容体系"结合学情和文章体式,设计适合的"教学内容体系",最后教师依据"教学内容体系"确定单篇课文的教学内容,也就是"文本细读"的内容。然而在现实的语文阅读教学中,根本就没有明确的"教学内容体系"帮助教师开发单篇课文的教学内容,导致了教学内容的不确定性和随意性,导致了教师对作品的文本细读"眉毛胡子一把抓",这样的文本细读也就失去了细读的意义。所以,教师对于"文本细读"教学内容的确定,离不开教师对文章的准确把握,它包括对文本的教学定位、对学生的学情定位,以及在此基础上对"文本细读"教学内容的选择。一般来说,阅读教学的核心能力由准确深入的文本细读、独具匠心的教学设计和灵活机动的教学实施三部分组成。三者之中,文本细读能力是基础。"文本细读"教学内容的选取,不仅要"有道理",抽取文章的精华,帮助学生更好地理解文章的意蕴,而且要达到语文课程与教学目标的要求,实现"文本细读"教学内容的最优化。

一、"文本细读"教学的内容要体现语文课程的教学要求

语文阅读教学有三个主要特征:文本及其教学的规定性、阅读教学能力的基础性、文本类型的多样性。在现实教学中,学生所使用的教材本身就带有教学的规定性,例如教材的编者对文本的加工意图、编排体例的安排以及教师对文本的解读等,导致学生所学习的文本已经不是作者创造的"原生态"文本,这就使得学生对文本不能随意解读,"一千个读者就有一千个哈姆雷特"在这里是说不通的。由于教学文本带有一定的教学价值,在教学语境下,文本的教学价值远远大于文本的原生价值,因而教师在对教学文本进行解读和教学时,就必须要遵照作者和编者的双重意图,在此基础上生成有效、合理、准确的教学内容。教学文本的教学价值就在于帮助学生形成基本的阅读能力,教会学生根据不同的文本选用合适的阅读方式,能有效解读文学作品,以完成语文课程的特定教学要求。

二、"文本细读"教学的内容要关注教学文本

首先,要关注教材体系。阅读教学价值的定位受到教材体系的约束,同一篇文章在教材中所处的位置发生改变,它的教学价值定位就会随之有所变更。我们在确定一篇文章"教什么"之前,要看教材的编排体例或教材结构。例如苏教版必修教材采用的是专题结构:专题名称→导语→学习板块→积累与应用,以专题组织学习材料,意在构建多重对话平台。它以人文话题形成专题,注重整合:从科目共同性来讲,是知识与能力、过程与方法、情感态度与价值观三维目标的有机融合;从语文学科个性来讲,它是工具性与人文性的统一,每个模块都是综合的,课程目标是"积累·整合""感受·鉴赏""应用·拓展""发现·创新"的有机融合。它以探究为核心设计专题,适宜采用"文本研习""问题探讨""活动体验"三种基本的教与学方式。人教版教材构建的是立体系统,结构分为"阅读鉴赏""表达交流""梳理探究""名著导读",着重强调内容的综合性,一般用主题和文体来编排单元,突出"过程与方法",以渗透式、渐进性学习方式来设计整合

教学目标。所以，教师在进行"文本细读"教学时首先要关注教材体系。

　　此外，王荣生教授曾说过，一篇课文的助读系统和练习系统，很大程度上就决定了课文的教学内容和教学方式。这提示我们，关注教材的单元导语和教材的"练习"部分也是很有必要的。教材编者的编辑意图往往可以透过单元导语体现出来，导语甚至对此单元的教学目标和教学内容也有所提示，因此把握了单元导语，教学内容就不难得出。例如《金岳霖先生》这篇课文放在苏教版必修二"慢慢走，欣赏啊"专题里，单元要求是"仔细地品味美，品味情趣人生"，导语建议"文学鉴赏需要反复阅读与揣摩，方法、趣味等等都将会在这过程中不知不觉地获得和养成"，因而教师在授课时应带领学生依据细节描写概括金先生的性格特征，让学生掌握探究细节美的方法，深入体验作品蕴含的美感，了解金先生性格中有趣、幽默、古怪、好玩、重感情的一面。在课后练习中，有这样一道思考题："在文章的结尾作者'希望熟知金先生的人把金先生好好写一写，联大的许多教授都应该有人好好地写一写'，作者这样说的意图是什么？"其实这也是这篇文章的教学难点所在，让学生体会浅白的文字背后蕴含的一种淡淡的苦味，让学生学会深入探究文章的隐性主题。

　　其次，要关注文体。每种文体都有它自己的特点，相同文体的作品形成了相对稳定的体式，因而教师在教学过程中必须结合课文的具体文体来确定教学内容，不同的文体生成不同的阅读教学内容。宋代李涂在《文章精义》中指出："文章不难于巧而难于拙，不难于曲而难于直，不难于细而难于粗，不难于华而难于质。"阅读不同体式的文章，就要使用不同的"阅读思维"。即使同种文体的文章，也要针对不同的创作特色生成特别的教学内容，以达到教学内容的最优化。在现实的教学中，很多教师忽视文体的特征，甚至新课改后出现了淡化文体的倾向性，事实上新课改并没有明确提出"淡化"二字。不同的文体，有不同的语言系统，有不同的教学目标和任务，有不同的阅读审美价值。如果没有此类文体知识的支撑，学生就会渐渐忽略文体的差异性。不分文体的教学，一个最直接的危害就是导致学生的作文"四不像"。由此可以看出，文体是影响阅读教学内容选取的一个至关重要的因素。如诗歌的教学离不开朗读，离不开对意象的解读，现代诗歌和古代诗歌在意境的创设与阅读方法上也有很大的不同。诗和词的教学有什么异同？诗歌和散文怎么区别？散文的阅读方法和小说的阅读方法有什么不同？传统小说和现代派小说在阅读方法上是否相同？这些问题都需要教师清楚明白，只有根据体式去选择教学内容才是最合理、最适宜的方法。

三、"文本细读"教学的内容要关注教学对象

关注学生身心发展的规律性。尽管语文教材的每一篇课文都是相对完整的言语行为，但是教师不能教材有什么就被动地教什么，我们选择的教学内容必须与学生的认知发展规律相适应。一篇课文可供挖掘的教学价值有很多，我们在教学之前需要对这些众多的教学价值进行定位，选择最合适的教学内容。

关注学生群体的差异性。同一年龄段的学生在认知上存在差异性，如学习基础与学习能力的差异，南北方的地域性差异，方言区与非方言区的差异，农村学生和城市学生的差异，男生和女生的差异等，这些必然导致教学价值定位的不同，从而在教学内容的选取上也存在差异。教学内容因学生不同而有所区别，不能千篇一律地用一种教学方式，而要考虑学生的真正需求。对于那些学生已经懂得的内容，或者尽管不懂但通过自读教材和合作学习可以明白的，教师在阅读教学时可以不教。只有那些教师必须讲授，学生才会懂的，或需要通过语文活动才能掌握的内容才是教师在阅读教学中需要教的内容。

例如《老王》这篇课文，人教版的初中教材和苏教版的高中教材都将其选入其中。由于学生年龄的不同和学习水平的不同，教师所选取的教学内容和教学难度也应有所区别。初中教师带领学生梳理老王的几个生活片段，让学生了解到老王在凄凉艰难的处境下仍保有一颗善良淳朴、友爱真诚的心，他知恩图报，尽管贫苦卑微，但精神淳朴挚诚，没有受到污染。学生对"老王"有这样的理解，就可以说完成了教学目标的任务。而高中教师在教学《老王》时，自然就会加大对文本主旨挖掘的深度与难度，将文本细读的重点放在老王与作者夫妇之间的隔阂上，作为知识分子的作者尽管同

情、关爱老王,却始终不能和老王平起平坐,一视同仁,老王带着这样的遗憾离开人世,这也成了作者内心永远的愧怍,要求学生学习、体会作者的自我反省精神。教学内容的差异性在这两份教学设计中得到了较好的体现。

四、"文本细读"教学的内容要关注教学内容的有效性

培养语感是语文课程的基本目标,语文知识是语文课程学习的主要内容,语文实践是语文教学的主要途径。由此可以看出语文知识在语文课程教学中的重要性,它往往涉及"教什么"和"怎么教"的问题。到底怎样才算是优质的高水准的课堂教学呢?那我们就要看它是否有效地完成了课程目标。有些教师在处理教材时,往往取其一点,不及其余,或面面俱到,重复累赘,使文本的阅读教学价值得不到最优的发挥,教师必须要在众多教学内容中进行筛选,而筛选的基本标准就是是否具有有效性。我们不能总把文本教学价值的落脚点放在同一处。例如,在小说教学中,最普遍的是小说三要素式的教学模式,也就是从人物、环境、情节的角度来分析小说,解读小说。这种以"故事"和"人物"为基本解读模式的阅读方法面对一些现代派小说时便会无从下手。可见传统的解读模式并不是万能的,教师需要向学生传授新的阅读图式,介绍诸如"叙述者""荒诞""象征""反讽""写意""心理"等语文知识,这样才有助于学生在面对不同流派小说时可以从容应对,找寻到不同流派小说有效解读的落脚点。教学内容有效且准确的"文本细读"教学,才是真正的有效。

另外,还要警惕"非语文"现象的出现。语文教学的"语文性",是指所教的内容要能体现语文学科的特点,体现语文学科教学的意义与价值,通过语文阅读教学帮助学生构建语言的符号意义和言语的价值意义,并不是只要与课文内容相关的就可以成为阅读教学内容,这样会把语文课上成非语文课,这是一种"泛语文"教学。例如在教《春》时给学生讲天气节气,整堂课下来讲得最多的就是"天气",活脱脱上成了地理课;《落日的幻觉》一文介绍了日落时产生的幻觉及原因,有些教师就把重点放在阐述各种日落现象背后的科学道理上,详细介绍光线的折射原理、散射原理,把语文课上成了物理课;《竹影》一文,用散文的笔调描述了几位少年描竹影时的天真

无邪和充满童趣,爸爸引导他们走上了艺术殿堂,然而有不少教师把重点放在向学生解释中国画和西洋画的区别上,并让学生学会欣赏、评鉴中西画作,把一堂充满散文意味的语文课上成了美术课……这些没有"语文性"的教学内容,不管有多热闹,课堂气氛如何活跃,都只能是无效低下的语文课堂。

学生在对文本进行自主阅读、独立阅读、多元解读时易误入"歧途",变成脱离文本的"意义建构",阅读变成了学生的独白和肆意解读。比如阅读《愚公移山》一文,有学生批判愚公的驽钝,没有经济和商业头脑;阅读《阿Q正传》一文,有学生称赞阿Q的有趣和善于苦中作乐的精神;等等。这些都是学生脱离文本的自我意义建构。在语文阅读教学中,教师要让学生立足文本,帮助学生搭建起与文本有效对话的桥梁,形成与文本意义建构的有效机制。阅读教学过程是生成文本教学价值、探究文本教学意义的过程,脱离文本的阅读教学,所教内容或许有意义,但文学文本的阅读教学价值就体现不出来了,这样的教学内容也是无效的。语文的阅读教学活动必须依据课本,围绕课文展开,课文才是教学的根本,因此必须要承认文本的客观存在和它对阅读教学的基础性意义。只有这样,阅读教学课堂所教内容才会是有效的,适宜的。

五、"文本细读"教学的内容要关注教学内容的生成性

教师课前选取适当的教学内容是必要的,但教学内容并不是一成不变的,很多情况下教学内容是在师生双方互动的教学实践中生成出来的,由隐性变为显性,由固定性变为现实可能性。阅读教学内容受到课程标准、教师教学观念和教学能力、教师知识体系、教学设计等因素的制约,又往往受到课堂状况的牵制,课堂是变化着的课堂,不是僵化不变的。学生需要什么,教师才能传授什么,这才是真正意义上的知识建构,这样生成的教学内容才是有效的教学内容。

教师的阅读教学活动主要表现为针对课文的"讲解"和"提问",学生则是在教师的指导下阅读课文,通过教师的"讲",学生更好地理解、把握课文,更好地思考、探究课文。学生通过思考生成疑问,教师依据教学内容

帮助学生答疑解惑,这些都是在课堂教学过程中即时产生的教学内容。阅读教学中充满着确定性因素和非确定性因素的互动,这便是预设和生成的互动。优秀的语文教师在取舍教学内容时已经进行了充分的预设,要想教学活动顺利实行,教学价值得以体现,教师课前充分的预设是十分必要的。因为预设越充分,学生思考、分析、体验得就越深刻,越能够洞察文章隐含的意蕴。新课程既重视预设,更重视生成。生成是预设的实现,是尊重文本内涵、深入理解文本内涵的超越。因而动态生成的课堂是师生间心灵对话、情感碰撞燃烧的课堂。关注教学内容要提前处理好预设和生成的关系,善于挖掘教材中的智慧,引导学生在个体思考、体验的基础上大胆质疑与判断。

六、"文本细读"教学的内容要关注教学内容的整合

所谓整合,就是指教师在阅读教学过程中按照学科本身规律和学生的心理特点选取教学内容,让教师能够根据自己的特点和学生的具体实际重新整合教学内容,使教学内容更符合具体的教学情境,从而取得最佳教学效果。例如《马》这篇文章,内容浅显易懂,介绍了人工驯养的马和天然野生的马的不同个性,赞颂了天然野生的马具有"充沛的精力和高贵的精神",学生一读就能知晓作者对这两种马的情感,再花时间去讲十分多余。这时就需要教师利用一切可以利用的资源,拓宽语文学习的视野,加深对文章的理解,循序渐进、由浅入深地引导学生渐入语文课堂的佳境。此时,相关资料的介入就是一种非常有效的手段,在挖掘教材、紧扣文本的基础上,适时地补充有助于解决学生困惑、进一步理解课文的资料。比如教师可以借助对作者布封的介绍,让学生明白他是一个具有人文主义情怀的作家,所以他能将"马"写得如此具有灵性。也可以引入梁晓声的《如果我为马》,通过比较式阅读,明白课文呈现出的厚重的生命感,以帮助学生对生命的理解和感悟,完成本课的教学目标。

王荣生教授认为,优秀的语文教师,应该既是语文学科专业知识方面的专家,也应该是高效指导学生学习、提升学生语文能力和素养的专家,因此教师要有较强的整合教学内容的能力。教师对于"文本细读"教学内容

的取舍,本质上决定了课堂的效率和效果,教师处理教材和取舍教材的能力代表着教师的课堂教学水平和教学能力,是教师教学智慧的集中体现。由于教点具有多样性,语文教师面对一篇课文会有不同的教学主张和教法,而一节课的教学时间为 45 分钟左右,一堂课的教学量是有限的,在有限的课时量的基础上选取教学的重难点十分必要,也直接关系着语文教学是否有效。

笔者认为"文本细读"教学内容的取舍是有径可循、有法可依的。首先,教师要依据文章的不同体裁、不同风格、不同情感价值,提取文本亮点,找到教学的突破口和最佳教学点,以便更好地发挥教材的教学价值和意义,这也是新课程标准的要求——"应该侧重于对不同类型文本的阅读指导"。其次,要注意把握学生的实际,依据学情取舍。语文是模糊性很强的学科,一篇教材可以放在不同的年级教授,教师可以选择精读或略读,深讲或浅析,这就需要教师根据学生的差异性"因材施教",以增强教学的针对性和目的性,提高语文课堂教学的有效性。此外,一篇文章具有的教学价值是多方面的,教师在选取教学内容时,就要抓住具有核心教学价值和教学意义的教学点。例如小说题材的文章,教师就要考虑从小说的三要素出发,以分析人物形象为中心,引导学生去概括、分析、探讨小说主要人物的特点,感悟和把握文章的主旨所在。教师在教学时还可结合小说的艺术特点去分析,加深学生对于小说这一文体的理解和学习。《普通高中语文课程标准(实验)》要求:"教师应遵循教学的基本规律,并依据自身的特点和条件,发挥优势和特长,努力形成自己的教学特色。"教师在选取教学内容时,还要依据自己独特的教学风格,如激情澎湃型的教师和冷静沉稳型的教师的教学特色和教学风格是有所不同的,语文课堂的教学风貌也是千姿百态的。

第二节 文言文细读教学内容

　　经过千百年时间淘洗而流传下来的文言文大多脍炙人口,异彩纷呈,是中华民族文化遗产中的精华。文言文的语言千锤百炼,章法独具匠心,其中蕴涵着先哲们的崇高理想、美好情操,是我们民族的精神财富,是我们取之不尽的宝藏。学习文言文可以扩大知识面,提高文学素养及文化底蕴,这是毋庸置疑的。在文言文教学过程中,可通过对课文语言的鉴赏、品味,让学生形象而深刻地感悟汉语言的艺术魅力,从而激发学生对祖国语言的热爱,在一次次的鉴赏活动中提高他们发现美、感悟美的能力,进而形成良好的思维品质。总之,对文言文进行细读教学,有助于学生语文素养的全面提高。

　　基于文言文的特点,笔者主张从文言文的语言、结构和内容三个方面入手,细化文言文细读教学的内容。一篇文言文是一个有机的整体,对每个部分的细读并不是把文章拆解或者把某个部分独立出来,而是在整体的基础上,进行某一方面的细读。从审美的角度来看,文言文蕴含的文言之美、文学之美和文思之美是值得我们研读和探讨的。一篇文质兼美的文言文都包含了这三个方面,其中文言是基础,文思是作者行文思路的体现,文学是作品内在思想的体现。只有在教学中细读这三者,对文言文的理解才能达到文化的层面。将文言文细读教学内容和其审美内容结合起来,就是要通过文言文语言的细读去感受它的文言之美;通过对文言文内容的细读,去感受它的文学之美;通过对文言文结构的细读,去感受它的文思之美。最终让文言归于文化。

一、细读语言,感受文言之美

　　文学是一种语言的艺术,对文学作品的鉴赏和领悟离不开语言,语言是作者心声的外在显现,是读者感受作者情感的媒介。语言的表现形式是多种多样的,可以是质朴的,也可以是含蓄的,还可以是华美的。文言文的语言可以说极具艺术性,先秦散文和唐宋古文质朴含蓄,无过多的修饰造作,骈文则是辞藻华丽。因此,对文言文进行细读,首先要从语言入手,从最基本的文字入手,去感受文言文言简义丰、含蓄质朴的语言美。可以说,揣摩文言的内涵性、生动性和凝练性是高中文言文细读教学的重点之一,加之作者情感的流露往往就在字里行间,所以学生在阅读文言文时一定不能忽视作品的语言,要体会作者遣词造句的用意。言有尽而意无穷,只有通过细读语言,才能走进文本,走进作者的情感世界,最终感受文言中蕴含的语言之美。面对不同时期、不同作家、不同语言风格的文言文,教师只有在深入细致地了解文本后,才能指导学生进行文本的细读,从文言的字、词、句理解开始,再不断地深入内容层面。细读语言的方法有很多,如比较语言的异同,填补语言的留白处等,教师选择细读的方法是基于对文本的理解程度,只有在细读之后,才能读出语言背后的深层意蕴,才能读出文本的意境,才能感受文言之美。

  文言文语言的细读,在高中文言文的教学中运用得较多,在此以周文福老师在"语文报杯"比赛时执教的《陈情表》为例①,观察在文言文的教学中怎样引导学生细读文言字词句背后的内涵,通过对文言字词追本溯源的解读,引领学生感受文言之美。这节课从导入开始就紧扣课文主题,在学生熟读的基础上推敲语句和解读课文,可以说教学主线十分清楚明了。教师在执教时按照教学目标把教学过程分为"相机导入,陈事言忠孝""推敲语句,循情识忠孝""追问探究,察理析忠孝""厘清思路,归纳明忠孝""诵读涵泳,体味至孝文"五个部分。在把以"忠孝"作为线索引导学生进行文本语言和内容细读的同时,将文言寓于文脉的梳理中,使教学环环相扣。以下节选的是其教学的第二、三两个环节:

---

① 此教案选自《第九届语文报杯全国优秀中青年教师课堂教学大赛实录(高中组)》(蔡智敏、姜联众主编,二十一世纪出版社 2013 年版),有改动。

推敲语句，循情识忠孝

师：刚才听同学们读"前太守臣逵，察臣孝廉，后刺史臣荣，举臣秀才"时声音参差不齐，看来大家对断句停顿有了不同意见，这两句究竟应该怎么断？

（学生讨论）

师：官职是"太守""刺史"，而不是"太守臣"和"刺史臣"，所以正确的读法是"前/太守/臣逵，察臣/孝廉，后/刺史/臣荣，举臣/秀才"。

师：哪些动词可以看出他不断被提拔重用？

生："察""举""拜""除"。

师：很好，你能不能把这四个字词再说一遍？哪个字你感觉比较陌生一些，平时的古文阅读中很少见到使用，你不太理解的？

生："除"，平时我们说到"除"一般就是表示"除去"。

师："除"是什么意思？（出示投影：除，从"阜"，表示与地形地势的高低上下有关。本义：宫殿的台阶。引申：拜受官位。《汉书》注："凡言除者，除故官就新官也。"）"除"的偏旁不是耳朵而是"阜"，表示与地形地势的高低上下有关。本义是指宫殿的台阶。后来引申为拜受官位。"除"字的本义我们到现在还保留着台阶的意思，大家想想哪个词语？星期五放学前我们要干嘛？

生：大扫除。

……

师：为什么没有去，因为他有一个牵挂，那就是他的祖母。请大家从文中前三段中找出直接描写祖母的句子，然后读一读。

生：找到了三处。第一段："祖母刘愍臣孤弱，躬亲抚养……而刘夙婴疾病，常在床蓐，臣侍汤药，未曾废离。"第二段："刘病日笃。"第三段："但以刘日薄西山，气息奄奄，人命危浅，朝不虑夕。"

师：我们这边的同学来思考一下，刚才几位同学找到的这些语句，文本隐含的信息，我们梳理概括一下是什么？

生："躬亲抚养"看出来祖母对他恩重如山，抚养了他。

师：奶奶带孙子一般来说是天经地义，你却用了"恩重如山"？看得出来你读懂了这段文本。因为作者的身世不同,他概括出自己的身世特点是什么?

生:"孤弱""零丁孤苦"。

师:作者用重复来强调。重复了哪个字?

生:"孤"。

师:他强调了自己的"孤",把这些语句读出来。

生:"……慈父见背……舅夺母志。祖母刘愍臣孤弱,躬亲抚养……零丁孤苦,至于成立。既无叔伯,终鲜兄弟,门衰祚薄,晚有儿息……茕茕子立,形影相吊。"

师:一个年逾古稀的老人,带着一个孤苦的孩子,其背后的艰辛,可想而知。所以才是"恩重如山"。

生:从"刘夙婴疾病,常在床蓐""刘病日笃"看出来祖母疾病缠身,需要李密的陪伴和照顾。

师:你说祖母疾病"缠身",哪个字表现了这个意思?

生:"婴"。

师:"婴"在我们平时的理解中是什么意思?

生:婴儿。

师:"婴儿"怎么又会是"缠绕"的意思呢?大家想不想把这个词了解清楚?

生:想。

师:请看投影:(婴,从女,从賏(yīng)。"賏"是颈项链。本义:妇女颈饰,似现代的项链。引申:缠绕,反复盘绕其上。)

生:"日薄西山,气息奄奄,朝不虑夕。"

师:用你自己的话来概括一下好吗?

生:风烛残年。

师:概括得多么好!祖母是一位对我恩重如山、身缠重病、风烛残年的老人。一般君王都会被深深地打动。

追问探究，察理析忠孝

师：李密与这个阴险多疑的晋武帝是什么关系？

生：君臣。

师：真的是君臣吗？欲知真相，请看文章中的第一个注释。

（学生看注释）

师：看完注释一，好，我再问，不知道你们的回答是否改变了。李密和晋武帝是什么关系？把注释一给大家读一下，然后你用一个词来说说他们之间是什么关系。

生：（读注释一）他们是敌人，是仇人。

师：李密本来是蜀国重臣，司马家族灭了蜀国，李密还没有当你晋朝的官，所以他们之间不是君臣关系。灭国之恨让李密应该视晋武帝为仇敌。三、四段读完，你发现用得最多的是哪个字？

生："臣"。

师：老师统计过，全文共有 29 个"臣"。除掉"前太守臣逵，察臣孝廉，后刺史臣荣，举臣秀才"中的两个"臣"是指其他人，其余的 27 个"臣"字都是作者自指。让我们来看看这个字背后饱含的深意。假如我是君王，我走过来，你们这些做臣子的什么表现？

生：（低头，用眼睛瞟着老师，脸上是畏惧之色）

……

师：我们的祖先真的是聪明啊，"臣"的造字，就是采用你这样的眼神。（投影显示"臣"的字源演变）臣是一个象形字，甲骨文字形，像一只竖起来的眼睛。人在低头时，眼睛即处于竖立的位置，字形正表示了俯首屈从之意。在文中，李密表示了屈服之情。从文章中的文字表述来看，李密想不想当官？

生：想。"本图宦达，不矜名节"。

师：李密感恩戴德，"生当陨首，死当结草"，用了 27 个"臣"，但是，他真的是愿意臣服吗？若真心臣服就该应诏去做官啊，先尽忠再尽孝。但是，他写《陈情表》是想做什么？是不想去应诏为官而在家里赡养祖母。口口声声 27 个"臣"字，初读只是一个人称代词而已；追本溯源，细加揣摩，可见作者以臣自称,主动站队,俯首称臣,欲表忠心之情,知人论世,更可从作者遣词良苦用心中见其机变才智。作者对人称的准确使用,含蓄巧妙地表达了他的"忠"。在文中,同类的词语还有哪些?

生:"陛下""圣朝""伪朝"。

师:既然李密表示臣服,那很简单,就应该去尽忠,为什么?因为国家为重。李密身世孤苦,祖母年老多病,晋武帝看了这些都表示认可。但是,你李密口口声声27个"臣"字,表示臣服。心动不如行动啊,你不出来为官,到底是对我不忠。《诗经》有云:"普天之下,莫非王土。率土之滨,莫非王臣。"古语有云:"顺我者昌,逆我者亡。"你李密作为亡国降俘,不出来做官,就是心怀不满,违抗圣旨。才思敏捷的李密用了什么办法最终打动了晋武帝呢?我们来认真阅读一下第三段。

……

周老师抓住文中对文意理解有特殊意义的文言字词进行深入细读是本堂课最吸引学生的地方。这主要集中在教学过程的第二和第三部分,如对"除""婴""臣"等字的讲解,既探究了字的本义,又阐述了这些字词的引申义,让学生在学习中感受到了文言文言简义丰之美。毋庸置疑,周老师有着深厚的文言功底,对重点字词本义的探究可谓是信手拈来,从造字法谈起,通过对字词的追本溯源让学生更形象地理解字词的含义,也可以让学生更快地理解本文忠孝的文意,更是对文化的一种传承。如周老师从"臣"字入手,统计出《陈情表》中作者用来自称的27个"臣"字,并把这个字的甲骨文和金文字形给学生展示出来,让学生直观了解字的含义,又让学生模仿,通过这一系列的教学设计,学生理解了"臣"这个字是俯首屈从之意,延伸到文意,学生对李密屈服感激之余又惶恐的心态了解得会更深刻。这样的教学设计可以让学生在思考中感受文言的简明凝练之美,也能对文言字词有深入的探讨,更能主动挖掘文言的深刻内涵,感受文言文含蓄质朴、言简义丰之美。

纵观整堂课的教学,可见教师有着很高的文学素养和很强的文本细读的能力。本课突出的特点就是细读文章中的语言,挖掘文字背后深刻的含义,并在对文言的细读上做到二者并重,在解读"言"的时候不离文意,在读"文"的时候依靠语言,通过对语言的分析和鉴赏,让学生感受作者对祖母的拳拳之情和忠孝之意。面对这样一篇意蕴深刻、文质兼美的文言文,教师在对语言的鉴赏中熟练运用诵读涵泳的细读方法,让学生理解文意,感受文言之美。

二、细读内容,感受文学之美

选入高中课本的文言文,不论是记事、抒情抑或是议论的文章,大都文质兼美,可以当作文学作品来读。因此,在高中文言文细读教学中,还要通过细读其内容,去感受作品的文学之美。具体来说,我们可以通过细读文言文作品的矛盾处、关联处和留白处去感受和领悟其间蕴含的或含蓄或直白或深刻的文学之美。

矛盾性的语言在中外文学史上并不鲜见,"正言若反"是老子语言的一大特色,如"大成若缺""大智若愚""大巧若拙""大辩若讷"等。狄更斯《双城记》的开头更是堪称经典:"那是最美好的时代,那是最糟糕的时代;那是智慧的年头,那是愚昧的年头;那是信仰的时期,那是怀疑的时期;那是光明的季节,那是晦暗的季节;那是希望的春天,那是失望的冬天;我们目睹了一切,我们对一切熟视无睹;我们都在直奔天堂,我们全都在直奔相反的方向——地狱。简而言之,那时跟现在的情形非常相像,某些最喧嚣的权威坚持要用形容词的最高级来形容它。不论是好是坏,都是比较级里面的最高级。"文章的内容是作者情感抒发的表现,文本中的矛盾恰恰是作者有意为之,有的是看似矛盾其实合理。在文言文教学中细读内容,就是要引导学生在矛盾处存疑,并进行深层次地分析,这样有助于学生理解课文主旨。如《归去来兮辞》,作为一篇作者归隐和明志的"辞",有许多教师对本文主旨的理解流于表面,没有进行深层次的探微,把它看成是陶渊明表达厌恶官场,赞美田园,显示归隐决心的一篇作品。深入文本内容的矛盾处,则可知作者在"归"与"不归"这一矛盾中的纠结。细读此文的矛盾处,与其说这篇作品是作者弃世归隐的宣言,倒不如说是其抒发愤懑的自白书。如文中对归去惬意生活的描绘和对归隐典故的运用,表现的是对归隐的向往，但另一方面作者又说"帝乡不可期"。再看作者在文中说明归隐的原因是"世与我而相违"，这里又有矛盾，为什么说是"世"与"我"相违而不是"我"与"世"相违呢？作者这么写意在强调自己气节未变，是污浊的世道不容纳自己，这是作者的愤懑之言，通过细读矛盾处我们可以得知陶渊明外道内儒的思想。不单单是《归去来兮辞》，我们语文课本中的很多文言文通过细读都可以发现矛盾处，于矛盾处存疑是细读文本内容的基本要求。通过对文学作品中某些矛盾处的细读，可以挖掘其深刻的文学内涵，这种内涵可以是作者的创作思想，也可以是作品本身蕴含的文学思想等。细读的过程就是感受文学之美的途径。

在细读文本内容时，除了在矛盾处存疑外，还需在关联处深读。这个关联主要有两方面：一是文章内上下文的关联。一篇好的文章，作者在行文中总会有巧妙的安排，绝没有无意之笔，因此需要细读；二是文章外的关联。如同一作者的不同文章可以关联，或者内容上有相似的不同作者的文章也可以进行关联，通过关联后再去细读文章的内容。例如李密的《陈情表》是写给晋武帝看的，以作者当时的处境，写这样一篇表可以说是如履薄冰，但文中作者写了"舅夺母志""晚有儿息"两件与所陈之情似乎没有关联的事，那么李密这么写有什么用意呢？首先，"舅夺母志"，李密将母亲改嫁的原因推给了舅舅，这是一种很委婉的说法，不但从正面说明了李密失母的辛酸，从侧面说明了母亲原本的忠贞，更隐藏了一个非常重要的信息——父亲死后，李家家道中落，境况岌岌可危，寡母已经不能按照自己意愿守着孤儿过活了。李密的祖父李光曾任东汉朱提太守，在当地有很高的威望，这从李密的老师谯周先生身上看得出来。如果不是凭着李密祖父的名声，祖母孤孙怎能轻易获得师从名门的机会呢？另外，年老的祖母不但要独自将孱弱的孤孙抚养成人，还要供他读书，考取功名——如果李密祖上没有一定的家业，祖母一个人是不可能扛起如此沉重的负担的。所以，"舅夺母志"这一句看似随意，其实意味深长，与上下文都有着深层的关联：家道中落，舅舅已经由不得母亲想要守寡之愿而强"夺"其志；母亲再嫁，年幼的李密和年老的祖母都得不到应有的照顾，孤苦无依。其次，"晚有儿息"，对于李密儿子是大是小或者有没有的问题，皇帝是不会在意的，他只是要李密出仕,但是这看似随意的一句与"门衰祚薄"相关联,从这几个字还可以看出李密的儿子应该还很小,所以李密是上有祖母需要终养,下有儿子需要教养,不得去赴任。这些词句在教学时一般都会被忽略,原因就在于没有深入文本细读内容。在细读文章内容时捕捉关联处有利于对文本的理解,更能理解文章背后所蕴含的深刻含义。找准文学作品本身的关联处进行细读,是感受作品的文学之美的有效途径。可以说感受文言文的文学之美,主要就体现在对文章内容的细读上。

　　细读文章的内容还在于对作者想要表达却又不直接表达(留白处)的情感进行妙悟。如《项脊轩志》一文的结尾处,作者叙述了自己妻子和项脊轩的关系,说庭院里那棵已经长成的枇杷树是自己妻子去世那年自己亲手种植的。此处作者并未按照一般的行文思路进行情感的升华,写的是一棵看似平常的枇杷树,但是细读下去我们感受到了人亡物在、人事变迁的感慨,如果那棵枇杷树跟自己妻子没有关系,那么作者也不会在文中提及了。在这里,作者用看似无意的语句写出了对妻子的眷恋和缅怀,对景的选择恰到好处地进行了留白,让读者细思凝想。对留白处的妙悟,往往会让我们挖掘出深藏于文本表层之下的情感和故事,这不直接表达的情感恰恰就是含蓄朦胧的文学之美的表现,把文学作品中的留白处填补出来就是引导学生感受文学之美的过程。

　　《陈情表》中的留白之处颇值得关注。让我们来仔细研读这一句:"臣具以表闻,辞不就职。诏书切峻,责臣逋慢……"原来,其秘妙之处就在于李密在此之前所呈上的那一封表奏中,我们可以称为"前陈情表"。可以说,李密"前陈情表"的失败,是他再写《陈情表》的直接原因。我们现在虽然对于"前陈情表"的内容无法知晓,但可以肯定的是,他在表奏中写的拒官理由并不足以说服晋武帝,甚至让晋武帝认为李密在敷衍自己,最终造成了"诏书切峻"的严重后果。由此,我们可以推断,在"前陈情表"中未出现而在《陈情表》中加以强调的内容,便是他使得晋武帝准允他"辞不就职"的关键原因。

　　难道李密在"前陈情表"中就没有详细叙述他与祖母的深厚感情,以及他之所以不能赴任是出于要奉养祖母的缘故吗?毋庸置疑,李密在"前陈情表"中肯定也提出了相同的理由。但很显然，这并不能使晋武帝信服。也难怪，晋武帝怎么会把李密的老祖母放在眼里呢？他自己在十岁丧父时都没有掉一滴眼泪啊！况且，李密是身份特殊的蜀汉旧臣，他的"辞不就职"，很容易涉及心念旧朝、抵制晋朝等敏感政治问题。因此，笔者认为，李密的"前陈情表"之所以会招致"诏书切峻"的后果，错就错在他只论述了奉养祖母之难，却未大篇幅地表明自己对"圣朝"的忠诚之真，而这就是惹怒武帝的关键所在。而在写作《陈情表》时，李密终于领悟到，让晋武帝同意自己"辞不就职"的关键点，并不在于他对于祖母的大孝，而在于他对于武帝的大忠——只有让新皇帝知道自己毫无逆反之心，才有可能获取认可。李密成功了，晋武帝在看过《陈情表》之后感慨道："士之有名，不虚然哉！"不但痛快地答应了李密的请求，还赐给他两个奴仆以及一笔用于赡养祖母的钱财。暴虐冷酷的晋武帝，难道真是被李密的孝顺感动，所以格外开恩了吗？非也。晋武帝真正想知道的，是李密对于自己以及对于晋朝的态度。既然李密已经觉得"过蒙拔擢，宠命优渥"，又答应在祖母百年之后"生当陨首，死当结草"，晋武帝在同意李密请求的同时，又向天下证明了自己的确是"以孝而治"，这样的一个顺水人情，何乐而不为呢？

　　语文课本里的文言文都可以从矛盾处、反常处、关联处和留白处进行细读推敲，文言文所蕴含的文学之美也体现在文章的这些地方。因为文章中那些看似平常的语句可能饱含着作者或炽热或幽深的感情，这些流传千古的美文今天读来还能给我们以触动，就源于其字里行间的情感抒发，所以只有通过细读文学作品，我们才能体悟到文学之美。

　　例如读《项脊轩志》最后一节：

　　余既为此志，后五年，吾妻来归，时至轩中，从余问古事，或凭几学书。吾妻归宁，述诸小妹语曰："闻姊家有阁子，且何谓阁子也？"其后六年，吾妻死，室坏不修。其后二年，余久卧病无聊，乃使人复葺南阁子，其制稍异于前。然自后余多在外，不常居。

　　不少同学对这段文字的理解难以深入下去，也有同学敏锐地发现了文中这句话:"闻姊家有阁子,且何谓阁子也?"觉得这句话很一般,可为什么作者要将这"很一般"的一句话写到这么一篇感情深挚的文章中呢?是有特别的用意,还是作者的败笔?这应该是学生发现了文章的反常之处,也许就是一个对话按钮。但怎么打开这个按钮呢?想要采用一般的材料比较法,可又找不到其他材料,也很难说这句话与作者的思想感情是一致还是不一致。思考一番后,笔者决定通过"连环追问",来逼出作者的真实用意。

  笔者这样发问:作者妻妹们的年龄多大?经过研究,大家将她们的年龄锁定为十二至十六岁。这样自然就产生了第二个问题:十几岁的小妹妹们,为什么会问关于阁子的事情呢?而且为什么不是一个人问,而是"诸小妹"问?研究的结果应该是姐姐在家里经常提起,而且肯定是在姐妹们面前夸耀,反复描述南阁子中的甜蜜生活,引起了妹妹们的好奇与兴趣,甚至是"向往"。这一追问,终于发现作者夫妻在南阁子中的爱情生活是多么温馨甜蜜,而妻子对那种生活又是多么陶醉,可那甜蜜温馨的生活已经一去不返了,作者怎得不悲?尤其现在,想起妻子在妹妹们面前说话时的神态,有音容宛在的感觉,因而愈觉其悲。联系"从余问古事,或凭几学书",可见他们志同道合,妻子是作者红袖添香的知音啊。如今香消玉殒,再抚瑶琴,又有谁听?在这样一连串的追问与思索之后,再来读这一段,怎能不令人动容?

  文言文的学习要注重文化的传承,这也是文言文教学的最终旨归。学生通过对文言文的学习感受古代的文化,培养对传统文化的认同感,进而提高自身的人文素养。但从文言的学习到对文化的传承不是一蹴而就的,需要在文言文的学习中细读文言、结构、内容等方面,去感受文言、文学和文思之美,做好这些铺垫之后,才能上升到文化层面。如果说对文言文语言、结构和内容的细读是微观上的深层解读,那么把文言文的学习置于文化层面,就是宏观上的渗透。只有把微观解读和宏观渗透统一起来,才能真正达到传承文化的目的。

三、细读结构，感受文思之美

结构是文章的组织法则，一篇文章的结构是作者行文思路的外在体现，作者通过文章的结构向读者传达其思想和创作的主旨，读者通过文章结构了解作者想要表达的情感。选入高中语文教材中的文言文有诸子百家和史传中的散文，也有文人所著的表、序、辞、赋等，这些文言文不管在内容上还是在结构上，都有其独到之处。

文言文在内容上的言简义丰，在结构上的严密安排、条理清晰，需要我们在教学的过程中进行细读。通过对结构的细读了解作者的行文思路，从而把握文章的主旨，感受文思之美。对文本结构的整体感知首先是"读"，由粗读到细读，这是一个循序渐进的过程。如《烛之武退秦师》着重描写的是外交辞令，教师在课堂上用自读、齐读等方式让学生整体感知课文，通过细读与文章结构相关的语句理清文章的结构：首先交代缘由（秦晋围郑），接着写烛之武临危受命，再写烛之武智退秦师，最后写晋国撤军。这篇文章抓住史传散文的特点，以人物为中心，按照一件事发生的起因、发展、高潮和结局的线索，通过事件和辞令塑造烛之武的人物形象，并把人物贯穿于事件当中。通过细读文本，分析文章结构，进而感知人物，到最后探明作者的写作主旨，这样的思路在很多人物传记类的文言文中都适用。

细读文章结构，首先要做的就是在整体了解文章的基础上理清文章线索。高中文言文常常以时间、人物、事件、情感变化等为线索，抓住线索有利于对文章结构进行细读。如《荆轲刺秦王》，在叙事上最突出的特点是以事件为线索巧妙安排故事情节，并在情节的发展中制造矛盾冲突，从而达到塑造人物的目的。作者把情节归为行刺缘起、行刺准备、廷刺秦王、荆轲被斩四个部分，并将荆轲与樊於期、太子丹、秦王之间的矛盾和斗争置于情节之中，从而表现秦国与燕国的斗争形势，也使一次明知不可为而为之的刺杀充满了悲壮。通过对文章结构的细读，抓住文章以荆轲刺秦这一件事为线索，就不难理清文章思路，但是对结构的细读如果只停留在此还远远不够，对本文结构的细读，还需与对人物形象的塑造进行结合，突出教学重点。比如行刺准备这一阶段虽然结构明了，但重点要细读荆轲动之以情、晓之以理、告知以谋，还有易水诀别、廷刺秦王中荆轲和秦王的动作描写等。把结构的细读与情节内容联系起来更有利于学生理解故事情节，分析人物形象和掌握史传散文的叙述技巧。

高中文言文篇幅较长，再加上文言文言简意赅的表达方式，需要老师在教学过程中引导学生对那些突出结构大意、揭示主旨的语句进行细读勾画，这样的细读方式既有利于学生把握文章结构，又可以很好地引导学生筛选、整合信息。在细读文章结构时，要注意勾画重要句段，把握文章的要旨。如贾谊的《过秦论》开始论述战国时秦的崛起、强大和秦始皇统一六国时的鼎盛，接着论述秦二世亡国的历史必然，前后形成强烈的对比，这一系列的论述都旨在说明秦国破灭的原因，也就是课文的最后一句"仁义不施而攻守之势异也"。若在分析文章结构时老师抓住这一论点，联系课文分析作者的论证和论据，学生就更容易理解，对课文结构的把握也更为清晰。相类似的课文还有苏洵的《六国论》，先揭示六国破灭的原因是"弊在赂秦"，再围绕这一句展开，从不同角度论述六国灭亡的原因，最后发出"为国者无使为积威之所劫哉"的感慨。不同的文言文文体，在结构的细读上方法也会有所不同，有的侧重于文章的行文思路，有的侧重于情节的梳理，有的侧重于对文章重点句段的勾画。写人记事的文章大都在情节上引人入胜，因此在结构的细读上要重整体的感知和情节线索的把握；论说性的文章在结构的细读上需要找出论点，它的结构一般都是提出论点—论证论点—总结论点；辞赋类的文章则大都以作者的情感为线索进行结构的布排，只要抓住作者情感的变化，就很容易理清线索，进而细读结构，感受文思之美。

在文言（包括古诗词）学习中，还要能融入古代文化常识教育。古代文化常识的范围很广，包含天文、历法、乐律、地理、职官、冠礼、婚姻、丧葬、宗法、宫室、车马、饮食、衣饰、什物等方面。古代文化常识是中华五千年农耕文明的精华，具有丰富的人文知识和自然科学知识，体现了天人合一的价值观念，无论在过去还是在现在和未来，都具有极其重要的文化意义。近日，教育部考试中心下发《关于2017年普通高考考试大纲修订内容的通知》，发布2017年普通高考考试大纲修订内容。修订中，增加中华优秀传统文化的考核内容,如在语文中增加古代文化常识的内容,在汉语中增加文言文、传统节日、民俗等内容。其目的就在于使学生能够更好地批判继承我国古代文化遗产,提高我国各族人民的科学文化水平,增强民族自信心。

如古代的礼仪文化。古代礼仪文化繁杂而丰富。有吉礼,主要指祭祀神和祖先的礼仪。如"牺牲",是指古代祭祀用的牲畜。《曹刿论战》中有:"牺牲玉帛,弗敢加也,必以信。"有成人礼,有关个人成长的礼节,主要是"冠礼"和"笄礼"。所谓冠礼,是指男子的成年仪礼,男子20岁行冠礼。笄礼则指女子的成年仪礼,女子15岁行笄礼。《送东阳马生序》中有:"既加冠,益慕圣贤之道。"再如忌讳文化,古人对"死"有讳称,帝王之死曰"崩",《出师表》有"先帝创业未半而中道崩殂"。要注意避皇帝讳,如《捕蛇者说》中的"以俟观人风者得焉","人"应为"民",避李世民讳。对人的称谓中也有文化内涵,如"号",一般用于自称,以显示某种志趣或抒发某种情感,年龄不限,如李白号青莲居士,白居易号香山居士,李清照号易安居士。称谥号,谥号是古代王侯将相、高级官吏、著名文士等死后被追加的称号,如范仲淹称文正,欧阳修称文忠。称籍贯(或郡望),如唐代诗人孟浩然是襄阳人,故而人称孟襄阳;张九龄是曲江人,故而人称张曲江;柳宗元是河东(今山西永济)人,故而人称柳河东;北宋王安石是江西临川人,故而人称王临川;明代戏曲家汤显祖被称为汤临川(江西临川人);康有为是广东南海人,人称康南海;北洋军阀首领袁世凯被称为袁项城(河南项城人)。清末有一副饱含讥刺的名联"宰相合肥天下瘦,司农常熟世间荒",上联"合肥"指李鸿章(安徽合肥人),下联"常熟"即指出生江苏常熟的翁同龢。

第三节　古诗词细读教学内容

我国古代的童蒙读物,多以诗体、韵语的形式流传。《毛诗序》曰:"诗者,志之所之也。在心为志,发言为诗。"因此,诗歌作为中国传统文学的重要形式,其特点即在于抒发情志,与文章切于实用的特点是有差别的。2017年秋季开始,全国小学、初中起始年级开始统一使用"部编本"教材,小学一年级开始就有古诗文,整个小学6个年级12册共选优秀古诗文132篇,占所有选篇的30%,比原有人教版增加55篇,增幅达80%。平均每个年级20篇左右。初中古诗文选篇占所有选篇的51.7%,比原来的人教版也有提高,平均每个年级40篇左右。体裁更加多样,从《诗经》到清代的诗文,从古风、民歌、律诗、绝句到词曲,从诸子散文到历史散文,从两汉论文到唐宋古文、明清小品,均有收录。在中学语文教材中选入古诗词,不仅符合青少年的成长周期规律,也有益于青少年的人格养成。就当前中学语文教学现状而言,我们一般对古诗词的讲读存在一个重要的问题,即一介入文本,我们便以作品背景、作者介绍、思想内容等几个固定的模块来讲授,重视作品的思想性、社会性,甚至让作品沦为历史的附属品,而忽视文学作品的文学性,而所谓的文学性才是直指本心,能够在人的心灵中产生共鸣的东西。南朝钟嵘《诗品》认为"动天地,感鬼神,莫近于诗",诗可以用来吟咏性情,故"摇荡性情,形诸舞咏"。文学教育即在于使学习者能够丰富自己有限的生命。因此,我们要改变当前诗歌教育的薄弱环节,而这有赖于文本细读的深入开展。

一、把握诗歌意脉

意脉是中国古代诗学既有的一个概念,最早源于刘勰的《文心雕龙·章句》中提出的"内义脉注,跗萼相衔,首尾一体",是指文章内部的情感贯穿全文,如花的花房和花萼一样相互连接,是一个不可分割的整体。同时,

《文心雕龙·附会》中说"若统绪失宗,辞味必乱,义脉不流,则偏枯文体",强调了义脉对文章整体性的作用。到了宋代,逐渐被称之为"意脉",如张炎在《词源》中评价秦观词作时称其"清丽中不断意脉",李涂在《文章精义》中提到写诗要"贯穿意脉"。同时也有"血脉""气脉"等叫法,如"大凡诗,自有气象、体面、血脉、韵度"(姜夔《白石道人诗说》)。无论是"义脉""意脉"还是"血脉"等,所指基本是相同的。虽没有对意脉的明确定义,由文论中的解释,在笔者理解中,意脉是指一种贯穿全文的情感结构。

按照《文心雕龙·附会》中所说,意脉可大致分为两种,一种是"尺接以寸附",是指一首诗中的每一个字、每一句之间的联系都极其紧密,如一尺一寸、一枝一节地粘贴在一起,全文的意脉流动是清晰可见的,也是顺畅无阻的。这类诗歌以唐代诗人金昌绪的《春怨》为典型:"打起黄莺儿,莫教枝上啼。啼时惊妾梦,不得到辽西。"这首诗的赏析非常简单,全诗的逻辑思维流畅,前两句是因果关系,因为不想要鸟儿在枝上啼叫,所以打走黄莺。后两句对前两句做了解释,打走黄莺的原因是怕惊醒自己的梦,怕惊醒自己的梦的原因是因为梦中到了边塞和丈夫相会。从首到尾,一环扣一环,易于理解。而另一种意脉,是刘勰更为推崇和赞赏的,即"故善附者异旨如肝胆","异旨"是指文中不只有一种情感,但它们的关系却如肝胆般紧密相连。"故宜诎寸以信尺,枉尺以直寻,弃偏善之巧,学具美之绩:此命篇之经略也",此时的意脉不是流畅而明显的,没有那么严密的符合逻辑思维的发展,它注重的是一种宏观上的贯通,而不拘泥于每一字每一句,意脉的发展"似断而复续"。这种潜藏和内在的意脉往往被文论家们和"诗味"联系在一起。学者傅庚生在他的著作《中国文学欣赏举隅》中提道:"欣赏(文学)者,首宜求其旨意,次必寻其脉络。"对于高中古诗词的教学,想要还原古诗词的诗意,那么必须梳理诗词的意脉,才能够透过表层文字体悟到作者最真实的情感激流的方向,真正实现诗歌教学的审美价值。

以曹操的《短歌行》为例。曹操是诗人中的英雄,也是英雄中的诗人,这首乐府诗是曹操内心的真实写照,情绪丰富而多变,意脉也是多样而连续,教师可以引导学生对此进行梳理。诗的前两句,诗人对着酒杯长叹时间匆匆而过,写出了这首诗的第一个意脉节点:苦,苦人生匆匆,苦壮志未酬。这一意脉奠定了全诗的情感基调。接着意脉继续发生变化,忧愁如此之多,如何去排解呢?只有这杯中酒罢了,"慨当以慷"之前的忧郁在这一句中变成了"慷慨"之音。要注意的是,"慷慨"一词在古代不是大方的意思,而是指情绪激昂。也就是说意脉在这里变成了慷慨,如果可以用曲线图表示意脉的发展,那么这里意脉曲线是直线上升的,这也就是"把忧苦上升为豪情"。在中国古代诗歌发展史上,曹操为此文学母题做出了巨大的贡献,作为一个乱世中的英雄,曹操绝不拘泥于个人的得失,迅速从个人的忧愁中跳跃出来,把国家命运放在最重要的位置,把属于个人的悲歌转变成心系国家的壮歌。紧接着,意脉曲线又发生了改变,第三个节点出现,即"沉吟",情感的强度发生了变化,从情感的高峰顺势而下,曹操引用了《诗经·郑风·子衿》中的典故,把之前的壮歌转化成了一首温柔的情歌,以爱情中的男子自比,把贤才比作心系的情人。英雄也有柔情的一面,只是这一面不是留给美人,而是留给了有才之人,韵味悠长。意脉的发展并没有停止,到了第四个节点,又回到了"忧"上来,这种忧愁是无法断绝的,来源看似是因为明月在天,凡世中的人总是无法得到,这是寻才不得的苦闷的体现,意脉曲线继续呈向下的趋势。后面一句"越陌度阡,枉用相存。契阔谈宴,心念旧恩",更是向贤士们表达了自己的真挚之心。而后作者用精练的语言描写了一幅空旷寂静的景象:月光明净,星辰寥落,向南飞的乌鹊,绕着树木飞行,不知何去何从。清代的评论家沈德潜曾在《古诗源》中说这是"喻客子无所依托",但笔者更同意孙绍振先生的解读,把这当作"契阔谈宴"的内容,乌鹊代指流离失所的平民百姓。曹操写作此诗的历史背景是,曹操位于北方,孙权和刘备的力量集中在南方,百姓不知所去。这样在情感上很顺畅地引出了下一句,作者借用典故道出了如山如海一般的雄心壮志,更加愿意如周公一般,事必躬亲,使天下人的心都归顺到自己这里,这是曹操的一种政治理想。意脉经过了之前种种曲折的衍变,最终回归到了"激情"这个原点,意脉的曲线达到了最高点。整首诗的意脉是复杂而多变的,对于学生而言,理解上存在着一定的难度,但是通过对意脉的梳理,可以让学生掌握诗歌清晰的情感节奏,让学生更好地感受到作者最真实而诚挚的情感。古诗词课堂的诗意也在梳理文本意脉的过程中得到呈现。

二、还原心理图式

认知发展论是瑞士著名心理学家让·皮亚杰提出的,是20世纪公认的最具权威的发展心理学理论。它认为每一个人自出生后,对事物的认知及面对问题情境时的思维方式与能力受到各种因素的影响,并且会随着年龄增长而发生改变,可界定为不同的发展阶段。同时,认识发展论提出了"图式"这个核心概念,是指人在认识周围世界的过程中,形成的自己独特的认知结构,它是一种心理结构。[①] 这种心理结构不同于物质结构,它是一种动态的可变结构。它最早的来源是先天的遗传,但后天在与环境的接触和适应过程中,不断地发生着变化和丰富着,永远不会停留在固定状态上。一个人从儿童成长为成年人,其认知结构在不断进行着再构。同时,人的心理并不是外界有了信息就会有所反应,只有外部信息被主体的心理图式所同化,才会有所反应。

诗词文本极精练简短的文字中隐藏着极丰富的内涵,但随着市场上参考书目的兴盛甚至泛滥,高中古诗词课堂上,诗词文本不再是一个等待学生去发掘、去感受的纯净之地,而变成了贴满便签的重游故地。换句话说,学生个体们对诗词文本因为外界的一些影响有了一个之前形成的固有的心理图式。例如在学习李清照的《声声慢》之前,大部分学生都已经知道这是一首凄婉之词,表达的感情无非就是孤独落寞之情;再如学习陶渊明的《饮酒》之前,学生们早已经了解陶渊明是田园诗的鼻祖,可以流利地背出陶渊明诗歌的情感特点,无非是淡泊名利,不与世俗同流合污。这样的主体心理图式实际上给感知文本以及感知诗意造成了无形障碍,这就需要教师引导学生们主动地调整自己的主体心理图式,为接受诗词文本留下一片纯净之地。

仍以曹操的《短歌行》为例。学生们受到一些书籍、电视电影的影响,对曹操形成了脸谱化的印象,认为他就是一个多疑残忍的大奸雄。在学习

---

① 黄成玲.关于儿童认知发展的新探析——联结主义的途径[J].榆林学院学报,2008(3).

这首乐府诗时,对其中的豪情壮志表示非常不理解,纷纷表示,奸雄为何会有豪情壮志。如果老师能引导学生通过文本细读的方式感知文本,即能看到一个真实的立体的曹操。写这首诗时的曹孟德已经53岁了,正处于英雄壮年,他手中掌握了朝政大权,带着八十万大军,准备横渡长江,一举消灭孙权和刘备的队伍,统一全国。他站在战船上,看着浩浩长江和声势壮大的船队,唱出了这首名传千古的乐府诗歌。在这首诗歌中,他的情感是多重而丰富的,有"譬如朝露,去日苦多"的对人生苦短的感叹和悲愁,也有"慨当以慷"的豪情壮志,还有"但为君故,沉吟至今"的渴慕求才之心,更有"周公吐哺,天下归心"的崇高政治理想。现代评论家李健吾曾说过:评价一部作品,就是要解剖一个作家的心。"诗言志",曹操和所有人一样,其个性和思想都绝对不是单一的,这在他的诗歌中恰有最真实的反映,而正是这种多重的情感成就了这首诗的最动人之处。如果教师不引导学生去调整已有的主体心理图式,就很容易让原有的主体心理图式蒙蔽住诗人在古诗词中表现的真意和真情,使诗词教学陷入机械化、模式化的重重困境中。

　　类似的例子不胜枚举。如陶渊明,人教版高中语文选修课本《中国古代诗歌散文鉴赏》中选择了《杂诗十二首(其二)》这一篇古体诗。学生在此之前学习过了他的《归去来兮辞》以及《归园田居》等诗歌,教师一定给学生介绍过他"不为五斗米折腰"的故事,学生在已有的主体心理图式中已经认定陶渊明就是一个在混乱时代坚守自己内心、淡泊名利这样一个"高大全"似的人物。这样的人物难道是从一开始就对名利抱有淡然的态度吗?这样的人在那个时代可能存在吗?陶渊明的一生深受道家、佛教的影响,但同时儒家"齐家治国平天下"的思想在他的成长中也有着不可磨灭的痕迹。一位教师在讲这首诗歌之前向学生介绍了陶渊明的另外一首诗歌《读山海经》:"精卫衔微木,将以填沧海。刑天舞干戚,猛志固常在。"陶渊明借精卫和刑天的神话传说,含蓄地表达自己心中的不平和慷慨济世之志。不同于他的田园诗歌,这首诗的情感是激越而不平静的,它向我们展示了另一面的曾经年轻气盛的陶渊明。

　　另外,《杂诗十二首(其二)》这首诗也完全不同于之前学过的陶渊明田园诗的淡泊明志,包含了一种复杂的深刻的人生体验。起笔四句营造了一种空旷辽阔的境界,后四句写季节变换而黑夜漫长无际,为下文的抒情埋下了伏笔。"日月掷人去,有志不获骋",直抒胸臆,叹时光匆匆,不为任何一个人停歇,而心中满腔的志向却得不到施展。一个"掷"字,一个"骋"字,增加了情感的表达力度。最后一句"终晓不能静",表明他的内心是不平静的甚至可以说是不断沸腾的,有一种悲凉之感,可谓"言有尽而意无穷"。这样的心境让我们感到很陌生,与"采菊东篱下,悠然见南山"所呈现出来的陶潜形象截然不同,但这正显示了一个最真实的陶渊明,他不是一成不变的,他的情感也有过很多矛盾和碰撞,在经历众多挣扎之后,才最终走向内心的真正冲淡平和。在光芒四射的冠冕下,陶渊明更是一个普通人,是人就会有挣扎,这是人性,也是真实。回顾中国漫长的历史,能够留下姓名并且震古烁今的人物多以其品格或追求的伟大著称,如"安得广厦千万间,大庇天下寒士俱欢颜"的杜子美,呕心沥血写出《美芹十论》,心系国家而不能一展抱负的稼轩先生……陶渊明却以其冲淡平和与真实真诚名垂千古,他的诗通俗易懂,真情流露,为许多人所推崇,也让人可以在不同的成长时期常读常新,如果学生一味带着已有的主体心理模式去读,将会错过太多。

  文本细读为感知文本和调整主体心理图式提供了一条有效的途径。在这个过程中实施文本细读,笔者认为包含以下几个步骤。首先,教师带领学生抛掉教参和学生的参考书,只是初读文本,形成语感。面对一首诗词,读是首要的,也是必要的。特级教师王崧舟在他的"诗意语文"课堂上格外重视"读"的作用,以读入情。早期的诗词是配着音乐唱的,本身具有音乐美,有韵律,有平仄,音调抑扬顿挫。读的过程对于学生们而言是享受美的过程,读的形式可以多种多样,关键是让学生能够伸出感性的触角,屏蔽掉原有的对这首诗词的心理图式,与诗词文本形成真实的碰撞。

  例如人教版高中语文选修课本《中国古代诗歌散文欣赏》中的纳兰性德《长相思》一词,全诗押"eng"韵,不是每句都押韵,韵脚错落有变化,读起来朗朗上口,犹如"大珠小珠落玉盘",有一种流转圆融之美。再如《春江花月夜》一诗,全诗奇句不押韵,偶句押韵,并且四句换一个韵脚,共换了

9个韵,一唱三叹,有一种悠然反复之美,被闻一多先生称为"诗中的诗"。初读诗词文本时,要基本疏通诗词的文意,知道这首诗词的大概意思,可以参考书本下的注释。"故书不厌百回读,熟读深思子自知"(苏轼《送安惇秀才失解西归》),"书读百遍,其义自见",在不断诵读的过程中,诗词的大意也就很自然地了然于心。对于其中包含情感的字词,在读的过程中注意加重语气。以《长相思》为例,"行""深""千""碎""梦""无"这几个字可以重读,读到"不成""此声"时可以放低语调,把语速放慢,稍微加以延长,以显现出其悲凉之感。诵读对于古诗词教学是极其重要的,它是学生与文本的第一步接触。第二步,趁热打铁,教师带领学生再读文本,在对诗词文本有了基本的感受后,文本细读向更深处延伸,它包括读懂诗词的语言风格、结构特点以及情感抒发,使学生对诗词的诗意价值有更理性的理解和把握。

依旧以《长相思》为例。据王国维评价,纳兰性德用自然的眼睛观察外界之物,用自然的舌头言说自己的感情,"北宋之后,仅此一人"。开头两句,反复两次"程"字,形成一种回环反复的相关,一唱三叹,同时把情感也往深层推了一步,这似乎走不完的山水中蕴含了作者的淡淡厌倦之情。"身"字开启下一句的无可奈何之情,"夜深千帐灯"更是营造了一种极为壮阔的境界,这句曾被王国维称为"千古壮观",只是这壮观后隐藏的又是什么呢?和之前几句的意脉联系在一起,学生和教师一起闭上眼睛想象一下,走不完的山水旅程,无法控制的自我,墨色夜幕下在帐篷中摇曳的盏盏灯光,那仿佛不是灯光,而是作者无时无刻不在折腾的思乡之心。下阕首句又是一段环境描写,写夜晚风雪交加,为下句直抒胸臆埋下了伏笔,风雪吹的不是北国的土地,而是自己那颗思念家乡的赤子之心,这心让自己辗转反侧无法入眠,甚至它已经不再完整,已经成了支零破碎的碎片。"故园无此声",作者随之想到,南方的故乡此时一定是春暖花开,哪会有这样的景象?这一声叹息透过薄薄的纸张,平淡中有着不经意的惊心动魄的力量,渗透到每一个读者的心中。最后,文本细读从文本开始,却不在文本结束。教师和学生一起把书本关上,闭上眼睛,再次听这首词的朗诵,感受其中的情感。教师可以以这首诗歌为例,介绍边塞诗歌这种诗歌体裁的发展史,它曾在唐代达到高峰,北宋南宋时期基本没有什么严格意义上的边塞诗,而这种边塞诗的空白到了清时的纳兰性德有了填补。这可以让学生对诗歌的发展史有一个宏观的把握,加强印象,同时也让学生更加了解"世人争唱纳兰词,纳兰心事几人知",让他们通过这堂诗词课建立起一个新的主体心理图式。这便是在文本细读的过程中具体实现感知文本,调整主体心理图式的全部过程。

三、达成心理深处共鸣

《尚书·尧典》中记载"诗言志,歌咏言";陆机在《文赋》中指出,"诗缘情而绮靡";刘勰在《文心雕龙·神采》中专门论述了情和采的关系,提出了"故情者,文之经,辞者,理之纬;经正而后纬成,理定而后辞畅:此立文之本源也"这样的观点;朱自清先生在他的《诗言志辨》中指出,"志"即指人内心的情感。他们都强调了情感对于一首诗词的举足轻重的作用。人生自是有情痴,此恨不关风与月。确实,对于我国古典文化的精华和瑰宝——诗词,"其根本不是在教训人,而是在感动人",而感动人最核心的部分莫过于"情",换他心为我心,情的动人与否直接决定了这首诗词的成败,而能否感受到这份"情"的重量更是决定了诗意的价值所在。对于语文课堂,教师引导着学生去穿越时间的距离,用自己的心灵去感受诗词文本的"情",产生一种超越功利的心理共鸣,从而感受到诗意,这对于教师和学生而言,都是人生一大畅快之事,同时这也符合语文课程标准对语文课堂的要求。但是真正要做到这一点,绝非易事,不能只停留在一个空洞的"诗意语文"或"还原语文课堂的语文味"的口号上。在高中必修的五册课本以及选修的古代诗词散文鉴赏课本中,每一首诗歌都是经典的传世之作,笔者在教学中,很多学生却反映,这些诗歌给他们带来的只有必须背诵的任务和翻译的机械要求,他们可以准确无误地脱口成诵,但是说到诗意,他们纷纷摇头,甚至觉得有些好笑。

知人论世,以意逆志。唐诗宋词离我们已经有匆匆上千年的历史了,对于处于高中阶段的青春期的孩子们来说,他们从小养尊处优,是父母的宝贝,大多没有经历过战场灾荒、生离死别、人生失意等,如果不让他们充分了解诗歌的创作背景,却要他们去体悟诗中诗人的情感,简直是天方夜谭。

一位名师在讲述高中选修课本中陆游的《书愤》这一课时,有着如下的教学导入设计:

师:在讲述今天的这节课前,老师要给大家讲一个人的故事。有人称他为诗史,有人称他是一位英雄,也有人说他是一个痴心人。他其实跟我们每一个人都一样,有着喜怒哀乐,经历了生活的馈赠和嘲弄,他生活在一个特殊的时代。大家看过金庸先生的《射雕英雄传》吗?

生:看过!(兴趣很浓厚)

师:《射雕英雄传》发生于靖康之耻后,而我们今天故事的主人公就出生在这个时代:金兵南下,北宋灭亡,南宋朝廷偏安一隅,皇帝不思进取,贪图享乐。他本出身于名门望族,也许可成为一个如贾宝玉似的贵族子弟,可是国家的混乱决定了他不平静的一生。这个人自小聪颖好学,才高八斗,满腔报国之志,渴望收复被金兵占领的中原土地,可他却生不逢时,奸臣当道,国家实力一蹶不振,他不断献策,可是不断被贬谪,甚至最后被罢免了官职。可他一生执着,不管宦海浮沉,依旧赤子丹心,"夜阑卧听风吹雨,铁马冰河入梦来"是他,"心在天山,身老沧州"是他,留下"王师北定中原日,家祭无忘告乃翁"遗嘱的也是他。大家知道这个人是谁了吗?

生:(齐声回答)陆游!

师:非常好。此时,陆游已经62岁了,是一位英年已逝的老人了,跟同学们的爷爷奶奶或许一个年纪了。这个年纪,大家的爷爷奶奶都已经退休,在家里养养花草或者在外面跳跳广场舞,享受着天伦之乐。花甲之年的陆游,依旧那么固执,没有那份放下的心情,罢官已经6年,独自在家乡居住,北伐依旧遥遥无期,年轻时立下的志向到此时依旧是一场空,他满腔的无奈和痛苦无处抒发,只能借用这纸笔聊以宣泄。曹雪芹写《红楼梦》时曾说"满纸荒唐言,一把辛酸泪",陆游的这首《书愤》而言,何尝不是如此?下面就让我们一起走近这位倔强的老人,来看看这满纸的"愤"和"泪"。

在这一小段导入中,教师试着用生动而动情的语言迅速把学生一起带回积贫积弱的南宋时代,带回到满脸沧桑的陆游身边,缩短漫长的时间距离。虽然我们不能真正穿越时光,去切身体验一次陆游的人生,却可以通过语言和文字在一定程度上还原作者的写作背景。这与情境教学法有着异曲同工之妙,即教师有目的地设立一个特定的场景,让学生融入其中,激发学生的情感。

王国维的《人间词话》曾提道:"故能写真景物,真感情者,谓之有境界。"诗词以真感情为贵,对于诗词中感情的体悟,同样要用一颗真心去还原。以人教版高中语文必修四中第二单元的柳永《雨霖铃》为例。柳永是婉约派的代表人物,冯煦曾评价柳永"状难状之景,达难达之情,而出自然,自是北宋巨手"。此词的最后一句"此去经年,应是良辰美景虚设。便纵有千种风情,待与何人说"更是千古名句,拥有历久弥新的魅力。这一句从词意上来看并不难懂,学生们大多可以自己理解。一位语文老师的教案设计写道:在疏通完整首词的大意后,通过最后一句,请学生分析这首词的情感。这样的问题设计在许多教师的教案设计中比比皆是,语文试题中也比比皆是,同时,这样的问题对于学生而言也并不难答,他们可以套用答题模式,很快地给予作答:表达了词人在友人离开后的孤单寂寞之情。这样的答案是正确的,可是这样得出的情感却是空洞无力的。学生根本就没有做到去体悟情感,更没有获得什么心灵上的共鸣。

笔者在实际教学过程中,尝试换了一种教学设计,在讲到这几句诗时,笔者说道:"《雨霖铃》这首词,我最钟爱的是最后这几句,并不是因为它们是千古名言,而是因为它们勾起了我对一些往事的回忆,也正是因为这份回忆,这几句词在我心中有了温度。我大学毕业时,一位挚友要回北方的家乡工作,而我则留在了南方,大学四年,我和他一起度过了很多快乐的时光,同时也相互扶持,走过了生活给予我们的一些低谷,面对了一些对于未来的迷茫,我们给予了对方坚定的力量和弥足珍贵的友情。依旧记得21岁生日那年,刚过12点,他就出现在我寝室门口,抱着一个大西瓜,我们俩就在寝室门口分着一个西瓜,乐呵得不行。那是我记忆中吃过的最甜的一次西瓜。转眼间毕业多年了,我和他都经历了很多事情,有好的也有不好的,虽然偶尔有电话联系,可是因为空间上的距离,再也没有见过面。每次遇到最开心的事或遭遇了生活中的打击,我常常想如果他还在身边该有多好。'便纵有千种风情,更与何人说'讲的就是这样的心绪。这是我关于这首词的一个故事。你们呢,读完这首词,是否也想起了一段往事呢?和柳永,和我,是否有相同的感受呢?"

在笔者讲这段话时,学生听得非常认真,他们专注地望着笔者,友情是他们这个年纪最重要的感情之一,在他们的生活中扮演着浓墨重彩的角色,也最能引起他们的共鸣,有的学生主动讲述了自己的故事。笔者相信,这首诗词对于他们不再是冰冷的文字,而是经过情感熔铸后的思绪,也许在多年之后,他们再也不需要完成诗词的背诵任务时,他们在某个时刻还能够背诵这首词,这与考试无关,只与内心的情感紧密相连。在平时的古诗词教学中,古诗词文本若是能唤起教师的真实情感体验,先实现教师与文本的显性和隐性对话,再把这样的体验分享给学生,则可以实现教师与学生的显性和隐性对话,"润物细无声",以这样的途径唤起学生心灵和诗词文本的真正对话。

四、分析矛盾,探讨文本内部涵义

"矛盾"一词最早出现在《韩非子·难一》篇中,是指两个或更多的在不同方面的不一致。毋庸置疑,一首诗词中存在着不少矛盾,而这些矛盾恰恰可以作为文本细读的一个突破口,理所当然地也是文本细读的一个重要角度。之前探讨过的情感逻辑中包含的情感的自相悖逆性,其实就是诗歌的矛盾的一种表现形式。根据接受美学的理论,文本是一个召唤性结构,这种结构召唤着读者能动地参与进来,进行再创造,同时文本的"否定性"也是一种召唤读者阅读的结构性机制,它唤起读者对之加以否定,这种否定性在文本中表现为或明显或隐蔽的一些矛盾,这些矛盾有些是作者有意为之的,有些是无意识性的,等待读者去发现。用文本细读的途径去寻找并分析这些矛盾,可以更好地打开学生的阅读视野。

以人教版必修一第一单元的《沁园春·长沙》为例。开篇一句"独立寒秋"引领全文,"寒"字道出了气候之寒冷和秋风瑟瑟凄凉之感。"悲秋"是我国古老而经典的诗歌母题，《楚辞》中写道："悲哉，秋之为气也。萧瑟兮，草木摇落而变衰。"中国诗词史上优秀的悲秋之作不胜枚举。毛泽东的这首词中，开头一句似乎奠定了整首词悲戚的情感基调，可是词人的笔锋马上发生了改变，千万山峰中的树林像被染过一般，一片红色，碧绿的江流上，小舟在中流争先恐后，鹰在天空自由翱翔，鱼儿在水中畅快地游动，所有的事物都是自由而向上的，这是一幅充满活力和希望的画面，与之前的"寒"秋的底色不相映衬，存在着明显的矛盾。这样的矛盾是教师在解读过程中一定不能忽视的，它正是打开文本的突破口。通过查询这首词的创作背景，我们能得到一种解读，此时的毛泽东正处于事业的低谷，1925年，他因病回到了湖南的家乡，此时召开的党代会，他没有出席，并且受到一些冷落和怀疑，同时这时正处于大革命前夕，毛泽东整个人的状态是有些迷惘的。"寒秋"既写季节之寒冷，更指心境之寒，词人的内心是有失意和失落的，但他没有沉浸在这种情绪中不可自拔，内心依旧充满激情，笔下的文字依旧是昂扬向上的，写出了"指点江山，激扬文字，粪土当年万户侯"这样的英雄壮曲。这样，在矛盾中寻找文本内部涵义，还原了最真实的作者情感，实现了教师、学生和文本的深度对话，让我们看到了一个不只是在书本上讲述的永远正确、永远高高在上的伟人，而是一个有血有肉的普通人，他也有失意，却能做到失意不失志，这正是他的不平凡之处。

　　再以王昌龄的《从军行（其二）》为例。这是一首典型的边塞诗，其中"琵琶起舞换新声，总是关山旧别情"是此诗的名句，如果我们使用文本细读的方法和态度去分析，不难发现，这两句存在着明显的语义上的矛盾：边塞的征人们想要用琵琶和舞蹈演奏新的音乐，想要为自己生活增添点乐趣，关键词在于"新"上，但结果怎么样呢？新曲演奏完发现还是关于离别的伤情，徒增悲伤罢了，新曲没有起到任何作用，关键词在"旧"字上。一新一旧，一曲一情，构成了语意上的矛盾，通过对这矛盾的分析，可以洞悉征人们复杂微妙而真实的内心世界：他们来到这蛮荒之地报效国家，心中有豪情，但更加有痛苦，苦于边塞的艰苦和生活的单调，更加苦于和家人的长别离，想通过有特色的歌舞缓解自己内心的这拳拳思乡之情，可是歌舞却打破他们的期望和幻想，增加了他们思乡之痛。这样的痛楚是真实而深刻的,具有直入人心的感染力。而后"撩乱边愁听不尽,高高秋月照长城"两句,矛盾依旧在延续,既然这新曲只会勾起自己心中之痛,那么征人们是否不想听了呢?答案是否定的。"听不尽"有两种截然不同的解释:一种是他们不想再听,可是在边塞只能听这样的曲子,哀怨之情都在其中;另外一种解释是他们听不腻,想一直听下去,边塞的生活太过艰苦,他们只有这一点点娱乐方式,毕竟还能从中找到些许安慰。两种不同的解释从语意上来看是完全矛盾的,却可以在一定程度上统一起来,都是表明戍边之苦,表明征人们的内心之痛,也许他们的心里两种想法都有,交织在一起,是他们最真实的心理状态。到了最后,诗歌把长镜头投向了秋月下的长城,这幅景象雄浑而悲壮,长城更是守护祖国的一个隐喻,前面的愁绪在这里转化成了一腔卫国之豪情。这首短短的七言绝句,充满了语意上和心理上的矛盾,但诗人正是以这样的矛盾为突破口,让读者看到一个个最真实的征人,他们想报国,想做英雄,但他们也是普通人,会思念亲人,会有抱怨,这样的真实才是诗词摄人心魄的地方。

第四节 小说细读教学内容

一、小说教学中的人物形象解读

分析人物形象是小说教学的重点内容之一。小说人物教学也叫"人物性格教学",即从人物言行中理解人物的个性特征。小说是一种侧重刻画人物形象、叙述故事情节的文学样式。小说中的人物形象分析需要抓住人物的肖像、语言、动作、心理等细节来进行。一个故事中的典型人物,必定是有着典型的性格特征,而塑造这一性格人物,作者一定是运用显性或隐性的信息来穿透人物的灵魂:具有独特的形象,有着代表时代的形象符号,且能感染读者,与之共鸣。小说塑造人物形象,叙述故事情节,描写诸多环境,形象而广泛地反映社会生活。因此,无论小说叙述什么样的故事,采取什么方式来叙述,以及描写怎样广阔而独特的环境,最终都要围绕着人物形象来展开。就文体比较而言,诗歌、散文写人是一种艺术手段,而小说写人则是一种艺术目的。所以,在小说文本的解读过程中,首先要对人物形象进行具体而深入的解读。

(一) 从人物关系切入,弄清人物主体

1. 了解形象体系的构置

小说之所以在文学世界里别具艺术生命力,就在于它塑造了"比真面貌还要有神气、有活力、有生气"的各种人物,营构了在旨趣、情境、人物性格和生活关系的各个方面显得丰富多彩,具有整个世界的广大背景。为了达到这样的艺术生命力,小说必然要具有错综复杂的人物形象体系和广阔多面的人生图画,而人生图画的展现离不开人物形象体系的构置。所以,了解人物形象体系的构置是小说文本细读要考虑的重要因素。

人是一切社会关系的总和。在小说的艺术世界里同样如此,从小说美学的角度讲,社会关系主要表现为人物关系。人物关系错综复杂,千头万绪,具体去剖析,我们不难发现,人物关系总要围绕一个或几个主要人物进行生发、勾连,组成人物形象体系的构置网。这也恰是小说人物形象体系的构置规律:小说着力表现和刻画一个或几个主要人物,通过人物关系,随之配置和描写一些不可或缺的次要人物,主次人物在行动和交往中发生关系,继而在突出主要人物的性格特征的同时展现广阔多面的人生图画。所以,在小说文本的解读中,我们应当了解并把握构置的规律,分辨主要人物和次要人物,着力分析主要人物,审视次要人物如何作用于主要人物,思考两者在相互作用的过程中展现了人物怎样的性格特征,对社会生活进行了怎样的艺术提炼。

了解了小说文本人物形象体系的构置规律,在具体解读文本的过程中我们就不应该再将人物形象体系割裂、肢解开来。例如《装在套子里的人》,装在套子里的别里科夫不单是从外在装饰看得见,如套鞋,雨伞,竖起的衣领,黑眼镜,耳塞棉花,坐出租马车支起来的车篷。透过华连卡爽朗的笑声以及华连卡弟弟敢作敢为的性格,我们又看到了一个性格孤僻、胆小怕事、恐惧变革、安于现状的制度套中人。别里科夫"千万别闹出什么乱子来"的咒语以及悄无声息地坐在别人家的怪异行为,钳制学校的十五年间,竟无一人反抗,竟无一人说一不字,对生活的不满不是奋起抗争而是压抑自己,这是多么的可怕!从一个到一群,让我们不禁会想到底是怎样黑暗的社会造就了这么一群蜷缩而又可怜的套中人?到底是怎样的专制制度孕育了如死水一样沉闷的社会?通过这个例子,我们可以看到如果不遵循小说人物形象体系的构置规律,单纯地把别里科夫和华连卡姐弟割裂开来,解读出的人物形象就会缺乏深度和形象性。如果不将周围人纳入人物形象体系当中或者不重视周围人的反应,那么对文本的解读就会流于表面,肤浅无味,也就解读不到作品背后所反映的社会现实,解读不出作品蕴含的主题意蕴。

2. 抓住主要人物来分析

了解了小说人物形象体系的构置规律,我们可以看到主次人物的区别和重要性,但这并不意味着在小说文本细读的过程中,对主次人物要平均用力。对小说人物形象体系的解读应该有主次之分,重点突出,抓住主要人物来分析。当然,主要人物与次要人物在小说文本中的关系是无法割裂的,二者并非孤立存在的。次要人物在不同程度上影响与作用于主要人物,主要人物在很多时候串联和支配次要人物。契诃夫在谈论小说人物形象创作时利用大月亮和小星星的形象阐释指出了主要人物和次要人物的关系。所以,抓住主要人物分析,并不是对次要人物的舍弃。曹明海教授也指出:"富有艺术性的重点分析,不但可以揭示主体人物与其他背景人物的关系,还可以通过主体人物对其他背景人物的表态和行动,揭示出主体人物本身的性格特征。"①

小说的人物形象体系错综复杂,动态变化。如何确定小说人物形象体系中的主要人物呢?首先,众星围绕。小说中的主要人物,一般是次要人物围绕和衬托的焦点人物。这种情况在小说文本中非常普遍。如《宝玉挨打》一文中,打人的是贾政,劝阻的是王夫人、贾母,看望被打者的是宝钗、黛玉等,所有人如星星一样都围绕宝玉展开,宝玉便是是小说中的主要人

---

① 曹明海.文学解读学导论[M].北京:人民文学出版社.1997:291.

物。再比如《祝福》，围绕着祥林嫂这一中心人物，鲁四老爷、卫老婆子、柳妈、四婶等各自通过自己的行动在祥林嫂走向死亡的道路上推波助澜。其次，主题制约。小说主要是通过塑造人物来表现主题的，小说文本中的主要人物，常常最能表现文本的主旨意蕴，而主旨意蕴往往也对主要人物产生制约。比如《我的叔叔于勒》中，表面上看作品围绕于勒展开，但实际上于勒更像是一个符号，从头至尾于勒出现的次数很少，但是透过这个符号我们可以读到菲利普夫妇的情感和行为变化，感悟到人情冷酷、金钱至上的主题，这个主题，单纯读于勒我们读不出，但读菲利普夫妇却显而易见，所以这篇文章的主要人物不是于勒，而是菲利普夫妇。最后，作者意图。作者的意图大都由小说中的焦点人物来展现，对其进行具体分析可读出作者的创作意图，如《中山狼传》主观创作意图是通过东郭先生来批判墨家思想，作者的创作意图指向东郭先生，而非中山狼。

　　明确小说人物形象体系的主要人物后，以主要人物为中轴进行重点分析，揭示人物形象的特定关系，进而揭示小说人物形象创造和营构的规律，感悟人物形象背后的深层意蕴。如《药》，通过对华老栓的重点分析，我们就会看到作为封建卫道士康大叔的凶狠残暴、贪得无厌，也会看到革命者夏瑜的正义凛然、脱离群众。正是康大叔和夏瑜这些人物关系的存在，使我们在另一个层面上看到了华老栓作为底层民众的真实写照，他勤劳朴实，打点茶馆，关心儿子，不顾风险，又愚昧麻木，摄人鲜血，胆小怕事，甘心被欺。对这些人物形象体系的分析，我们可以看到革命者夏瑜面临的敌手既有歹毒残暴的封建势力，又有麻木不仁的穷苦百姓。由此可见，抓住主要人物并重点分析，不但突出了主次人物鲜明的性格特征，而且扩大了小说反映生活的层次面，这在小说文本细读中应切实把握。

　　3. 重视次要人物的作用

　　小说文本从人物关系切入，弄清人物主体，抓住主要人物来分析，这并不是对次要人物不重视的一点论，而是具有艺术性的重点论。小说的人物形象体系是由主要人物、次要人物甚至是毫无姓名的穿插人物构成的。一位优秀作家在其小说人物形象体系的营构中，每一个人物形象都会在其相应的位置上发挥自身独有的艺术魅力和构成作用，即便是毫无姓名穿插性的次要人物,也有着其他人物形象没有的特殊作用。因此,在小说文本细读的过程中,我们应重视次要人物的作用。对次要人物的重视,是为了更好地弄清主体人物,把握主体人物的性格特征以及主体人物所传达的主旨意蕴。

首先,映衬主体人物。次要人物对主要人物的映衬主要有两个方面:一方面从侧面烘托主要人物,"善写妙人者不于有处写"。如在《三顾茅庐》一文中,小说欲写卧龙孔明,却偏偏避开孔明,而是写其童、其友、其弟及其丈人,恰是这些次要人物言语行动的烘托,主要人物孔明的淡泊、高超、旷逸、俊妙的品格淋漓尽致地展现在了读者面前。另一方面,通过主次人物的对比,使得主要人物的特征更加鲜明、突出。比如,《林教头风雪山神庙》以陆虞候的阴险狡诈衬林教头的正义凛然;《火烧赤壁》以鲁肃的迂讷质朴衬孔明的足智多谋,以周瑜的精明算计衬孔明的才略超人。

其次,反映社会内容。小说是一幅广阔的社会图画,尤其对于鸿篇巨制而言,有些人物看似随笔点染,却为小说织就的社会图景贡献着不可替代的作用。比如老舍小说中的北京城里那下棋养鸟的旗人,闲谈聚宴的军阀,茶馆周围说书的、卖艺的、拉车的、算卦的、讨饭的等,为我们呈现的当时北京的社会面貌是如此生动逼真,宛若一幅《清明上河图》,这幅图正是通过次要人物打开的窗口得以展现的。

再次,推动情节发展。金圣叹评点《水浒传》时提出"借勺水兴洪波耳"的观点,透过这一评点我们可以看到小说中有些次要人物的出现,并非为了让读者看到其性格或命运,而是通过他们的出现,引发某种契机,继而掀起洪波,推动情节发展。比如《红楼梦》中的丫头傻大姐,虽毫不引人注目,却引发了抄检大观园,致使晴雯可怜惨死,又泄露宝玉婚讯,造成黛玉含恨香消的情节故事。由此可见,次要人物"借勺水"便能"兴洪波",推动情节发展。

最后,表现主旨意蕴。任何一篇小说都有自己想要表达的主旨意蕴,作为传达者的人物形象,无论主次,都逃脱不了主题对它们的重压。比如《范进中举》中的"众乡邻",他们对范进中举前后的态度变化,展现了封建礼教对人心的毒害,体现了延续至今的奴性心态。《装在套子里的人》中的

"周围人",他们忍受别里科夫十五年的钳制却无反抗,揭露了社会的专制与黑暗,同时也展现了他们是套中人的悲哀。《我的叔叔于勒》中看上二姐的人,因为于勒的信变得更加殷勤,让我们看到了人与人之间赤裸裸的金钱利益关系。由此可见,在小说文本的解读过程中,我们应充分重视次要人物的作用,进而更好地把握主要人物,深刻理解文本主旨意蕴。

(二)从刻画手法切入,揭示人物特点

1. 人物语言刻画

人物的语言总会反映人物特点。通过人物独白和对话塑造人物形象,揭示人物特点,是小说刻画人物的重要手法,也是解读人物的重要抓手。透过人物语言,可以解读出人物的个性特点。金圣叹在评点《水浒传》时曾提出"一样人,便还他一样说话"的说法。鲁迅也曾说:"《水浒》和《红楼梦》的有些地方,是能使读者由说话看出人来的。"[1]可见,人物语言的个性化能彰显出人物的个性特点。首先,通过人物语言能解读人物的主要特点。比如《林黛玉进贾府》一文中,关于王熙凤的语言,与其他人的"敛声屏气"相比,她"肆无忌惮"的特点跃然纸上。再有她夸赞黛玉的话语,细细品来,一来夸黛玉漂亮,二来赞在场的嫡亲孙女标致,三来讨得贾母欢心。此语一出,王熙凤口齿伶俐、善于逢迎、八面玲珑的特点立现于读者面前。其次,通过人物语言能解读人物主要特点的细微差别。《水浒传》中性格相近之人众多,读者却不感觉千人一面,可见其人物语言功力非凡。如李逵与鲁智深,二人皆粗,却有异。以二人与宋江初次相逢为例。李逵当着宋江的面直问戴宗:"这黑汉子是谁?"当戴宗告知后,李逵道:"莫不是山东及时雨黑宋江?"宋江在场,李逵对宋江的"黑"直言不讳,此当真是李逵。再看鲁智深初见宋江时的话:"久闻阿哥大名,无缘不曾拜会,今日且喜认得阿哥。"鲁智深本是一粗鲁之人,此时说话却如此客气文雅,着实是"鲁提辖"之语。二人语言,同是粗鲁,却有差异。最后,通过人物语言可以解读出人物的身份地位以及经历教养等特点。人物的语言与人的教养、身份、经历、地位有关。不同的经历,自然引发出不同的语言,表现出不同

---

[1] 鲁迅.鲁迅全集:第五卷[M].北京:人民文学出版社.2005:559.

的特点。《故乡》中的闰土、《祝福》里的祥林嫂、《药》中的华老栓等一开口便知是底层劳苦大众,鲁四老爷、贾政等一开口便知是封建官老爷。解读人物时,充分考虑其身份地位以及经历教养,对于把握人物特点、还原人物背景大有裨益。另外,通过人物语言还可以解读到与人物有关的景物特点、与人物有关的时代特点以及与人物有关的情节发展等。

  2. 人物肖像刻画

  一个成功的人物形象,是外貌特征与内心特征的统一。正如罗丹所言:"形体表达内在的精神。"写形写意,以形传神。肖像刻画,不仅能为读者提供具体可感的形象,而且是揭示人物特点、透露人物内心隐秘的重要窗口。在小说文本细读中,应寻找最能展现个性特征的肖像刻画,解读人物特征。《装在套子里的人》的"套中人"形象,揭示了主人公顽固保守、逃避现实的特点;葛朗台老头的肖像描写,活画出他冷酷自私、吝啬无比的特点;"两弯似蹙非蹙罥烟眉,一双似喜非喜含情目。态生两靥之愁,娇袭一身之病",看到了林黛玉的标致娇弱之态;"豹头环眼,燕颔虎须,声如巨雷,势若奔马",看到了张飞的勇猛和鲁莽。

  在小说文本细读中,应抓住最能流露内在活动的肖像特写,解读人物内心。《伤逝》中子君知道涓生不再爱她时的表情描写,透露了她内心的痛苦、幻灭和绝望。《安娜·卡列尼娜》中伏隆斯基参加赛马时从马背摔落,坐在观众席上的安娜表情的变化,反映了她内心从担心恐惧到得知安然无恙的狂喜的剧烈变化,但作为卡列宁的妻子,她又不得不压抑内心的震荡,这些都通过肖像描写表现了出来。在小说文本细读中,应对比作品前后主人公的外貌变化,把握人物性格、际遇的发展变化。《祝福》中祥林嫂肖像的变化,表现了她前后命运的差异;《故乡》中闰土肖像的变化,揭示了闰土少年与中年的命运及思想的迥异。通过肖像变化,揭示人物命运变迁,能够为读者留下了无限的空白,触发想象,获得更强烈的艺术效果。

  3. 人物动作刻画

  托尔斯泰在《论形象思维》中说:"动作——人物心理的钥匙。"人物的行为动作不仅可以推动情节的发展,而且还蕴含着深厚的性格内涵。所以,关注小说文本中人物的行为动作,是解读小说的重要参照。在小说文本细读中,应抓住人物的特有动作,进而充分揭示人物的性格特点。鲁智深拳打镇关西,"一如鲁达文中皆用只一掌,只一拳,只一脚,写鲁达阔绰,打人亦打得阔绰"[1]。通过其独特的打人行为动作,表现了其"阔绰"的人物特点。这样的例子比比皆是,武松、鲁智深等人的英雄作为,人物特点皆立于纸前,掩卷沉思,历历在目。

在小说文本细读中,还应捕捉展现人物心理的动作,解读人物内心活动特点。《三国演义》里曹操与刘备青梅煮酒论英雄一段里,当曹操对刘备说:"今天下英雄,惟使君与操耳!"刘备先匙箸落地,表现了他听到此话唯恐被害的表层恐惧心理,刘备后从容俯首拾箸,又表现了他随机应变、镇静自若的深层英雄心理。血溅鸳鸯楼中的武松斩杀诸奸人后,蘸着血,去白粉壁上,写下八个大字:"杀人者打虎武松也。"这一行为,将武松内心的无所畏惧展现得淋漓尽致,金圣叹也说"只八字,亦有打虎之力"。另外,成功的人物形象应该是丰富而独特的,但过分突出人物特点的主要方面,往往陷入个别单一的窠臼。所以,很多小说常常通过与人物特点表面上相反的行为活动,更深刻地揭示人物特点,使人物丰富而独特。金圣叹评点《水浒传》时提出"倒写其奸猾",从反面展现人物的方法,这在人物行为动作的刻画中表现得相当明显。如鲁智深拳打镇关西,"拳打"看出了他同情弱者、疾恶如仇的特点;然火烧瓦官寺在不了解详情时"抢"老僧粥吃,却显得欺负老弱、泼皮无赖,与之前的特点截然相反,令人费解;明白后"便撇了不吃",又重新看到了他心地的厚实善良。此事不仅没有损害其英雄形象,反突出其英雄本色,使人物特点更加鲜明。"然愈无赖愈见其英雄,真匪夷所思矣,而又确为情理所有矣,此所以为奇妙也。"[2]当然,人物的行为动作刻画,可供解读的信息远胜于上文所述,通过人物的动作刻画,可以交代人物的身份地位,可以推动故事情节的发展,可以突出作品的主旨意蕴等。

4. 人物心理刻画

对人物进行充分自如的各种心理描写,是小说刻画人物、揭示人物特

---

[1] 曹方人,周锡山.金圣叹全集[M].江苏:江苏古籍出版社,1985:15.
[2] 曹方人,周锡山.金圣叹全集[M].江苏:江苏古籍出版社,1985:20.

点所特有的艺术手段和表现功能。小说中最常见的心理刻画手法是静态的剖析或自我陈述（内心独白）。比如古典小说中常见的"寻思道""暗思""心想"这些都能展示人物心理。如前文所述，人物的语言、肖像、动作皆可反映人物的心理活动，所以人物心理刻画的另外一种方式就是将人物的心理活动外化为语言、表情、动作，进而间接传达人物的心理。如黛玉葬花、曹操献刀、刘备投箸等，人物的心理变化借外在形态表现得淋漓尽致，艺术效果也远远胜于直接的心理陈述。

  作者直接站出来揭示人物的心理活动是小说心理刻画的常见手法，这也是小说区别于其他文体的一个重要方面。比如《红楼梦》第三十二回，黛玉到宝玉处，听见宝玉说"林妹妹不说这样的混账话，若说这话，我也和他生分了"，此时，作者站出来描写黛玉的心理，把黛玉喜、惊、悲、叹的复杂心理，笔触细腻地传达出来。除此之外，还有通过人物眼中的景物以及对他人的观照来暗示和透露其内心的心理活动。一切景语皆情语，环境、景物可以衬托出人物的心理。如《装在套子里的人》文章结尾处，伊凡·伊凡内奇眼中月色下宁静村庄的诗意描绘，显露了他对当时现实环境的失望以及对美好境界的向往的矛盾心理。《林黛玉进贾府》一文中，宝玉初见黛玉时，对黛玉的肖像刻画是从宝玉视角来写的，刻画的全是黛玉的面貌神态，而不写衣裙妆饰，透露宝玉对衣裙妆饰的不屑心理。

  小说还可以借助梦境、幻觉来揭示人物的心理特点。梦是人物心理具象地反映，是现实在内心的客观投射。《红楼梦》前前后后写了三十多个梦，还有关于幻觉的描写，这些梦境、幻觉暗示了情节发展，反映了社会现实，折射了人物的内心隐秘。如"病潇湘痴魂惊恶梦"一节，黛玉的噩梦，折射了她内心寄人篱下、忧虑绝望的痛苦心情，反衬了她想与宝玉至死不渝、不离不弃的相守心理。梦境、幻觉其实归根到底也是一种意识的流动，意识流小说、心理分析小说，运用内心独白、自由联想、心理描述、心理解剖等手法，将心理刻画进一步发展和繁荣，开拓了小说的新体裁。所以，抓住人物的心理刻画，揭示人物内心特点，在小说文本细读中意义非凡。

（三）从情节事件切入，把握人物性格

1. 把握情节与人物的辩证关系

在当下的小说教学中，教师对文本的解读存在将人物和情节割裂的误区：要么先给人物贴上标签设定概念，然后利用情节来验证，缺乏人物形象性格的生成性；要么只是关注情节的离奇曲折，忽视情节设置背后的规律，丢失了人物性格理解这一情节核心性。所以，在小说文本细读的过程中，应把握情节和人物的辩证关系，加深对人物形象理解和主旨意蕴的准确把握。

高尔基曾说："文学的第三个要素是情节，即人物之间的联系、矛盾、同情、反感和一般的相互关系——某种性格、典型的成长和构成的历史。"[1] 所以，情节就是人物性格的历史。金圣叹在评点《水浒传》时提出"文生情，情生文"来阐述情节与人物的辩证关系。"文"即小说的情节，"情"即包括人物性格在内的思想感情等。上述两种观点都表明，人物与情节紧密相连，不可分割，两者不是孤立的、静止的、僵化的，而是相互联系、相互促进和不断发展变化的活的有机体，把握这种辩证关系，才能使小说的情节构思具有导向性和可操作性。

一方面，情节产生性格。亨利·詹姆斯在《小说的艺术》中说，除了决定情节以外，性格又是什么呢？除了说明性格以外，情节又是什么呢？人物与性格关系密切。人物的性格并不是通过次要人物的衬托或主要人物自身简单的肖像或语言刻画，就能全部展现出来的，即使展现出的人物性格也只是静态的或部分的。把人物放置到情节当中，才能将人物自身性格动态地全部地展现出来，甚至把人物潜在的性格逼出来，使人物的形象丰满起来。首先，情节将人物的性格动态地展现出来。如《水浒传》中关于鲁智深的情节将其仗义疏财、打抱不平、疾恶如仇、不守礼教、有勇有谋、胆大心细等性格特征动态地展现了出来。《项链》中通过项链的借、丢、赔的情节线索，把玛蒂尔德性格中爱慕虚荣的一面表现得生动形象。其次，情节还能将人物的深层性格强逼出来。比如《林教头风雪山神庙》一文中，八十

---

[1] ［苏］高尔基.论文学[M].北京：人民文学出版社，1978：335.

万禁军教头的地位和美满幸福的家庭,让林冲安分守己,处处忍让,妻子遭调戏、误入白虎堂、刺配沧州道、遇险野猪林,这些情节都只是在展现他这一性格的横向度,看林冲有多能忍,然而当到了风雪山神庙一节,情节将他逼向绝路,疾恶如仇、残杀恶人的深层性格暴露出来,人物也立即丰满起来。《三国演义》"关云长义释曹操"一节中,自桃园三结义跟随刘备以来,"忠"便是关云长的主导性格,身在曹营心在刘备、过五关斩六将、千里走单骑都表现了其忠肝,然而到了华容道,关羽已在刘备面前许下承诺并在诸葛处立下军令状,要斩曹操于马下,这些情节已然将关羽推向绝路,可是当他面对曹操时,想起曹孟德昔日恩德尚未报答,今日要将其斩杀,有恩不报非君子者也,知义不为非英雄者也。在这一情节中,关羽身上的忠义矛盾在此时达到极致,最终关羽义释曹操,"义"占了主导,义胆便凸显出来。

另一方面,性格决定情节。作品中的人物有自己的逻辑,有自己的意志。托尔斯泰在创作《安娜·卡列尼娜》时,原本想将她塑造成一个低级趣味的失足女人,可在创作过程中人物自己站出来变成了真诚严肃、宁为玉碎不为瓦全的女性。这就启示我们,作家并没有权利预先编好故事,叫人物出来扮演,而应是尊重人物的性格逻辑或自身意志,继而设置故事情节,表现人物性格。所以,性格是贯穿情节的中心线索,情节是表现性格的重要手段。如"关云长义释曹操"这一情节的设置,正是对关羽性格逻辑的尊重,忠义本就是他性格的本色。如果作者在此处改写成"关云长忠杀曹操",那么关羽便是片面的、不完全的,给人的艺术冲击感就会很弱。再比如《水浒传》第二十八回中,武松将银两送与押送他的两个公人,有人解读出武松慷慨大方、视金如土的性格;然而到了大牢,同为公人的差拨向他要钱,他却不给。差拨要钱武松不给这一情节的出现便是武松勇猛刚烈、豪侠仗义、恩怨分明、打硬善弱的性格逻辑的延续,前面送银两给公人的情节若解读成慷慨大方、视金如土,到此处便出现矛盾,也是对人物性格逻辑的违背。由此可见,在小说文本细读的过程中,对情节构思任何环节的解读,都不应该割裂人物性格及其发展的固有逻辑和自身意志,并且应以其为核心。

2.抓住小说文本中的典型情节

事件并不能算作情节,福斯特在《小说面面观中》中提出,事件之间要有因果关系才能算作情节。所以,情节是由一系列具有因果关系的事件构成的。情节的发展过程就是这些具有因果关系的一系列事件产生、发展和解决的过程,在这一发展过程中,人物的性格得以展现和凸显。一篇小说的情节营构并不需要到处狂风暴雨,而是勺水兴波。在情节事件的发展过程中,总会出现矛盾、争执、最紧张之处,各种力量决斗之时,人物的性格在此处得到最有力的揭示和最充分的表现,此处便是最典型的情节。孙绍振指出:"好情节,是把人物打出常规,让人物的深层心理,非常规心态暴露出来。"①所以,典型情节是人物性格矛盾冲突最激烈的地方,是表层有违人物性格逻辑,实则揭示性格逻辑的细微处,是揭示人物深层心理、暴露非常规心态的细节点。

典型情节是情节和心理"突转"的临界点,在此处,故事情节突然向相反的方向变了过去,人物被逼上绝境,最后却又峰回路转,柳暗花明。因此,在小说文本细读的过程中,如果抓住了这些典型情节,也就把握了人物的性格和情感逻辑转变的临界点,也就掌握了解读小说文本的密钥,也就明白之前的铺垫是为了引出此节,之后的撰写也只是此节的延续。《水浒传》中林冲一忍再忍,直到忍无可忍,到达心理突转的临界点,小说情节也到了突转的临界点,于是在山神庙,在风雪夜,林冲一气之下刺死三人,投奔梁山。"林教头风雪山神庙"便成了林冲一生中的典型情节,之前的误入白虎堂、刺配沧州道、遇险野猪林便是此节的铺垫,之后投奔梁山、征讨方腊,皆是为了杀得高俅以解这忍无可忍之仇。

(四)从典型环境切入,审视人物意义

1.注意小说文本中的典型环境

在现实的生活中,人不可能孤立存在,人总要植根于一定的环境之中,包括社会环境和自然环境,并且同环境发生错综复杂的联系。小说世界同

---

① 孙绍振.名作细读——微观分析个案研究(修订版)[M].上海教育出版社,2009:285.

样如此，从生活原型升华为艺术典型的过程中，作家为了展现人物的活动，揭示人物性格的形成与发展，必须描写人物赖以存在的具体环境。所以，在小说文本细读的过程中，充分注意其中的典型环境并加以分析，才能更好地展现人物的命运遭遇，把握人物的性格成因，审视人物承载的意义。

　　典型环境包含某一时期特定的社会历史条件和真实的现实关系，也包含小说人物具体个别的生存环境。两个环境之间紧密相连，不可分割，大环境具有普遍性，小环境具有特殊性。这就启示我们在分析小说人物所在的具体小环境时要看到小环境背后的大环境，通过大环境的分析再考察小环境的成因，继而分析出人物性格的成因，清楚人物所承载的意义。《故乡》中的农村、《祝福》中的鲁镇、《阿Q正传》中的未庄等都是主人公生活的小环境，透过这些小环境可以看到当地的乡风民俗、地理位置、独特环境及人物之间的关系等，但更应该看到其背后大环境中的特殊的时代特色、特定的社会条件、真实的现实关系。通过农村、鲁镇、未庄，鲁迅深刻揭示了辛亥革命后的旧中国农村的真实面目，描绘了社会底层民众苦难、麻木的状态。结合大环境，通过小人物，我们看到了劳动妇女在当时的悲惨境遇，看到了当时穷苦大众惨遭剥削而无奈的精神自慰和尚未觉醒的麻木不仁，这些人物意义都是结合具体的典型环境展现出来的。

　　凡是优秀的小说作品，总是通过典型环境的准确把握和着意描写，来透视人物意义、揭示作品的深层意蕴、深化作品的思想主旨。《祝福》中造就祥林嫂悲惨命运的有封建卫道士的鲁四老爷、四婶，有逼迫祥林嫂改嫁的"族权"代表婆婆，有给予祥林嫂精神枷锁的"神权"代表柳妈，有借"捐门槛"乘机敲诈的庙祝，还有祥林嫂自身的愚昧无知，这些社会环境的交代，正是作者对当时中国劳动妇女所处真实大环境的写照。《装在套子里的人》中结尾处一边是理想环境的美好，一边是现实环境的丑恶，两相对比更显作者对现实的憎恨，考察当时的社会环境，正是作者对沙皇专制主义和白色恐怖的时代特征造就了如此众多可笑可恨又可怜的"套中人"的社会现实的鞭挞。

2. 审视典型环境中的人物意义

　　在小说文本细读的过程中，应该准确地把握环境与人物的辩证关系。

首先,典型环境可以塑造环境中的人。《婴宁》中那个爱花、爱笑、近乎痴憨的单纯天真的女孩,是一个手捻梅花,有着铜铃般清脆笑声,行走在封建社会荒芜原野上的"容华绝代"的美人。她生活的环境是"乱山合沓,空翠爽肌"的小山村,不是禁锢在现实纲常礼教的网罟中,没有封建礼教来掣肘,没有迷信舆论来毒害,更没有现实环境"一年三百六十日,风刀霜剑严相逼"的戕残。正是那个小山村,正是那片世外桃源,使她如空谷幽兰、高山雪莲般清新,那任情恣性、天真烂漫的性格便在这片沃土中成长。后来,这一人间精灵来到了那片黑云压城的尘世,现实的环境与她自由的个性形成了强烈的冲突。纲常礼教、三从四德、封建伦理,使她"失不复笑",花一样的笑靥荡然无存,犹如磐石之下的小草,枯黄柔弱,失去色泽。其次,人物在一定条件下可以"改造自己的环境"。《范进中举》中范进未中举时,周围人对他是百般羞辱,万般嘲讽,这造就了他麻木不仁、自轻自贱、逆来顺受的奴才性格。然而,当他金榜题名后,现实的关系被他完全逆转,邻居报喜,岳父盛赞,乡绅攀亲,赠房赠银。这充分显示人物在环境面前并不是无能无力的,通过条件的改变,人物完全可以实现外在环境的大逆转。人物与环境这两者紧密相连,不可分割。

在小说文本的解读过程中,应该注意了解不同环境对人物意义展现的作用。第一,在自然环境中透视人物心理,把握人物特点。"以我观物而物皆着我之色彩"①,人物的内在情感往往会影射到外在的环境中去,沾染人物的主观色彩,成为人物内在情感表达的良好渠道。例如《边城》里的湘西美景,是人物美好品格的外化;《荷花淀》里的芦苇洁白,是水生嫂内心世界的展现。第二,在社会背景中理解人物内涵,阐释人物意义。例如《祝福》里的"捐门槛""仍叫她祥林嫂",《装在套子里的人》中别里科夫对周围人的戕害以及周围人的沉默,都是理解典型人物的必要背景。

当然,小说中人物的教学意义不只是教人了解这些艺术技巧,更应该看到人物背后的现实意义,透视万千事相,丰富人生体验。读过菲利普夫妇、欧也妮·葛朗台等,就应该看到人与人之间纯粹的赤裸裸的金钱关系

---

① 王国维.人间词话[M].北京:中华书局,2012:23.

有多么可怕;读过别里科夫,就应该知道一个把自己装在套子里的人是多么可笑可悲;读过祥林嫂、闰土、阿Q等,就应该明白旧中国的社会民众遭受的苦难和自身的麻木不仁有多么可怜;等等。这些都是人物意义所传达给我们的体验,谁都不能否认小说人物的教化作用。几千年来,小说人物以自身的人生告诫着一代又一代的人,而这些人物的意义正是在他们生活的典型环境中得以彰显的。当他们生活的环境不在时,他们的性格、他们的意义也就荡然无存,更谈不上教化。所以,在小说文本细读的过程中,应该在典型环境中审视人物的意义,充分发挥人物意义传达的教化作用,实现解读目的。

二、小说教学中的故事情节解读

整体把握、梳理情节是指在解读小说文本时,要对小说文本的结构进行整体的把握与掌控,文本篇幅愈长,梳理情节愈重要。从教育心理学的角度来看,可变性和固执性共存是中学生情绪情感发展的显著特点,其中可变性是中学生的一大特征,善变好动的他们学习热情不会持续很长时间,阅读和学习小说的兴趣会随着小说篇幅的增加而减少。而整体把握、梳理情节这种方法既可以帮助学生掌握小说整体的故事情节,也可以解决学生对长篇小说的抵触和厌烦心理。

(一)理清小说文本的情节线索

1. 情节线索的类型

线索是贯穿小说情节发展变化的脉络,它能够把人物和事件串联成一个有机整体。在小说文本细读的过程中,把握住贯穿始终的情节线索,便能清楚故事的发展过程,获得对小说文本的整体感知。情节线索的类型多种多样,划分标准亦无定论。一般将情节线索分为单线和复线两种。单线,多是指小说文本贯穿始末的只有一条线索,这在短篇小说之中尤为明显。复线,在长篇小说中较为多见,指贯穿小说文本的线索有两条或两条以上。单线和复线又可进行细分。一般而言,单线类型可包含以下几方面。首先,以物为线索。小说的人物、情节围绕一个物展开,并且这个物贯穿始终,甚至支配人物关系、情节发展,推动小说进程。比如《项链》的情节"借项链—丢项链—赔项链",全都围绕"项链"这一单线展开。《最后一片常春藤叶》则围绕着"叶子"展开故事情节。其次,以人为线索。以人物的所见所闻或人物的片段经历等来推进情节,贯穿故事,勾连小说,穿针引线。比如《故乡》中的"我",《孔乙己》中的"小伙计"等串联起整个小说文本。最后,以事件为线索。以一件或几件相似的事件构成小说的情节线索,如《一件小事》围绕车夫救人这件事展开;《祝福》通过祥林嫂一生中的几个悲剧性事件的串联展开整个故事情节,揭示中国底层劳动妇女的悲惨命运。

对于人物众多、情节复杂的小说文本来说,单线很难满足内在需求,常常借助复线来表达。比如《三国演义》以魏、蜀、吴三国的发展变化构成三条线索,展现三国纷争的社会现实和利益争夺中的是是非非。复线,远比单线要复杂,它又有着主副之分,明暗之别。茅盾的《子夜》以吴荪甫与赵伯韬的矛盾斗争为主线,以吴与工人的矛盾斗争、吴与农民的矛盾斗争为副线,通过主线副线的并行展现了广阔的社会内容。《荷花淀》中的一条线索是水生嫂等几个妇女对丈夫的思念及为此采取的行动,这是主线;一条线索是水生等男人参加大部队在淀上打了胜仗接着又奔向新的目的地,这是副线。除此之外,还有明暗线之别,在复线中,处于明处的线索称为明线,处于暗处的则为暗线。《麦琪的礼物》中德拉卖掉自己美丽的长发为丈夫买表链作为圣诞礼物的线索即为明线,而丈夫卖掉世代相传的金表为妻子买发梳的线索则是暗线。《药》中华老栓夫妇为儿子华小栓治病的情节为明线,革命者夏瑜被害的情节则为暗线,结合作品的主题而言,这一条暗线却正是该篇小说的主线。

单线与复线的划分更多的是从情节线索涉及的内容层面来讲的。其实,从根本上讲,情节是围绕人物展开的,这些情节线索多是人物采取的行动或人物与人物之间关系的表现。然而,人物行动或人物关系是由人物的性格或情感支配的。情节线索只涉及内容层面,只是表层的线索,情节线索的深层是隐含于人物行动或人物关系变化之中的人物内心的情感活动。所以,情节线索还应是人物的情感线索,这在情节淡化的小说文本中表现得尤为明显。《林教头风雪山神庙》一文，林冲的情感线索便是从一忍再忍到忍无可忍的转变，把握这一情感线索后再读文中各个事件、人物的言语动作，获得的体验就会多很多。

2. 情节线索的梳理

情节的发展脉络是由一系列情节点组成的集合体，正是这些情节点的存在，勾画了情节的发展轨迹，形成了情节的发展走向。在情节明显的小说文本中，清楚了情节点的存在，也就梳理出了小说的情节线，把握了作品的主要情节和大致轮廓。情节点，应当是与人物有关的生活场景，是反映人物行动或人物关系的窗口，是人物情感或性格流露与表现的事件，既可以是场面也可是细节。通过情节点的串联，组成情节线索，进而使故事情节、人物性格得以动态展现。如《药》一文，时空转换跨度较大，生活场景较多，人物关系相对复杂，又有着双线结构，直接概括情节线索可能相对困难，我们可以先将情节点梳理出来。首先，秋天的后半夜，刑场，华老栓买药；然后，第二天的清晨，茶馆，华小栓吃药；接着，第二天的上午，茶馆，茶客在谈药；最后，第二年的清明，坟地，华大妈上坟。通过情节点的罗列，我们可以梳理出华老栓为华小栓治病这条情节线索。这些情节点多是场面的概括，在这些情节点上还有细节，比如最后华大妈上坟，引出夏四奶奶，使另一条线索与华老栓买药治病这条线索再次重合，通过对应明线的情节点我们可以梳理出"夏瑜遭杀害—夏瑜血被吃—夏瑜成谈资—夏四奶奶上坟"这四个情节点，也就清楚了其中隐藏的暗线。

一方面，根据人物活动来梳理情节线索。通过上述举例我们可以看到，以上的情节点多是人物活动的表现，因此根据人物活动梳理情节线索是情节线索梳理的方法之一。情节是人物活动的表现，不存在没有人物活动的情节。不同的人物有不同的活动，也就形成了不同的发展脉络。比如《水浒传》中，人物众多，线索繁复，为了使线索与线索之间连接、转换、并和得自然，就会运用诸多手法，比如鸾胶续弦、移云接月、禹王金锁等。人物活动暂时中断，利用某一事件鸾胶续弦，继续推进人物活动，或此处写这一人物，利用某一情节点移云接月，改换主角写另一人物，或将前篇几个人物利用一处或一事使其会聚，似禹王金锁，将几条线索汇合。这样的连接、转换、并和往往会使读者见此忘彼，以偏概全。所以，在梳理人物众多的情节线索时，应把握住每个人物的活动，继而进行梳理。

另一方面，根据矛盾冲突来梳理情节线索。矛盾冲突主要是围绕人物的情感或性格来谈的，抓住人物与人物之间的或人物自身内部的情感性格的矛盾冲突，可以很好地把握小说的线索，甚至在一些情节淡化的小说文本当中同样如此。例如《项链》除了项链借、丢、赔的情节线索，我们还可以利用人物内心的矛盾冲突来梳理：现实的窘迫与内心的奢望，请柬的喜悦与妆扮的失望，项链的满足与丢失的沮丧，一夜的荣耀与十年的艰辛，十年的付出与赝品的真相。通过情节点背后人物内心情感的变化与梳理，人物外在的活动也就显得如此的自然，对于线索的把握也有了深度。如《装在套子里的人》中别里科夫从保守、惧怕新事物的内心状态，到遇到爱笑的华连卡内心些许的波澜，再到被推下楼梯，内心被华连卡的笑声彻底打翻，激烈的内心动荡让他无地自容，于是选择死亡永远地保守下去。

（二）把握小说文本的情节构成

1. 情节构成的因素

情节是矛盾冲突的发展过程，任何矛盾都不是瞬间爆发、瞬间消失的，它需要动态展现，这就离不开开端、发展、高潮和结局，但这并不意味着小说的情节安排就一定要由这些构成和必然按照这个线性组织。有一些小说往往将结局或高潮放置在开头，造成一种波澜曲折、悬念引人的艺术效果。这并没有否定情节的构成，只是打破情节构成的连贯性，颠倒情节构成的顺序性，取得独特的艺术效果，体现作者的精心构思。小说文本细读，应该了解情节的构成要素，并加以梳理和把握，这样既可以弄清事件的来龙去脉，清楚情节背后的矛盾冲突，又能发现作者的独具匠心、小说形式的别具一格，进而把握小说的主旨意蕴。

开端，是一件事或一系列事件的发端，更确切地说是矛盾发展的开始。开端可以引出情节发展的基本线索，设定小说情节的发展趋向，奠定故事的情感基调。《麦琪的礼物》中德拉手中的"一块八毛七"和嘴里念叨的"第二天要过圣诞节"买礼物形成了矛盾冲突，这也成了情节开端，引出德拉如何买礼物这条线索，也让我们感受到了德拉内心的无奈和现实的窘迫。《宝玉挨打》一文中,贾雨村临门的疏待,王夫人的数落训斥,金钏的投井自杀,使得宝玉萎靡不振,神情恍惚,撞了贾政一个满怀,致使"原本无气"的贾政倒是生了"三分气",此时父子矛盾初露端倪,故事情节也变得紧张起来。

  发展,是情节的展开,最初的矛盾得以渐进深入与发展,事件所包含的内容进一步显示出来,是矛盾发展的纵深阶段。此时情节发展的各条矛盾线索全面展开,人物思想性格得以充分显现,同时也为高潮到来做好铺垫。《麦琪的礼物》中,德拉为了能为丈夫买到圣诞礼物,将自己引以为傲、惹得别人羡慕的秀发卖掉,买了一条表链,在等待丈夫归家的时候内心的不安及种种举动都是情节的发展。内心渴望买礼物与现实无力买礼物的矛盾,在卖掉头发后得以解决;曾经拥有"褐色的瀑布"般秀发的美丽自己与现在只有如草般发卷的"丑陋"自己的矛盾又开始产生,为丈夫到来做了铺垫。透过这个情节的发展,我们看到了德拉的善良、可爱、美丽以及对丈夫深深的爱。《宝玉挨打》中开始的日常父子矛盾,因为忠顺王府索人和贾环的恶意中伤,致使贾政从"三分气"到气得"面如金纸",演变成了有损家族利益的家族矛盾和有违纲常礼教的大逆不道,在情节发展中,矛盾升级,宝玉挨打已成定局。

  高潮,是情节发展的最高峰,是基本矛盾发展到最尖锐、最紧张的时刻。故事情节之所以能吸引人就是因为它有高潮,也就是亚里士多德所说的"突转"。在高潮处,人物的思想性格得到最有力的揭示,作品的主题意蕴得到最充分的展现。《麦琪的礼物》中,当丈夫看到剪掉头发的德拉时,"既不是愤怒,也不是惊讶,又不是不满,更不是嫌恶"的神情,让先前德拉内心的矛盾开始加剧,而丈夫内心却是德拉秀发的消失与祖传之宝换来梳子的无用的矛盾引发的内心动荡,再加上德拉卖掉的秀发换来的表链也没有了实用价值的现实矛盾,三股矛盾会于此处,一并得到解决,着实吸引人,也着实出人意料。可是,透过这些我们可以看到德拉和吉姆对对方爱的深切,感受到了爱的美好。《宝玉挨打》中,在贾政看来,宝玉"在外流荡优伶,表赠私物,在家荒疏学业,淫辱母婢",恐"明日酿到他弑君杀父"等种种行为,致使诸多矛盾全都纠结于此,使贾政"眼都红紫了",此时此刻,此情此景,不毒打如何能解恨,不打死又焉能消气,于是一阵板子随着怒吼如雨点似的落了下来,高潮就此形成。

结局,是情节发展的结果,是矛盾冲突得到最后解决的时刻。情节发展在结局处完结,对人物和事件作最后的交代。当然,结局的作用并非只是这些,结局能体现出作者对生活的认识和理解。例如《故乡》,采用倒叙的手法,将结局放置在前,现在的场景与二十年前那副图景形成了强烈的对比,这样的结局也可以看到劳苦大众在半殖民地半封建社会日趋贫困和苦难的悲惨现实。结局还能对生活矛盾进行揭示,有画龙点睛之功效,使主旨意蕴得以开掘、深入。比如,《我的叔叔于勒》一文最后得知于勒依旧落魄时,菲利普夫妇的仓皇失措、痛苦抱怨、欺瞒女婿等种种做法,让我们看到了现实生活中金钱取代亲情的可怕。当然,出人意料的结局也是一种结局,比如《警察和赞美诗》等。故事的矛盾冲突最终都得到了解决,假项链的真相(《项链》),礼物的错位(《麦琪的礼物》),重燃希望却又被抓进监狱(《警察和赞美诗》),这都是故事的结局。正如亚里士多德提出的情节的"结"和"解",这些都是"解",只不过这样的结局,会给读者留下无限空白,让人自由想象。

2. 情节构成的技巧

文似看山不喜平。在小说教学中,吸引学生的往往是那些峰回路转、跌宕有致的情节,这也恰好是教学不可错失的好机会。教师在引导学生欣赏小说情节时,应该关注作者在情节安排上的艺术匠心,了解情节构成的诸多技巧。对于教师而言,要想充分利用这个机会就必须明白情节构成的技巧。在文本细读的过程中,清楚情节构成的艺术技巧,也就能做到入乎其内,出乎其外,对小说文本有更深层次的把握。

巧设悬念。悬念是作者在情节安排时故意设置的悬而不揭的疑问。在小说文本中巧设悬念,不仅能够掀起情节的波澜,增强作品的艺术感染力,还能更好地展现人物,牢牢抓住读者的心。比如《三国演义》中"草船借箭"一回,通篇悬念:周瑜定计欲杀孔明,何计杀孔明?十日造十万支箭,本是不可能之事,孔明却主动应命,并缩短日期,孔明有何对策?鲁肃看孔明前两日袖手不动,只借草船却是为何?待到文章结尾,悬念揭晓:草船借箭!此文借助悬念,揭开情节序幕,推动情节发展,引来情节高潮,最终悬念揭晓,情节得以收束。当然,悬念设置方式多样,除通篇设置之外,利用倒叙的方式亦可产生悬念,比如将结尾提之开头。《祝福》中,当"我"看到"纯乎是一个乞丐"的祥林嫂时,那落魄的境遇、木刻似的神态、花白的头发着实让人想知道在这个四十上下的女人身上到底发生了什么。另外,在文中闲来一笔,亦可设置悬念,推动情节发展。比如《林教头风雪山神庙》中,陆谦等人到李小二的酒店里接头,用一"闪"字,暗示这几人行事诡秘,成一悬念,引得读者好奇,后文章揭晓,原是陆虞候等人来害林冲。此一悬念,助推情节发展。

伏笔照应。在小说文本中,作者非常注意前后内容的彼此照顾和呼应。对于即将要出现的人物、事件,预先给予提示或暗示,并将之埋伏下来,随着情节的发展再对预先的伏笔加以呼应。前文涉及的内容,后文应有照应;后文提及的问题,前文应有暗示,如"隔年下种,先时伏着"。通过伏笔照应,可以使情节发展缜密合理,情节结构严谨完整。比如,《林教头风雪山神庙》一文中,火烧草料场之前,前文多次提及"火"字,林冲欲置身山神庙时,前文已写林冲买酒时"已将火炭盖了",大雪压塌草屋火本不可能复燃,但作者依旧不惜笔墨,写林冲恐"火盆内有火炭延烧起来",又"搬开破壁子,探半身入去摸时,火盆内火种,都被雪水浸灭了",火灭事实已是不可更改。作者依旧不放心,写林冲"又没打火处,怎生安排?"的境遇,这些都为下文埋下伏笔,而后来草料场的大火也照应了前文多次提及的火。只不过这种照应出人意料,前文的人为用火不当和大雪飞扬的自然环境已使草料场着火的可能性不复存在,但文章结尾偏偏还是让草料场火势熊熊,引人入胜。除了这些文内局部的伏笔照应,有些文章甚至全文借助一些物件或人物埋伏照应情节,如《杜十娘怒沉百宝箱》等。伏笔照应可以增强情节的有机性。除此之外,伏笔照应还能增强情节的合理性,如《林黛玉进贾府》一文,宝玉和黛玉初次相逢,透过两人的视点,观察彼此,视点的变换中,两人似彼此相识,一见如故,心神交融,这一节和第一回的神话情节遥相呼应,又为下文两人感情发展埋下伏笔,让情节发展变得合情合理。

张弛有度。现实社会的花开花落,云起云飞,潮涨潮退,月圆月缺,尽是张弛的表现,这是对生活规律的概括。艺术创作同样如此,小说情节的波澜迭起,扣人心弦,紧松适度,都离不开情节安排的张弛有度。作者通过情节的紧张与舒缓,矛盾的激化与缓和,用笔的稠密与稀疏,使作品达到张弛有度的目的,也使作品显示出鲜明的层次感和强烈的节奏感。比如《林教头风雪山神庙》一文,李小二与林冲他乡遇故知,其乐融融的场景描写是情节的"弛",陆虞候等人在李小二店里密谋杀害林冲,林冲得知买尖刀欲手刃仇人情节是"张",着实让人提心吊胆。然而,持续六日却相安无事,情节舒缓,矛盾缓和。越是表面的平静,越是隐藏巨大的危机。前几日的密谋为何迟迟不见动静,成为潜在的紧张,为了对这一紧张加以掩饰,又开始写林冲前去草料场时的宁静。大火燃前林冲在山神庙安顿下来如何抖雪,如何吃肉,闲笔写来一点也不吝啬笔墨,草料场火势汹涌可想而知,可作者却一笔带过,惜墨如金。待陆虞候来时,密谋显现,仇人露面,剑拔弩张,情节进入高潮,简直让人透不过气来。张弛有度,营造了节节生奇、层层追险的艺术效果。《促织》一文更是如此,先是成名无法交差,惨遭毒打,只想自尽,此为一张;然后,恰得女巫相助,捕得俊健蟋蟀,得以交差,此为一弛;再次,儿子失手扑毙促织,内心恐惧,竟投井自杀,又为一张;后来,儿子灵魂幻化蟋蟀,使全家得救,又为一弛。张弛之间,情节跌宕,波澜起伏,其间人物情绪的愁、喜、忧、乐、悲得以淋漓尽致地展现。

偶然巧合。"偶然是世间最伟大的小说家:若想文思不竭,只要研究偶然就行。"①故事情节有了偶然、巧合,才会形成生动有趣味的情节。但偶然、巧合要符合情节发展的逻辑,符合人物自身的性格逻辑,若是添加一个偶然、巧合让似喜非喜含情目的林妹妹变成金刚怒目式的焦大,岂不贻笑天下?偶然的背后是必然,正如恩格斯所说:"被断定为必然的东西,是由纯粹的偶然性构成的,而所谓偶然的东西,是一种有必然性隐藏在里面的形式。"巧合最突出的例子就是《麦琪的礼物》,德拉和吉姆互赠礼物最终的错位,是一个美丽的巧合,而这个巧合的背后却是两人深爱对方的必然。

---

① [法]巴尔扎克.人间喜剧:巴尔扎克小说选集[M].世界图书出版公司,2009:100.

而正是这个巧合的设置,产生了让人笑中带泪的艺术效果,也正是这一巧合,让人看到了底层平凡人艰辛中的那份喜悦。《宝玉挨打》中,宝玉得知自己将被毒打,手忙脚乱找人送信时,却碰到一个耳背的老妈子,若没有这个巧合,及时送信给贾母,宝玉挨打的故事自然也就无法形成,叛逆与卫道的矛盾也就暂时不爆发了。

当然,情节安排的技巧除了上述这些之外,还有草蛇灰线、犯中见避、重作轻抹、云罩尖峰、重复变化等。情节的叙述方式也不只是顺叙,按照开端、发展、高潮、结局的顺序安排,还有倒叙、插叙、补叙等。每一种叙述方式在情节发展中的作用各不相同:倒叙可以造成悬念,增强艺术效果;插叙可以推动情节开展,丰富作品的内容;补叙对上加以补充,对下做出交代。在小说文本细读过程中,对于情节构成技巧、叙述方式的了解,有利于读者体会作者的艺术构思,把握小说的形式技巧和结构规律。

(三) 注意小说文本的情节变化

1. 情节变化的表现

传统小说一般非常注重情节的完整性,按照情节构成线性推展,故事的来龙去脉得以展现,也重视情节的曲折性,"一波未平,一波又起",矛盾冲突层层递进,步步追险,这在我国古典小说中表现得尤为突出。然而,随着小说艺术的发展,语文教材中小说的选文以及近年高考阅读文本出现了很大的变化,比如卡夫卡的《变形记》(节选)、王蒙的《春之声》、余华的《十八岁出门远行》、师陀的《邮差先生》、汪曾祺的《鉴赏家》等现代小说进入了学生的视野,这些小说的情节与传统小说的情节有着很大的不同,出现了一些新的变化。在小说文本细读的过程中,如果教师依旧用传统的分析情节的方式,可能会让学生大失所望甚至受挫,这就需要我们对变化加以梳理,了解情节变化的表现。

一方面,情节淡化。我们常说情节是人物行动的展现。苏联波斯彼洛夫也认为,情节主要由人物的行为组成,而人物的行为又可分外部行为和内在行为两种。外部行为多是人物的言谈举止、行动处事等的表现,传统小说的情节更多的是突出人物的外部行为,如刻画人物的肖像、描写人物的动作、展现人物的语言以及处理人物之间的关系,在矛盾冲突中展示人物的个性,情节肩负着这些任务,自然要曲折多变、跌宕起伏、张弛有度、分外突出。但是有一些小说,并不注重刻画人物形象,也不注重突出人物性格,而是重在表现人物内心思绪,即人物的内在行为,多是人物的潜在意识或未经外化的意象、意念等复杂的心理状态,比如王蒙的《春之声》。情节在这些注重内在行为的小说中,如果过于突出、强化,反而会对小说的内容表现形成限制和阻碍,所以,小说情节的地位和作用受到削弱,自然出现了与强化情节相对的情节淡化。无论是情节强化还是情节淡化,都是小说为了取得良好艺术效果的手段,并不存在孰优孰劣的问题。

另一方面,打破情节的因果逻辑,造成情节荒诞。关于情节,早在亚里士多德就曾提及,并指出情节有"结"和"解",那么"结"与"解"之间存在什么关系呢?的确,在古典小说中,情节之间的因果关系,是情节环环相扣的潜在规律。诸多情节,皆有结有解,尽有因有果。而现代小说与之相反,常常打破情节之间的因果逻辑,而刻意追求情节的荒诞不经,进而使小说主题更加深化。比如《十八岁出门远行》的情节发展不是按照因果关系来推进的,给人的感觉是原因与结果的悖论。"我"被第一个司机无视,自己拼命地追赶,内心应该是愤怒,"我"却哈哈大笑;"我"善意地给第二个司机递烟,表示"我"的友好和想搭车的意愿,却遭到司机接烟不接"我"的粗暴回应;"我"以粗相待,司机却以礼相还;汽车中途抛锚,着急的应该是司机,却一脸的无所谓;司机路逢劫匪,"我"奋起抵抗捍卫其财物,司机自己却无动于衷;苹果被抢,司机"越来越高兴";"我"被打得惨不忍睹,本应得到财物主人司机的同情与关怀,却不想得到是司机"站在远处朝我哈哈大笑"。这一切实在太荒诞了,甚至不合情理,有违常识,情节之间的因果逻辑完全颠倒,而恰恰是这种情节的荒诞,使小说给人一种陌生化,一种全新的审美感受,引发读者去追寻荒诞情节背后深邃的主旨。

2. 情节变化的把握

在小说文本中,情节的变化并不是作者有意追求的目标,而是一种形式手段,是为了再现心理,深化心理。通过情节变化所深化的心理也并不是对非理性无意识的心理进行渲染,而是关注人物内心,将人物的心理动向和状态进行艺术概括和审美再现。在艺术表现上,虽然情节变化的小说没有了情节鲜明小说中人与人之间激烈的矛盾冲突,却有"人物的内在心灵冲突和自我心灵搏斗造成的'紧张'"。由此可见,情节淡化会使心理内化,在小说文本细读的过程中,我们应当着力把握作者内化的心理。

首先,明确情节变化造成小说文体特征上的改变。传统小说更多的是忠实地描写和客观地记录世界,按照客观生活本来的面目反映社会生活,但当代小说由于情节的淡化或者情节的荒诞等原因造成小说文本在文体特征上发生了很大的变化。在小说文本细读的过程中,我们应当对这一点加以明确。一方面,在表现特征上,这类小说着力表现客观世界在人物心灵上的折射,突出人物由客观事物所引起的主观感受,在人物意识流动的过程中展示人物潜藏的灵魂。传统小说重视人物形象的刻画,而此类小说并不重视人物典型性格的塑造,只是着力表现意识流动的轨迹,或折射社会生活,或表现人物心理。传统小说人物形象鲜明,而此类小说中人物形象退隐。传统小说多按正常的时空顺序或情节的逻辑关系线性推进,符合读者的阅读习惯或审美心理,而此类小说却以心理描写为主,时空跳跃,场景穿梭,在人物的心理变化和意识流动的过程中,过去、现在、将来交错杂陈,梦境与现实、想象与回忆交织重叠。另一方面,在艺术手法上,当代小说通过在作品中大量运用变形、象征、意识流、内心独白、自由联想等方式,突出虚幻性和假定性,通过这些表达方式,可以更好地深化心理,展示意识的流动,揭示人物内心的隐秘,反映社会生活对人的心理造成的特有感受。比如王蒙的《春之声》,整篇文章就是主人公坐闷罐车回家途中的意识流动过程的展现,主人公自由联想,时而城市时而乡村,时而南方时而北方,时而国内时而国外,完全打破时空顺序。在主人公的自由联想中,其心理得到全景式的展现;在主人公意识流动中,我们也看到了新时代中国一幅万象更新的春景图,人们的思想、言论、物质财富、人员流动等充满了生机与活力,这也是客观世界在作者意识中的反映与作用。在小说中,我们看不到太多的情节变化,更看不清人物的形象特征。

其次,感受作品的心理情绪,领悟内在意蕴。无论是运用意识流的手法还是变形荒诞的表达,都是作者在以人物心理构成、表达的特殊性来代替性格的个性化,将人物的心理世界映像和投影作为独立的形象实体来进行艺术表现。因此,作品中人物的意识流动或心理感受往往会折射社会和历史,包含着复杂的心理情绪,有着象征意蕴。在文本细读的过程中,一方面,应梳理人物意识流动的脉络。看看从客观世界的哪些地方开始生发意识,在这些意识背后,人物又有着怎样的情绪情感,通过这些梳理自然就会理清文章的线索脉络以及内隐其中的情绪情感。另一方面,应思考其内在意蕴。在此类小说中,人物形象或故事情节带有流动的情绪、朦胧的心理意念,这就会使作品带有"一种富有多重意味和潜在性内涵的象征色彩"。所以,在文本细读的过程中,不能单纯地将心理意识作透视分析,而应该将其放置到特定的社会历史、现实生活中去,思考其内在的社会深度和严肃的人生意义。

三、小说教学中文本的空白结构解读

在文学文本中,作者常常通过留有空白的方法来吸引读者,激发读者思考,给读者留下丰富的想象空间。"空白"是作者没有明确写出或者想让读者自己去填补之处。正是由于"空白"的介入,才使得小说作品更加耐人寻味,值得我们研究和琢磨。文本的"空白"之处是使读者产生否定性和激发读者阅读兴趣的驱动力,同时也能够在文本的基础上使熟悉的东西陌生化,让读者走进文本,以一名"当事人"的身份去品读文本,真正做到文本、作者、读者三方面的结合。优秀的文学文本给读者留下的空白越多,就越能激发读者的思考,让读者有足够的想象空间去思考和品味作者的言外之意。在文学文本中,恰到好处的空白设置是提升文本价值的点睛之笔。

(一)空白结构的理论窥察

1. 中国空白结构理论探微

首先,空白理论建立在中国传统哲学思想基础之上,有着深厚的思想渊源。空白这一概念最初的意思与"无"有关,文艺理论中的空白与写实,实质上是我国古代哲学中"无"和"有"、"虚"与"实"关系在文学创作中的表现。《易》曰:"是故形而上者谓之道,形而下者谓之器。""形而上"多指超越具体事物的观念,这是"道","形而下"的客观形成特定的事物本身,这就是"器"。这表明先人开始意识到"无"的存在。老子在《道德经》中提出"有无相生""虚实统一"等朴素哲学概念，明确了"无"的存在和作用。庄子在此基础上提出"象罔得道"说，不仅肯定了"有"与"无"的辩证关系，还追求艺术上的"无声""无形""无字"的境界。除道家思想外，魏晋玄学的"尚无"思想，促进人们开始对艺术空白进行自觉的追求；禅宗推崇以直觉把握心性的"顿悟"方法，追求"四大皆空"。这些哲学思想，都为空白理论的形成奠定了思想基础。

其次，空白理论运用在中国多种艺术创作领域之中，有着多样的艺术表现形式。在绘画中，顾恺之的"传神"说，旨在追求意在象外，境与意会，悟对神通，"虚实相生，无画处皆成妙境"以及"计白当黑"等观点都是空白的运用。在音乐中，嵇康的"声无哀乐论"，备受推崇的"别有幽愁暗恨生，此时无声胜有声"，以及具体的音乐旋律中的休止或停顿等，都揭示出对音乐空白的阐述和应用。通过空白，营造乐曲节奏的韵律变化，传达亦张亦弛的情感变化，着实能收获非凡的艺术效果。在戏曲中，静场、空镜头等皆能取得良好的艺术效果。

最后，空白理论表现在中国古代历代文艺理论之内，有着丰富的相关概说。中国文学讲究委婉、隐秀，对空白的追求是由内而外潜在的自觉，"书不尽言，言不尽意"（《周易》）。的确，"意有深邃委曲，非言可写"，文学创作也证明了这一点，同时也为空白的存在提供了必然。陆机《文赋》提出"课虚无以责有，叩寂寞以求音"的艺术构思过程，明确指出空白是艺术活动的起点。钟嵘《诗品》中的"文已尽而意无穷"，刘勰《文心雕龙》中的"隐也者，文外之重旨者也"，都指出文章要有弦外之音，要话里有话，强调空白的重要性。司空图在《二十四诗品》中提出"象外之象，景外之景""不著一字，尽得风流"，在一定程度上阐述了空白在文学创作中的应用。清代袁枚将"空行"列为《续诗品》中的二十四品之一，提出"万古不坏，其惟虚空""凡诗文妙处，全在于空"等思想，认为唯有"空"才能尽显诗文的精妙。近代王国维的境界说以及朱光潜先生的"无言之美"，也深刻总结了空白这一文学艺术的本质特征。

2. 西方空白结构理论概说

艺术总是共通的,西方关于空白理论的概说也有很多。其理论渊源可追溯到现象学、现代阐释学、格式塔心理学和俄国形式主义等。20世纪60年代,波兰现象学美学家罗曼·英伽登提出"未定之处",在一定程度上揭示了文学作品中空白的使用。20世纪70年,德国接受美学大师沃尔夫冈·伊索尔对空白理论进行了详细的阐述,并将其与"未定性"加以区分,他认为,未定性这一术语用来指在意向性客体的确定性或图式化观相的序列中的空缺;而空白,则指本文整体系统中的空白之处。对空白的填充带来了本文模型的相互作用,并在《文本的召唤结构》中提出了"召唤结构",从此空白理论发展成为一种系统的理论。

20世纪80至90年代,法国新小说家罗伯·格里耶在他的"新自传"三部曲中,总结新小说创作的实践,提出具有革命意义的"空白说",这是对空白理论的又一次发展。他认为"世界没意义也不荒谬,只是存在着",因此他对"空白"在小说创作和结构上起到的作用大为推崇,认为"空白"是造就文学生命运动和生命活力的源泉。新小说是一种"空白"的"会聚场",小说写作"正是从空白到空白才构成叙事的"。格式塔心理学则从心理学的角度为空白理论的存在提供了心理依据,它的完形法则启示我们:由于"完形压强"的存在,人们面对"完形"刺激物,就会产生一种动力,并尽力地去填补这些"完形"。美国格式塔心理学家鲁道夫·阿恩海姆将格式塔完形心理学与亚里士多德的理论充分结合,他认为当不完全的形呈现在眼前时,人的心理上会产生一种将它补充或者恢复完整的冲动力。在文本阅读中,"空白"会激起读者对这种对完整性的追求,产生再创作欲望,或者读者在阅读过程中运用联想、想象去填补文本留下的各种空白,满足完形的冲动,进而激活文本,使作品成为一个有机整体,最终实现对作品意义的理解,体会到阅读的快乐。

3. 空白结构的读者鉴赏意义

首先,空白以其空灵含蓄的艺术姿态使文学作品具有审美性,进而满足读者的审美愉悦需求。空白使文学作品具有审美性,可为作者与读者之间建立一种自由的审美交流,这种交流可以突破时空、地域的现实局限,也可以摆脱像全知全能的上帝一样为读者的阅读活动限定条条框框,从而自由联想、想象。正是通过空白这一审美中介,文学作品才能够在作者与读者的生活经验和阅读视野的双向交流下完成审美价值的创造。空白使文学作品别具审美性,使文学作品自身具有并且可以诱发多种审美感受。比如《项链》,可以看到女主人公的爱慕虚荣,对其厌恶;可以看到丈夫对女主人公的喜爱包容,感受到爱的力量;还可以感叹女主人公作为"小"人物对美丽追求的艰辛,感受其中的悲凉……这都是空白带给我们的多样的审美感受,使我们在审美感受中展开自由的联想、想象。空白使文学作品具有审美性,使读者在各自的阅读活动中对作品进行多层次的审美开发,使作品的审美意蕴丰富立体起来。如《祝福》,我们可看到封建势力对祥林嫂的戕害,也能看到国民劣根性对祥林嫂的迫害,鲁镇人对阿毛的故事由开始的同情到中间的讨厌再到最后的戏谑"调笑",一个可怜的女人无奈而痛苦地不断揭开自己的伤疤只是想得到别人同情把她当个正常人看的权利,一个悲哀的故事一次又一次的重述却成了鲁镇人空虚生活的谈料。

其次,空白以其有无相生的哲理意蕴,暗合文学作品的内在规定,进而完善读者的视野结构。第一,文学空白内含着有无相生的哲理意蕴,空白与写实两者辩证统一,不能离开文本的内在规定主观臆造虚无空白,也不能置合理空白于不顾而偏执文本缥缈的规定。读者自身具有"期待视野",作品本身具有"召唤结构",空白是作品"召唤结构"的重要表现,但空白符合作品的内在制约。在文本的"召唤"方面,空白存在暗示性、导向性,进而启发读者在填充中符合文本内在规定的审美判断,否则就是疏离文本的一厢情愿。空白与作品内容层面、与读者的审美鉴赏能力之间有着直接或间接的联系,并以这些构成作品审美的内在规定性,从而启发和制约读者在审美想象中做出相应的判断和选择。比如《故乡》,闰土前后的肖像变化以及家乡前后环境描写的变化中,留下了巨大的空白,这空白必然是由兴到衰的惨变,绝没有一派繁荣的景象。读者的空白解读暗合文学作品的内在规定,并且对此认识得越明晰,将其与自己的期待视野相融合,那么读者的审美补充空白设想也就越能融入作品中。也正是在此基础上,读者对作品的再创造才具有相应的审美价值。第二,空白带来的艺术效果,能完善读者的视野结构,实现自己的期待视野与作品视野的完美融合。在阅读之前,读者有着自己的"期待视野",每一个人的知识结构水平、审美鉴赏能力、阅读经验等存在不同,这也就决定了读者"期待视野"的差异,文学作品中空白的存在,让不同读者的"期待视野"有了用武之地。他们与文本的视野展开对话,在文本空白处与他人展开对话,进而实现文本水准的更新,获得视野的突破,从而形成新的期待视野。如果文学作品不存在"言有尽而意无穷"的空白,那么作品就是"一言堂""独裁者"。

最后,空白以其开放广阔的潜在效果,扩展文学作品的外在程度,进而使读者自由想象。一是为读者的想象提供平台。空白能极大地扩充作品的内容,扩展作品的外延。比如《故乡》中两次对故乡环境的描写,作者只是为我们展现了两幅画卷,但是我们却可以看到半殖民地半封建中国农村的变化:之前尚能宁静安详,而今却满目疮痍,萧索凄凉,此时劳动人民的命运可想而知。文本的空白,为读者提供了巨大的想象空间和意义空域,等待读者开掘。二是为读者的再创造提供可能。接受美学提出"期待视野",对文本的解读是读者与文本双向交流、倾情对话的过程;解读的过程是读者与文本视野融合的过程,这其中不乏读者的审美再创造。读者的期待视野与文本视野的融合,使读者视野再次突破,形成新的期待视野,是一种视野的再创造。比如《项链》情节的戛然而止,是一种空白,使人意犹未尽,想象女主人公脸上的表情会怎样,女主人公内心的想法是什么,女主人公之后的生活会怎样,这是一种艺术的再创造。

(二)空白结构的多维解读

1. 形象空白的解读

首先,人物肖像变化产生的空白。第一,可以解读出人物命运的发展轨迹。在小说作品中,作者并不会事无巨细地将人物的命运做线性的交代,而是借助独具匠心的艺术手段加以隐性交代,让读者充分想象,增强艺术效果。比如《祝福》中有关祥林嫂外貌的描写:初到鲁家,"脸色青黄,但两颊却还是红的";再到鲁家,"脸色青黄,只是两颊上已经消失了血色,顺着眼,眼角上带些泪痕,眼光也没有先前那样精神了";冬至祭祖,"脸色同时变作灰黑""眼睛窈陷下去,连精神也更不济了";逐出鲁家,"脸上瘦削不堪,黄中带黑,而且消尽了先前悲哀的神色,仿佛是木刻似的;只有那眼珠间或一轮,还可以表示她是一个活物"。透过祥林嫂肖像的变化,我们可以看到祥林嫂从一个经历再嫁、丧夫、失子,不断遭到嘲讽、冷落的不公正待遇和悲惨命运的贫苦人俨然成为一个木偶人的命运轨迹。外貌的巨大变化和反差,是祥林嫂一生悲惨命运最真实的写照,是对逼死祥林嫂罪魁祸首的封建社会的最有力控诉。《故乡》中少年闰土和中年闰土的肖像描写,更是有力地揭示了中国农民在当时的命运变迁,曾经的活力少年,遭受着外在饥荒、苛税、兵匪、官绅的压榨和内在封建礼教、宗法、神权、族权的侵蚀,变成了呆滞木偶。第二,可以解读出人物隐于内心的情感变化。人物的外在神态可以传达出内心情感。比如《装在套子里的人》一文中,写到别里科夫外在神态的有五处,其中苍白的脸,时而保持着苍白,时而又变青。"苍白"是他猥琐、怯弱的奴性内心的外在表现;"发青"则是他对外界"刺激"惊骇、愤懑的内心波澜。另外,人物的着装变化也可以解读人物的境遇。比如《孔乙己》中身着长衫的孔乙己保持着内心固守的一份尊严,后来却穿着夹袄出现在大家的面前,这种变化不仅让人想了解孔乙己外在的遭遇,更想窥察孔乙己的内心巨变。

  其次,人物描写手法产生的空白。一是主要人物不在场,更能突显人物特点。《三国演义》中"三顾茅庐"一节,欲写孔明却偏偏避而不谈,使主要人物不在场,笔墨用来写孔明之居、孔明之友、孔明之弟、孔明丈人、孔明歌作、孔明之童,避实就虚,审美效果更加鲜明生动,孔明的隐秀、淡泊、高超、旷逸等特点反而比正面描写更鲜明。在《水浒传》中亦有此般手法,"智取生辰纲"一节中,依照常理,笔墨应集中写吴用多智,此文却多写杨志如何选时上路、如何逼赶军健、如何谨慎审查过往行人、如何细致让人试酒等,在表现杨志的谨慎、细致、精明特点的同时,更让人看到不曾露面的吴用的多智。二是线索人物符号式存在,要解读其承载的象征意味。在一些小说作品中,有些人虽是通篇涉及却根本不出场,仅仅起到推动情节发展、深化故事主题的作用。在小说文本的解读过程中,应注意解读符号式人物承载的象征意味。比如《变色龙》中,席加洛夫将军是故事情节发展最有力的推动者,可他却从未出场,奥楚米洛夫警官的前后不一、不断变化使其奴才性格立于纸上。我们还应看到,作为底层小军官的奥楚米洛夫奴才性格形成有着典型环境,为什么他对席加洛夫将军如此惧怕、如此谄媚?作为沙皇专制制度高层维护者的席加洛夫将军是否同样如此呢?《我的叔叔于勒》中,于勒作为一个线索人物,时而象征财富,时而象征贫穷,菲利普夫妇在赞于勒、盼于勒、见于勒、躲于勒的过程中,血缘关系完全被金钱关系所取代。这种金钱关系也体现在于勒身上,当时他的出走也是为了追逐金钱,菲利普夫妇找于勒的过程同样是对金钱的追逐。

再次,人物语言对话产生的空白。一是人物对话的省略,语未尽处感受未尽之语。在部分小说作品中,人物之间的对话总是被有意省略,既表达人物的难言之隐又彰显人物的性格特色。比如《祝福》中鲁四老爷的两次"可恶!然而……","然而"之后是什么呢,是一种无可奈何还是一种理所当然?无论何种我们都可以感受到他的道貌岸然。在文本细读的过程中对省略的人物对话加以推敲,可以解读出不同的意味。《最后一课》里韩麦尔先生"我的朋友们啊""我——我——",我们可以感受到内心强烈的情感对语言的冲击,其中包含着对入侵者的愤恨,对祖国语言的热爱,甚至还可以感受到无可奈何,看到韩麦尔的高大人物形象。二是人物对话的含混、反语、跳跃等的运用,意未尽处填补未尽之意。《阿Q正传》中,"你从实招来吧!"那光头的老头子说,"我本来要……来投……"阿Q胡里胡涂地说,"假洋鬼子不准我!""胡说……",这里人物对话的模糊、跳跃造成了语义上的空白,阿Q面对老头子的逼问,不知从何招起,于是胡乱想了一遍挤出半句话。而老头子也把阿Q想说却没有说出的"投靠革命党"误认为是"投案自首"。这样处理,不仅使文章可读,值得品味咀嚼,而且符合人物的身份、性格。

最后,人物心理的不直接表达。因为人物内心独白展示人物心理的手法过于写实,所以在小说作品中多采用写意或者跳跃手法,其间既有语言层面的叙事暗示,也有外在行为的揭示,还有时间流程中的跳脱,这都需要读者把握整体才能填补空白。比如《林教头风雪山神庙》一文中,林冲斩杀欲谋害他的富安、陆虞候、管营时,对陆虞候所说和对管营怒喝话,从"也"字中我们可以看到其心理的变化:"我尽忠职守老实本分,却惹来高俅之子这官二代来害我,我苟安一隅忍气吞声,没想到昔日发小也来为虎作伥,更没想到就连这无冤无仇萍水相逢的管营也要落井下石,我如何忍得,我又怎能忍得,倒不如来个决断,快意恩仇。"

2. 情节空白的解读

首先,情节省略。在小说文本情节展开的过程中,作者有意省去部分情节,留下空白之处,诱发读者的无限想象。读者应该利用这些文本的空白点,合理填充。一方面,重要情节避而不谈,要解读人物的重要特点和作者的独具匠心。《三国演义》中关公温酒斩华雄,先渲染华雄无敌,关羽却在"其酒尚温"的片刻和"鼓声大振,喊声大举"的瞬间取得华雄首级,其场面何等激烈,其勇猛不言而喻。孔明安居平五路,不见兵戈相交的惨烈场面,只见一人运筹帷幄之中,决胜千里之外。孔明的足智多谋,在读者的想象空间之中得到充分显现。《最后的常春藤叶》中,老画家贝尔曼冒雨在高墙上画树叶的情节并未具体而充分地展现出来,读者却能感受到他为此付出的心血,为他舍己为人的崇高精神而感动。另一方面,次要情节略而不写,能使文章张弛有度,境生象外。如《荷花淀》中送别水生,水生爹和他说感人肺腑的话后,作者并未写水生如何感动,全村父老都来送别水生,作者也未写水生如何表态;交由水生捎带物品的人家也没有临行嘱托,离别前本应夫妻窃窃私语互表相思的,作者也略去不写,只写"水生对大家笑一笑,上船走了"。作者省去这些次要情节,使得文章不拖沓冗长,含蓄中尽显美感。

其次,情节中断。在小说情节发展过程中,作者有意打破情节的线性交代,造成情节中断,留下空白。在小说文本细读的过程中,应当注意作者为何在此中断情节,揣摩作者构思,体会审美效果。在中国古典章回体小说中,情节中断使用普遍,比如"欲知后事如何,且听下回分解"等。它能够增强读者的阅读兴趣,生成期待视野,产生悬念。一方面,情节中断可以调整叙事节奏,使作品迂回曲折,情节波澜起伏。《三国演义》中诸葛亮三气周瑜,作者并非一气呵成写出来,一气之后,情节便中断,转写赵子龙智取桂阳、孙仲谋力战张文远、刘皇叔洞房续佳偶;情节续接,孔明再气周公瑾,之后再断情节,转写曹操大宴铜雀台;然后孔明三气周瑜。另一方面,情节中断还可以转引他事,扩充作品容量。

再次,双线空白。情节线索并非单线直进,还存在主次线索、明暗线索的双线结构,因此在小说文本细读的过程中,我们应该重视次线、暗线,并在此基础上,发挥想象力,填补空白。如果对次线、暗线忽视或认为其并不重要,往往会造成解读的片面化。比如在《药》中,华老栓为华小栓用人血馒头治病的过程也是革命者夏瑜惨遭迫害的过程,读者在解读的过程中就应该对此加以重视和填充。《林教头风雪山神庙》一文,写林教头如何由"忍"到"不忍"的性格大逆转,但是另一条线索却是陆虞候等人如何迫害林冲的精心谋划。在这条线索上,我们可以想象上至高官下至差拨是如何歹毒,昔日乡情却也抵不过人心险恶。这条线索如同一个窗口,让读者看到社会的黑暗:官逼民反,民不得不反。《麦琪的礼物》中丈夫卖掉自己祖传的手表为妻子买发梳的线索是暗线,我们可以设想丈夫内心想为妻子买礼物却囊中羞涩的窘迫和卖掉祖传金表的无可奈何,越是理解丈夫内心的痛苦,便越能理解他对妻子爱的深沉与难能可贵。

最后,结尾留白。第一,引而不发,留有意蕴。小说结尾引而不发,给读者留下深深的思考,使作品的意蕴缠绵无穷。在小说文本细读的过程中,应当对此加以揣摩,深化文章主旨。比如《故乡》结尾处的"希望本是无所谓有,无所谓无的。这正如地上的路;其实地上本没有路,走的人多了,也便成了路",似乎一改小说整体忧伤的情调,给人以热情与希望,这种热情与希望似乎在彰示着一种不是"辛苦辗转而生活""辛苦麻木而生活""辛苦恣睢而生活",而是一种全新的生活。《狂人日记》结尾"没有吃过人的孩子,或者还有;救救孩子……"亦有异曲同工之妙。第二,情节逆转,意料之外。小说结尾时,让人物的心理情境或主人公的命运陡然逆转,从而产生艺术空白,造成意料之外却在情理之中的艺术效果,也引得读者产生无限遐想,意犹未尽。比如《项链》结尾处,美丽的玛蒂尔德得知项链是假的时内心会有怎样的情感波动?结尾留白,透过空白可以看到玛蒂尔德心中的酸甜苦辣,领悟作品主题的深刻性和人物命运的悲剧性,对此作品也就不再仅仅得出一个资产阶级爱慕虚荣的女子罪有应得的解读了。这种结尾比比皆是,比如《警察与赞美诗》《窗》等。第三,故作矛盾,开放结局。

这类小说,作者在结尾处通过语义上的相悖,制造矛盾,留下空白,开放结局,引发读者想象,实现艺术再创造。比如《边城》结尾"这个人也许永远不回来了,也许'明天'回来!"或许翠翠会孤独终老,或许又会收获爱情,无尽的空白,淡淡的忧伤,着实让人无尽遐想。《孔乙己》中"我到现在终于没有见——大约孔乙己的确死了",孔乙己到底死没死,是作者有意留下的空白。他生前活得凄惨,死后恐也无人知晓,这样的结局更有力地揭示了封建社会人与人之间的冷漠,深化了文章主旨。

3. 情感空白的解读

小说突出叙事,但所叙之事早已附有作者情感。在小说作品中,作者常常不会直接将情感表达出来,而是借助艺术手段将之内隐于语言文字当中含蓄地表达出来,让读者发挥想象,体味和填充作者所要表达的思想情感。

首先,于景语中体验情语。一字一句总关情,无论是作者所描绘的环境还是作品中人物所看到的环境,总会蕴涵着作者的感情,在文本细读的过程中,读者应当体验到其中的感情。比如《荷花淀》中关于水生嫂月下等水生的描写,那幅画面是多么的宁静,多么的美丽,其中蕴涵着作者对水生嫂等农村劳动妇女的赞美之情。

其次,于叙述中挖掘潜在情感。一是叙述语言的运用。作者遣词造句、篇章结构的安排皆包含着作者的感情。比如《边城》作者以恬淡的笔触谱写出一篇善与美的华章,情感的淡淡忧伤像一支清新悠远的笛曲,诉说着湘西的人与事。《项链》中作者说"她也是一个美丽动人的姑娘",一个"也"字包含着玛蒂尔德未能凭借俊美容貌走进上流社会的无可奈何。二是叙述者的选择。在行文中,叙述者的选择往往包含着作者内在的情感。比如《孔乙己》中选择温酒的小伙计作为叙述者,对于通过小伙计的视角看到的,小说大加描述,小伙计视角之外的统统省略,留下空白,让读者去想象。小伙计年龄小、阅历浅、不谙世事的特点,使他以一个儿童的视角来看待周围的世界,既看得到孔乙己的迂腐可笑,又看得到孔乙己的可怜悲哀。正是在这样的视角下,读者看到孔乙己的离去仅仅是十九个钱的欠账,一个人身体和心灵惨痛的经历仅是别人单调无聊生活的笑料,这样的世态是那么的凉薄,人与人之间是那么的冷漠。如果换掉这个叙述者,又怎能表达出作者如此深沉的情感呢?《最后一课》《我的叔叔于勒》等都选择了儿童作为叙述者,其中也包含着作者别样的情感和构思。三是作品命题命名创设空白。作者在为作品命题或者为人物命名时,也暗含着内心的情感和别样的构思。比如鲁迅作品中闰土的名字本身就包含着作者对封建迷信的嘲讽,取名"闰土"原本是想五行齐全,颐养福泽,可现实却是闰土饱经沧桑,呆滞木讷。"祥林嫂"更是对封建伦理观念毒害的揭示,作为一个人,却连自己的姓名都不能拥有,只是当作男人占有的一个符号,并且用它禁锢自己的一生,这种残忍单从名字上看就使人愤恨。

不仅是小说,戏剧文学中人物的台词也经常运用留白这一手法。《雷雨》中有这样一段台词:

鲁四凤:萍,我,总是瞒着你;不肯告诉你,(乞怜地望鲁妈)妈,您——
鲁侍萍:什么,孩子,快说。
鲁四凤:(抽咽)我,我——(大胆)我跟他已经有……(大哭)
鲁侍萍:(迫切地)怎么,你说你有——(受打击,不动)
周萍:(拉起四凤的手)四凤!怎么,真的,你——
鲁四凤:(哭)嗯。

这里的空白处将四凤与周萍未婚先孕的羞愧、四凤和周萍的乱伦都隐讳了,让读者体味空白处的寓意,领略作者的创作技巧。实际上,空白的存在不仅不影响我们对情节的理解,而且使作品具有一种神秘感,诱导读者去思考。

四、小说教学中文本叙述方式的解读

与诗歌、散文不同,小说尤为突出叙事。关注叙事不能仅仅看叙述了什么样的内容,如何叙述的问题同样重要。形式是美的凭借,一个故事能否吸引人,不仅取决于故事内容本身,还取决于讲故事的人如何讲述。正如曹明海教授所言:"小说如果没有叙述,或者叙述是混乱的,那么,人物形象的塑造就不可能完成,整个人物形象体系的构图,就会成为破宇颓垣,断墙残壁,构不成有机的艺术形式,失去了'活'的艺术生命。"①的确如此,小说正是通过自己不同于戏剧、诗歌等文学艺术的叙述方式才保持着生趣盎然的艺术生命,才能刻画出生动的艺术形象。小说通过叙述这一根本手段来营造情节,决定小说的审美价值,召唤着读者进入小说创造的世界。如果我们对小说文本的解读仅仅局限于内容层面,忽略叙述层面,将是沧海遗珠,得不偿失。英国小说理论家柏西·卢伯克说:"在小说技巧上,全部复杂的方法问题我以为是由角度问题,即叙述者和故事的关系问题来决定的。"②由此可见,叙述视角或叙述方式是小说写作技巧中决定性的因素,是小说特有的艺术营构技巧。小说的叙述方式不单是人物形象体系得以建构的艺术手段,而且是创作主体内在情感和主体意识的艺术表达。独特的叙述方式不仅可以让作品取得非凡的艺术效果,也凝结着作者对现实生活的艺术开掘。在文本细读过程中,对作品的叙述方式加以关注并进行具体分析和艺术判断,不仅可以加深对作品的理解,而且还可以和作者展开深层对话,发掘文本的深层价值和作者独具的匠心。

(一) 观察性叙述方式的解读

观察性叙述方式,是指叙述者以旁观者的姿态,不带感情色彩客观地描述人物活动和情节事件,具有鲜明的客观化倾向和高度的透视感与描摹感。观察性叙述方式的表现特征是,一般只限于外在的描写,叙事者的感知范围小于故事中的任何一个人物,以自己的所见所闻为限,避免主观评价,侧重人物的容貌、神态、情状、语言、动作以及客观景物等外在事实的描写,也不会面向人物的心理,不会揭示人物内心的隐秘,最大限度地保留生活的原生态与客观性。在审美特征上,它能对气象万千的、纷纭复杂的人物、事件和场景按照生活本身的规律进行提炼和加工,选择那最能反映生活本质的人和事来创造艺术形象,高度真实地再现生活,通过观察性叙述,视觉形象真切生动,现场感觉强烈。相比其他的叙述方式而言,它在一

---

① 曹明海.文学解读学导论[M].北京:人民文学出版社,1997:295.
② 转引自[美]华莱士·马丁.当代叙事学[M].北京:北京大学出版社,1990:16.

定程度上避免了无所不知、无事不晓的叙述语气,所有的情节、人物都是叙述者的亲见亲闻,只是为读者提供客观描摹,减轻了作者的主观干扰,可信度较强。作者把人与事客观地展现在读者眼前,对人物内在的心理作暗示透露,结论和倾向交由读者感知,叙述主体的主体性被最大限度地克制的同时,读者的主体性相应也被调动到了最高点。这种叙述方式在一定程度上增强了读者的参与意识,读者可以就文本展开自由想象。与此同时,我们也不难发现,纯客观化的描摹在很大程度上将读者与叙述者、读者与人物拉开了心理距离,有种平行时空的陌生感,缺乏亲切感。另外,纯客观地描述只是外在的描摹,不能够深入人物的内心,窥察人物内在的隐秘。

对于观察性叙述方式艺术特性的把握,有益于对小说文本的解读。首先,透过人物或事件的外在描写,可以体味文本隐含的情感。在人物或事件的外在描摹中,读者要透过外在表层看到作者内隐的情感。比如《药》中对秋天的后半夜的景象描写,作者以局外人的身份,采用观察性的叙述方式,使整个作品气氛阴森幽暗,基调冷峭深沉,似乎可以感觉得到主人公的内心和作者情感的压抑。除了环境描写,也可以从人物的对话中解读出人物的性格特色,比如康大叔挂在口头上的"包好",将其阴险狡诈之姿立显于眼前。其次,观察性叙述方式的视点可以灵活调整,自然转换,能够绘出多层面的立体化的艺术图像。比如《药》第四节关于坟地的描写,开笔视点俯视一片官地却泾渭分明,一半是革命者,一半是劳苦群众,揭示了革命者与群众的各自为营;然后视点下移,华大妈和夏四奶奶,两个同是丧子的母亲,在一片官地里体会各自的悲哀,一个是群众的可怜性悲哀,一个是革命者的可叹性悲哀。视点上移,关于乌鸦的一段描写,深沉阴冷,暗含着未来道路的艰辛与渺茫。

(二)参与性叙述方式的解读

参与性叙述方式,"就是叙述者充当作品中的某个角色,不是置身局外,而是局内人直接参与,以亲身阅历的眼光观察和叙述人物的活动和情节事件,具有浓重的主观感情色彩和高度的真实感与逼真感"[①]。在叙述

[①] 曹明海.文学解读学导论[M].北京:人民文学出版社,1997:297.

人称上，多采用第二人称叙事；在叙述视角上，有视角限制；在叙述人身份上，身处故事之中的局内人，有人物兼叙述者的双重身份，不仅可以参与事件过程，又可以离开作品环境面向读者进行描述和评介。正是由于叙述者有着故事局内人的角色要求，在时间性上，它一般着眼当下，或通过自身的回忆来追述以往的事件。在空间性上，叙述者往往只是叙述自己亲身经历的所见所闻。所以，叙述者凭借自己对人物语言和行动的观察来描写和塑造人物，通过自己对情节事件的参与来推动故事情节的发展。外在世界的形形色色，人生世相的千姿百态，跟随叙述者的眼睛，透过叙述者的心灵折射到读者面前。一般而言，作为局内人的叙述者在不同的小说作品中，所处的地位并不相同，一般表现在以下两个方面：第一，作为局内人的叙述者是事件的目击者，在小说中充当次要人物，比如《孔乙己》中的小伙计；第二，作为局内人的叙述者是故事的主人公，在小说中身处中心位置，比如《一件小事》中的"我"。叙述者的身份也并非从一而终，可以整个故事都是通过固定的一个视角来叙述，也可以通过几个视角来叙述不同的故事，还可以是通过不同人物各自的视角来叙述相同的故事。总之，参与性叙述方式，是以"我"之眼观世，以"我"之口写心，"我"是艺术描绘的凝聚点。

首先，参与性叙述方式的解读，要重视叙述者。与观察性叙述方式和全知性叙述方式不同，在参与性叙述方式当中，小说的叙述者是故事情节的局内人，是作者有意而为之的，是作者独具匠心的艺术表现。所以，在小说文本细读的过程中，我们应当重视作为局内人的叙述者，并对其详加分析，从而深化对主旨意蕴的理解和人物形象的把握。比如《孔乙己》揭露了封建科举制度对读书人的戕害，这仅是一方面。还有一个问题需要思考：作者为何要选取鲁镇酒店的小伙计作为叙述者？细加思索不难发现，若是选取短衣帮作为叙述者，无非是将孔乙己当作茶余饭后的谈资，毫无可怜可言，他的存在就是一个笑话；让长衫者叙述，孔乙己则是他们羞于为伍的读书人，毫无可悲可言，他的存在就是一种耻辱；让孔乙己自己叙述，则是对读书人不得志的感伤与追怀，自己的存在就是一种抱怨。正是通过小伙计冷漠的旁观，才能看到孔乙己身上可气可怜又可悲的不幸。另外，小伙计是一个儿童，从儿童的视角看取笑和戏弄孔乙己的众人，我们感到了那个社会的冷酷与可怕,一个未谙世事的孩童竟也如此冷漠:"我想,讨饭一样的人,也配考我么?便回过脸去,不再理会。"一个专管温酒连伺候客人都没资格的小伙计,一个整日遭受掌柜"凶脸孔"对待,主顾也不把他放在眼里的小孩子,内心肯定知道被人冷落的痛苦与无奈,一个受害者转眼间又变成了冷漠待人的施害者,这社会的冷漠、人与人之间的麻木不仁是多么的可怕!除此之外,读鲁迅的其他作品,我们可以看到他对童年生活的留恋和向往,如《从百草园到三味书屋》《故乡》《社戏》《风筝》等,鲁迅眼里,孩子应该是无忧无虑的,孩子应该是天真活泼、热情好动和充满幻想的,可是这成人的世界,这冷漠的人世,却在将一个原本天真的孩子异化成为单调无聊、以嘲弄别人为乐的冷漠人,看到这一层也就不难理解《狂人日记》中作者高呼"救救孩子"的深刻主题。由此可见,对叙述者的重视,可以加深对文本的理解。

其次,参与性叙述方式的解读,要填充空白点。通过对参与性叙述方式艺术特性的阐释,我们清楚叙述者的叙述视角有限制,"我"只能凭借人物的外部表现做些想象性推测,没有权利直接揭示人物的心理状态,"我"只能通过他人的交谈、告知了解事件的结果,没有能力观察自己未亲身经历的事情。所以,这样的叙事视角的限制,往往会为读者留下空白,也为读者提供了自由想象、联想的机会。在小说文本细读的过程中,我们应当对参与性叙述方式留下的空白加以填充。比如《孔乙己》一文,众人讥笑孔乙己偷了何家的书而被吊打和孔乙己被丁举人打折了腿,以及孔乙己消失在人们的视线里,这些场景都是一笔带过,我们却能想象出孔乙己有多么的可怜可气,官宦乡绅是多么的得理不饶人,以及孔乙己爬出人们视线不知死活的可悲场景。《祝福》中祥林嫂被婆婆绑回去后的情形、儿子阿毛被狼叼走后的场景,以及独自一人流浪街头的落魄,这些略写的情节需要读者自己去补充,这其中有祥林嫂不能决定自己命运的无助,有祥林嫂丧失挚爱亲情的绝望,有祥林嫂精神饱受摧残的悲哀,表层文字的一笔带过,却是无限愤恨的爆发,读者借助想象填充了这些空白,才更能感受到祥林嫂的悲哀与苦楚,才更会看清那吃人的社会。

（三）全知性叙述方式的解读

全知性叙述方式，是以与文本故事无关的、凌驾于故事之上的旁观者的立场来进行叙述，叙述者与作品中的人物毫无关系却能够无所不知、无处不在地进行叙述。这种叙述方式在叙述人称上，多采用第三人称叙事；在叙述视角上，无视角限制；在叙述身份上，多是与故事无关的局外人。正是由于叙述者有着如同上帝一般的全知全能，在时间性上，它既可以了解过去，在不同时代自由穿梭，陈述背景，构建图景，必要时可以站出来评论，还可以预知未来，规划情节发展趋势、人物命运轨迹。在空间性上，它不仅可以上天入地，对要描述的内容进行全景式的鸟瞰，或者进行细微式的解剖，还可以借助人物的内心独白或对人物的心理描述，透视人物的内心隐秘。这种不受时间限制、不受空间阻隔的叙述方式，在审美特征上，叙述者具有高度的自由权，能够表现叙述内容的全景特征，人物形象立体感强，作品的生活容量大，视野比较开阔，有利于对全局的控制，有利于展示事件过程的是非曲直。在我国古典小说中，如《三国演义》《水浒传》《红楼梦》等，采用的就是全知性叙述方式。通过全知性叙述方式，我们看到的不仅仅是人物行为举止的各自特色，还能听得到人物内心世界的窃窃私语；看到的不仅仅是人物各自生活的小世界，还可以感受得到人物所在时代的大面貌。如果采用有限视角，无论是从一个人还是从几个人的角度，都难以将如此宏大、如此壮阔的画面描绘出来。

首先，在小说文本细读的过程中，要全面把握全知性叙述方式的艺术特性。全知性叙述方式可以将事件、人物过往娓娓道来，"任随它百源千流，皆可收入笔底，多层次、多向度地反映和揭示出壮阔而复杂的生活图像"①，可以将人物内心活动和盘托出，能把人物的过去未来、外表内心，做活脱淋漓地透视，展示人物无形可寻的思绪和意识流动以及最隐秘的心曲。由此可见，在小说文本细读的过程中，通过明确全知性叙述方式这一艺术特性，便能清楚这一艺术特性的落脚点并加以分析。《鲁智深拳打镇关西》一文尾处写道："鲁提辖假意道：'你这厮诈死，洒家再打。'只见面皮

---

① 曹明海.文学解读学导论[M].北京：人民文学出版社，1997：300.

渐渐的变了,鲁达寻思道:'指望痛打这厮一顿,不想三拳真个打死了他。洒家需吃官司,又没人送饭,不如及早撒开。'拔步便走,回头指着郑屠户道:'你诈死,洒家和你慢慢理会。'"此处是全知性叙述方式最好的体现,作者可以深入鲁达内心知是"假意道""寻思道",又可以跳出充当围观者,看见郑屠户"面皮渐渐的变了"的死人场景,听见鲁达"你诈死,洒家和你慢慢理会"的机智应变。作者通过全知性叙述方式,将鲁达的内心隐秘叙述得毕露无遗,一清二楚,不知不觉间将一个粗中有细、机智聪明的鲁达刻画得淋漓尽致。另外,全知性叙述方式是对叙述内容的全景式描绘,在文本细读的过程中,还应做到鸟瞰全局,梳理线索,分析作者是如何安排事件发展轨迹、规划人物命运的,这有利于读者从中发现矛盾,进行艺术的再创造。与此同时,在小说文本细读的过程中,我们也很容易发现,全知性叙述方式中叙述者无所不能的自由权,往往会完全控制人物及其命运,任意摆布事件及其发展,一方面造成读者的抗拒心理,质疑其可信度,另一方面在一定程度上剥夺了接受者的大部分探索、解释作品的权利。

其次,在小说文本细读的过程中,要注意叙述视点的变化。全知性叙述方式并不意味着全知视点贯穿始末,否则不仅会降低作品的艺术效果,也会造成叙述言语的呆滞,缺乏活力。叙述视点的变化往往会打破单一视点及人称的限制,通过不同视点及人称的转换使用,让作品的内在意蕴更加丰厚,充分反映纷纭复杂、变幻万端的生活原态,多角度地展示人物特点、情节发展,也会给读者带来多方面的审美感受和艺术冲击。在小说文本细读的过程中,应当注意叙述视点的变化,这样不仅可以解读出作者新颖别致、不落窠臼的艺术技巧,而且还可以打开一扇透视人物内心的窗口,展示人物性格。比如《红楼梦》全书主要是全知性叙述方式,叙述视点全知全能,但在一些篇章中如选入语文教材的《林黛玉进贾府》一文,叙述视点几经变换,起初以黛玉之眼观贾家排场之壮阔、贾府建筑结构之宏伟及诸多人物的衣束着装、外貌神态等;然后变换视点,先写众人眼中的黛玉,再写王熙凤眼中的黛玉,后写宝玉眼中的黛玉。通过众人眼,我们看到了年貌虽小却举止不俗,身体羸弱却风流不失的黛玉;通过熙凤眼,我们看到了黛玉的身形标致,但此处只见美人模糊形象却无法近看;于是通过宝玉眼,我们走近黛玉,不仅得以一睹芳容,而且还感受到黛玉的内蕴丰厚。通过视点的不断变化,作者为黛玉描摹了一幅立体的肖像画,从不同层次展示了黛玉的不同侧面,鲜活灵动。黛玉在不同人眼中的不同映像,也反映了人物各自的性格特色。

第五节　散文细读教学内容

语文教育家王森然早在20世纪30年代就说过:"其他各科的教材教法,内容工具,似乎都还有可以借鉴于他国先例的地方。独有国文,非由我们自己来探索不可。"[①]肖建云也说:"虽然语文研究中一定的外部借鉴是必要的,但是语文研究更应该从它自身内部挖掘,因为语文教学说到底是汉民族语言教育,它是有其自身的特色的。"[②]因此,关于中学散文教学内容的研究更应立足于语文学科自身,从传统教育中汲取有益的经验,同时基于对高中语文教材散文选文的梳理和分析,以及中学散文教学中存在的问题和原因的探讨,从散文文体的基本特征出发,在新课标教学理念的指导下进行,进而强化朗读、品味语言、体悟情感、读写结合、巧妙运用课后练习题、尊重学生个性化的解读。将"文本细读法"运用到高中语文散文教学,关键是对语境、语言和情感这三方面内容的细读。

一、细读语境

语境在诗歌文本细读中较为常见,是指赋予语词或文句以意义的语言环境,狭义的语境就是我们平时所说的前后文形成的语言环境,广义的语境是指语言表达时的某个特定场合或环境。在散文中,对语境的细读是我

---

① 转引自李杏保,顾黄初.中国现代语文教育史[M].成都:四川教育出版社,1997:6.

② 肖建云.百年语文教育低效原因探析[J].长江大学学报(社会科学版),2012(1).

们解读文本的重要内容。

（一）对语境三方面的把握

首先，是语篇语境，也就是我们常说的上下文之间的联系。单个的字、词、句能表达的意思是有限的，但若是将多个字、词、句组合在一起，那表达的效果就截然不同了。教师应指导学生在散文文本的学习中联系上下文，从语篇语境入手，从文本整体出发，品读文章深意，挖掘文章内涵，但又不可苛刻地进行分析细读，以免割裂文章的整体性，曲解作者原意。如《囚绿记》中，全文以"绿"为线索来展开，尤其是文章的第三自然段中作者提到，在可以自由选择的情况下，他毅然选择了一间朝东的房间，但并没说明理由。在给读者留下悬念的同时，自然地引出下文作者对"绿"的狂热追求。在讲解这篇课文时，教师就要注意不能割裂文章的整体性，应抓住"绿"这一线索，联系上下文来进行讲解。其次，是情景语境，也就是整个文本的感知情景，如文本中人物所处的场合、谈话的氛围甚至说话人的语气和表情等。这些看似细微的地方，往往能够挖掘出文本的中心思想或全文的感情基调。读者若能深入细读文本，再现文本的情景语境，就能深刻体会作者的情感和思想。如《拿来主义》中，教师若能引导学生正确领会鲁迅反语和讽刺手法的运用，就能准确把握文章的感情基调，领悟"拿来主义"的真正含义。最后，是社会文化语境，即和我们的言语交际有关联的社会文化背景，作者和读者各自所处的社会文化背景也包括在内。很多时候，了解文章的社会文化语境对文本的解读有很大的帮助，如很多学生表示，鲁迅的散文很难看得明白，就是因为他们并不十分了解鲁迅当时所处的时代背景和他的个人经历，所以很有必要对这一方面的内容进行补充。散文的语境对我们解读文本有着重要的作用，作者通过对语言文字的组合，巧妙地表现出深厚的意蕴，让读者能通过阅读激发自己的想象力和思考能力，又能增添文章的趣味性和可读性。

（二）对学生语境意识的培养

语境对散文的学习有较大影响，因此，在散文教学中教师应注重培养学生的语境意识。这就要求师生在文本细读的过程中时刻保持敏锐的观察力,在语篇语境的整体基础上联系社会文化语境去了解情景语境。教师要发挥自己的主导作用,引导学生回归到文本的语境中来,师生在语境中发现问题、提出问题并解决问题,只有这样,才能既不游离文本又能准确把握作者的情感和思想。此外,教师在教学过程中要不断激发学生的想象力和思考问题的能力,让他们带着问题和想象去细读文本,融入其中,体会作者营造的意境,解读作者的思想感情,感受作者生活的社会环境和时代文化。

（三）对和谐课堂语境的建构

教师在散文教学中,要注重对和谐课堂语境的建构,在维持正常课堂秩序的情况下,营造出和文本相符的课堂气氛,在文本的语境中和学生进行平等交流。教师可以根据散文文本的内容和意境,营造相应的情景或氛围,让学生能够有兴趣静下心来融入文本,发挥自己的想象力去思考和解答问题,实现文本与心灵的对话。这一点和"情境教学法"有异曲同工之处,就是教师在教学中有目的地给学生们创设具有一定感情色彩或具体形象的场景(如声音图片的展示、形象生动的语言描绘或者小游戏等),将教学内容融于具体、形象的情境之中,这样更容易被学生们接受,更能够激发他们的情感体验。

二、细读语言

作家萧乾曾说:"文字是天然含蓄的东西。无论多么明显地写出,后面总还跟着一点别的东西:也许是一种口气,也许是一片情感。即就字面说,它们也只是一根根的线,后面牵着无穷的经验。"[①]这段话告诉我们,文学语言是有其独特性的,它并不像科学语言或日常用语那般直白明了。透过文学语言,我们能够感受到它背后似乎隐隐含有某种深意,只有细细地读,慢慢地品,才能接收其传达出来的意味和情趣。散文是文学作品中语言运用的典范,我们透过散文的语言可以读出作者当时的心境和情感变化。因

---

① 转引自龙协涛.鉴赏文存[M].北京:人民文学出版社,1984:455.

此,教师要在教学中引导学生对散文的语言进行分析和品味,而学生也只有通过对语言的品读才能进入文本语境,感悟作者的情感。

语言是沟通的桥梁,我们在使用语言的时候,要注意遵守一定的规范和要求。作为文学艺术典范的散文,更是严格要求语言的规范性,如果脱离了词语的客观意义,文学文本就无从谈起。高中语文教材中的现当代散文文本,不仅注重语言的规范化,而且还带有强烈的感情色彩,字里行间无不蕴含着作者的感情。我们只有通过对其中精要词句的咀嚼,才能辨出作者深层的、内在的情感。但是由于个人水平的限制,许多表面看似平常实际却别有深意的语言,一些学生无法领悟。所以,在现当代散文教学中,教师要及时地对学生进行引导和帮助,既要让学生掌握语言的规范性,又要让学生领会文章语言的深意和独特的艺术风格。这是"文本细读"的重要体现,也是带领学生深入课文、探究语言、感受不同以往世界的重要途径。

(一)品读语言内涵

文学文本中语言的含义主要有两方面,一是语言本身具有的客观意义,二是作者和读者的主观感受。语言是沟通的桥梁,如果忽略了它的客观意义,就是否定了它存在的依据,我们就没有办法用语言来进行交流,文学文本也就失去了它存在的意义。同时,我们也不能忽略文学文本中语言的主观意义,在细读文本的时候,我们必须根据自己的阅读感受来揣测作者的写作目的和情感。这是一件很困难的事,因为我们谁也无法做到准确地理解和揣摩他人的话语。也正是如此,"文本细读"才显得妙趣无穷,我们原本认为自己已经理解了作者的写作目的和情感了,但同时又觉得别人的理解也不无道理,这种感觉是非常奇妙的。不过,不管我们如何品读文学文本的语言内涵,都不能脱离文本,而是必须从文本出发,在重视语言客观意义的同时融入自己的主观感受。在品读语言内涵的时候,教师可以引导学生发挥自己的联想和想象,同时还要注意某些词语的象征意义和比喻意义。例如在《故都的秋》里郁达夫说:"这嘶叫的秋蝉,在北平可和蟋蟀耗子一样,简直像是家家户户都养在家里的家虫。"这一句中的"养"字,字面意思是养育、饲养,有主动、主观的意义,联系文章的整体语境,"养"在这里是形容北平秋蝉嘶叫之多、之普遍性。而当我们透过表面去深入分析,"养"字传达的不仅仅是秋蝉的鸣叫作为北国秋天的特色这一字面意义,还蕴含着北国人平和惬意的生活态度,"养"字包含着作者对北平生活的喜爱和向往之情。

(二)品味语言风格

散文的语言各有特点,有的清新质朴,简洁明了,有的含蓄凝练,委婉动人。尤其是现当代散文,语言风格丰富多彩,优秀的现当代散文语言都能做到精练准确、朴素自然、亲切感人。每个作家都有自己的语言风格特点,如冰心的文章语言清新隽永,用婉笔抒写柔情;周作人的文章语言平和冲淡,用淡笔写浓情;朱自清的文章语言质朴清丽,平淡之中见深意;鲁迅的文章语言苍劲雄健,刚劲之中见哲思……学生们在细读文本的同时,可以体会作家们不同的语言特色和内涵,从而走进作家的心灵深处,得到不同的情感体验。

现当代散文有抒情性散文、议论性散文和记叙性散文之分,因此在语言的表达上也有所不同。抒情性散文或借景或托物,来表达作者的内心感受和感情变化;议论性散文以说理为主,议论较多,但也插以抒情;记叙性散文以写人记事为主,间或穿插抒情、议论。所以,在品味语言风格的时候,应从品味其中的字、词、句开始,赏析其表达方式,体会语言的妙处。同时,适当地运用一些修辞手法,可以使文章更具感染力和表现力。因此,教师要善于引导学生,在细读文本的过程中掌握修辞手法的运用及其所表达的思想感情。如《拿来主义》这一课文中,多处用到了比喻的修辞手法,形象地揭示了深刻的道理,教师在教学时可以结合课后练习中的第二题对这些手法进行讲练。细读现当代散文的语言要在具体的语境下完成,只有这样才能正确揣摩作者情感。

曾经听过"语文报杯"比赛梁玮老师的《荷塘月色》这一堂课,她引导学生揣摩《荷塘月色》中语言的方法,很值得我们借鉴。梁老师把重要的语句放在特定的语境中,带领学生逐步理解、品味和鉴赏,在她的引导下,学生们能够轻松而又深刻地把握文章中的语言。这一堂课梁老师不仅在各个环节中循循善诱,逐步深入,而且能把自身的文化积淀融入教学之中,提高了教学品质,也丰富了学生的知识。刚开始,有位同学提出了这样一个问题:"'微风过处,送来缕缕清香,仿佛远处高楼上渺茫的歌声似的。'这一句,作者明明是写荷花的香气,怎么又提到了歌声?"梁老师借这位同学的提问顺势带领同学们品味文章中的通感这一修辞手法。学生们由"仿佛"一词,知道该同学所提问题中的句子是用了比喻的修辞手法,梁老师便提醒他们:既然是比喻,那荷香与歌声有哪些可比的共同点,并让学生在文中找到依据。学生找到了二者的共同点即"缕缕"和"渺茫",通过分析和比较,学生逐步理解和接受了"通感"这一新的修辞手法。为了让学生更深入地理解这一修辞手法,梁老师又引用了"红杏枝头春意闹""自在飞花轻似梦,无边丝雨细如愁"等诗词以及我们平常所用的"笑容很甜"这一说法,化深为浅,让学生在轻松愉悦的氛围中品味《荷塘月色》清新隽永、朴实绵密的语言风格。接着又由"流水"引出"莲子清如水"这一句,告诉学生这一句的谐音是"怜子清如水",并列举"道是无晴却有晴"等相关诗句。梁老师不断地用自己丰富的文化积淀给学生们创设熟悉的语境,帮助学生们在品读语言内涵和品味语言风格的同时,将作者的情感不断挖掘、深化。

因此,在进行"文本细读"时,文本的语境、情感和语言三者之间是紧密联系的,我们可以在创设的语境中细读语言,还可以通过对语言的咀嚼来体会作者情感。在现当代散文教学中,教师要发挥自己的主导性作用,以学生为主体,运用多种教学方法进行"文本细读"。

三、细读情感

现当代散文具有很强的抒情性,作者将自己的情感寄托在描写的对象之中,借助写景叙事,随事兴感,因情写景,将读者带入优美诗意的境界。在抒情方式上,现当代散文一般采取一种与读者对话的姿态来进行,因此既有很强的抒情性,又有一定的哲理性。正是这些理性和感性的支撑,使得现当代散文的抒情性有所依存而不显得空洞。《普通高中语文课程标准》在"课程的基本理念"部分明确指出:"高中语文课程必须充分发挥自身的优势,弘扬和培育民族精神,使学生受到优秀文化的熏陶,塑造热爱祖国和中华文明、献身人类进步事业的精神品格,形成健康美好的情感和奋发向上的人生态度。"由此可知,情感教育是语文教学的重要内容之一,这就要求教师必须在教学中充分挖掘课文的思想和情感。针对散文这一类抒情性较强的文体，教师更要注意把握好情感因素，带领学生充分领悟现当代散文的情感，体会作者内心真正的感受，从而获得一种具有陶冶性和审美性的情感体验。

（一）体会作者的写作情感

现当代散文具有抒情性，是作者个人情感的载体，字里行间饱含着作者的真情实感。文本细读的过程其实就是读者通过文本这一媒介与作者进行心灵对话的过程，读者通过细读文本，将作者蕴含其中的思想和情感加以探究挖掘并进行加工改造。这是一个艺术加工再造的过程，除了能还原作者的情感外，可能还会产生与之相似或更深的情感，这是因为作家的情感是个人的主观感受，具有不确定性和模糊性，在读者还原、加工、改造的过程中会产生一些差异，但是其表达的主要感情色彩和主旨是不变的。既然散文文本所蕴含的情感与出现在纸上的文字存在一定的距离，那教师就要引导学生尽量通过对文本的细读，去探究文字背后的深意，体会作者的思想感情。

在教学中，教师通过细读文本，帮助学生体会作者情感，还原作者真实感受，这就要求教师对作品有敏锐的洞察力和强烈的感受能力，尽量使自己的阅读感受接近于作者的写作情感，并且运用一定的教学手段和教学策略，激发学生的阅读感受，培养学生的想象能力和审美体验。同时，教师在指导学生领悟文本内涵，还原作者情感时，要提醒学生注意把握文本的情感基调，最好是以此为线索进行细读。如在《故都的秋》这篇文章中，一开头就写道："秋天，无论在什么地方的秋天，总是好的；可是啊，北国的秋，却特别地来的清，来的静，来的悲凉。"由此我们发现，作者笔下的故都之秋是"清""静""悲凉"的，而这也正是作者此时此刻的心情写照。所以，在教学中教师要注意提醒学生，抓住这一点，在"清""静""悲凉"的感情基调上来理解文本。

（二）融入学生的阅读感受

学生在"文本细读"教学中是作为阅读主体出现的，他们依据自己的知识积累和社会成长经验来进行细读,并在细读的过程中融入自己个人的主观感受,不断衍生出创新的、独特的体验。他们在细读中不断丰富作品的形象,并加以理解和体会,这是一种再创造的艺术过程,也是一种审美体验的过程。但是,并不是每个学生都能够在细读的过程中,将自己的知识积累和成长阅历融入文本之中,还有些学生是心有余而力不足。因此,教师在教学中要注意唤醒学生的成长经验或生活阅历,调动他们的联想和想象能力,鼓励他们用自己的积累和情感去体验文本。当他们设身处地进入文本中,当他们和文本中的人物同呼吸共命运时,他们才能真正融入其中,才能还原作者情感,产生感同身受的心灵震撼,这样才是真正实现了读者、作者与文本三者间的心灵对话。比如《父母与孩子之间的爱》这一课文,是从外文翻译而来的,文章的语言和我们汉语存在一定的差异,学生在阅读时可能会产生一定的障碍。因此,为了让学生更好地理解课文,教师可以引导学生将自己在日常生活中与父母相处的感受和体会融入课文的学习中来,相信这会对这篇课文的学习有所帮助。此外,教师引导学生在细读中融入个人阅读感受的同时,要注意引导他们将个人的体验向文本的思想、主题、情感等靠拢,避免学生因个人积累和阅历过浅而产生误读。人的思想情感和精神的提升是语文教育的使命。在现当代散文教学中,引导学生在体会作者情感的同时融入自己的阅读感受,在细读中有所创新,有所收获,是语文教师的职责所在。

笔者在一次省级公开课上,曾听陈虹老师《荷塘月色》这一课,印象较为深刻。上课时,陈老师让学生通过阅读课文找出自己喜欢的句子或段落,再读一读。有位学生谈到自己喜欢的是文中的《采莲赋》这一段,觉得这一段描写的是一个热闹的场景,采莲人的生活是快乐的、无忧无虑的。很多学生也纷纷点头赞同并发表自己的见解。这时,陈老师却话锋一转,告诉他们,《采莲赋》这一段在原来的课文中是被删掉的,而且她觉得这一段删得合理,并让同学们认真思考一下这一段到底该不该删掉。当她"斩钉截铁"地说这一段删得合理时,有些同学显然"被刺激"了,他们之前刚经过思考并热烈地讨论了这一段,怎么现在却说这一段是该删掉的呢?为了不否定自己,在陈老师的激发下,学生开始进入情境,融入文本,"拼命"

证实自己的观点。可以说,这一"激"不可收拾,陈老师顺势引领学生讨论本文的思想感情。很多学生结合课文中的《采莲赋》和自己的个人感受去分析文章的思想感情,而且还能读出作者感情的变化,在热烈的讨论中,学生基本将作者的感情变化理清了,即由不静、求静、得静到出静。《采莲赋》中热闹的场面到底是"他们"的,"我"却什么都没有,因此可以推断出《采莲赋》这一段是我们了解作者感情变化的重要所在,故而不能删去。在陈老师的引导下,学生一步步地推导出作者的感情变化,这对于学生来说不仅很有成就感,而且还是阅读过程中的一次情感体验,他们在融入文本、细读文本的过程中有了个人独特的和创新的体验,每个人都能从中读出自己的"荷塘月色",这就是我们所说的"创造性阅读"。陈老师通过引导学生细读文本,进而体会作者的思想感情,并能引导学生将自己的阅读感受融入文本中,鼓励学生的创新阅读。在这一堂课中,我们看到课堂是属于学生的,教师只是一个引导者、助推者,在双方合作之下,整个课堂热闹而又让人有所收获。因此,语文教师在课堂中起着很大的作用,既要创设语境让学生融入文本,又要引导学生体会作者情感,读出自己的感受,也只有这样才能真正做到细读文本。

第六节　新诗细读教学内容

新诗作为一种现代性极强的文体,从形制上来看,它自身就具有向西方诗歌借鉴的显著特征。诗歌的排列方式和表现手法等方面,都呈现出了新诗在文学革命的浪潮中所引领的自由风尚。但无论是西方诗歌还是中国诗歌,无论是古代诗歌还是现代诗歌,无论是旧体诗歌还是新体诗歌,作为诗歌的文体本质是不能消弭的。这就是说,在新诗的细读中,无论是面对怎样的流派主张、怎样的诗歌形制,我们都有必要寻味其诗质特征。新诗细读不仅是对新式的表现形式和表现手法的解读,更应当是涵泳、确立乃至发展其诗质特征的重要过程。笔者认为,新诗细读的教学内容主要应该从以下四个方面着手。

一、语言特色

注意新诗在现代转型中表现出来的语言特色，尤其是从对口语的释放与历练、语法句式等表达方式的西化以及对传统诗歌音韵审美追求的承续等层面，去发现、体会、抽绎新诗首先作为文学语言的革命形式和文学体裁的革新形式的本体审美要素，即其作为诗的本质和作为新诗的特质。这是新诗区别于现代散文或其他文体的本质所在，也是新诗之所以能作为一种新的文学形式蓬勃发展的根基所在。语言层面的这些问题，表现在新诗教学中，也会出现一些与当今语言审美相契合或相扞格的地方。譬如，欧化语言的表达方式及其对当下语言表达的深远影响；以韵律来蠡测新诗的情感节奏与波动线索；以特定的口吻或口吻的切换来揣摩创作主体的情感蕴藉和思想动态等，而这些对于我们深度细读"胡适之体""喊叫体""独语体"等新诗，"新月派""七月派""九叶派"等流派新诗，以及新诗在情志表达方面的历史形态及破立、相成等关系，也是大有帮助的。如徐志摩的《再别康桥》、林徽因的《你是人间的四月天》、汪静之的《伊底眼》等，都在格律追求和语言方式等层面反映了新诗内在的审美标准和写作规范，而这些本体审美要素对新诗的发展起到了重要影响。余光中在《那天下午》里写道："看你的唇，看你的眼睛/把下午看成永恒/你的眸中有美底定义。"这就是所谓的三联句，前两个"看"是同类的、平行的，最后一个"看"从有形转入无形，从空间转入时间和超时间，把读者步步引向前方，进入新的境界。但这不是平面的四合院，而是深深的庭院，回廊曲径，翠峰修竹，天光云影。尤其是对"三美"（音乐美、绘画美和建筑美）原则的践行，既是从视觉上讲究"有节的匀称，有句的均齐"，也是从听觉上讲究"有格式，有音尺，有平仄，有韵脚"，实际上是奠定了新诗在兴起过程中追求诗的本体特质的审美标准。正因为此，我们在教学这些新诗时，便不能单纯从诗歌形制上去划分一首诗歌的节拍和情感节奏，而应当依据以语言的韵律为形制的划分标准。

二、意象与情感

"意象"一词中,"意"即诗人的思想感情,"象"即诗人所描绘的具体的事物。"意象",即寓"意"于"象",就是诗人在创作诗歌作品时,将自己的主观认识和情感(即"意")寄寓于一定的外在客观物象(即"象")之中。这些写入作品之中的景或物,经过诗人的精心挑选,附着了诗人的情思。"意象"是诗人心中的情意和眼中的物象的融合,是内里和外在的结合,是有形和无形的统一。"意境"是诗人所描绘的"意象"构成的画面,诗人内心中的真情,还有我们由此发挥的想象融合而成的艺术境界。

多注意新诗内容在意象选择与思想情感之间的建构关系,从意象中把握超越国别、地域和时代的共通的思想情感;同时,也多注意厘清其中破陈出新的地方,在相似或相同的意象中,寻找并确立不同的、新颖的情感主题或隐喻意义。而对于传统古典诗歌或西方现代诗歌中较少出现的意象,则更要注重发掘意象的特殊性及其典型意义,以及沟通意象分析与情感经验的感官体验。新诗从诞生、兴起到泛滥、衰落,有其不可回避的缺陷或偏失之处,那么在新诗分析中,则可以多注意探讨其典型意义与文学价值,并探讨新诗内在的生命力之所在。新诗虽然不同于旧诗,且在语言形式、意象选择、情志主题上都发生了巨大的变化,但是诗歌较为稳定的本质属性还是存在的,尤其是意象运用在诗歌中的地位与作用是不可磨灭也无可取代的。而在诗歌中,对特定意象的解构与细读,便成了当下新诗解读中较为广泛使用的途径。围绕意象而朝历史和地域纵横展开的意蕴解读,不仅使新诗的意象在传统观照中更加突出了现实意义,也使新诗的意象运用体现了在西方影响下的文化心理与文学审美取向。这对于我们进一步把握新诗的价值、地位及其现状、发展方向,也都起着重要的作用。如沈尹默《月夜》中"树"这一意象的抽象特征与传统诗歌中"树"的具象特征形成鲜明对比,以及"树"这一意象在诗歌中对中国古代诗歌中"托物言志""一切景语皆情语"的物人合一的传统做出了突破,树不再是与人合一的意象,反而是与人相对立而存在,是为了人的形象的确立而存在的特定意象。这种意象选择中,往往渗透着鲜明的现代意识,而这种现象在新诗中又是较为普遍的。再如,冰心的《春水》、闻一多的《红烛》等,都体现了这种意象与思想情感之间的特定关系和现代特征。

三、艺术技巧

从西方文学对中国新诗的影响来看,中国新诗的发展伴随着对西方艺术表现技巧和审美标准的大量借鉴。首先,从新诗书面排列的视觉效应而言,新诗形制的丰富性、灵动性也使形制与内容的契合有了更大的发挥空间,而形制的变化和调整,也对内容的表达起到了一定的辅助作用。如戴望舒的《寻梦者》中的排比手法便在形制上起到了很大作用,而诗歌形制的美感与这种艺术表现手法是密不可分的。其次,从新诗的语法规则上来说,新诗诗句的语法现象往往对诗意的解读产生很大的影响,尤其是语法虚词。如海子诗歌《面朝大海,春暖花开》"我只愿面朝大海,春暖花开"中的"只",《答复》"我则站在你痛苦质问的中心"中的"则"等,不仅都有对该诗句之前所描述的美好景象的解构与消弭,也都体现了诗人内心沉着、冷静而孤独的思索,而这种语法虚词在使用过程中给读者带来的毁灭感和跌宕感,甚至不悦感,也是诗歌细读中或可发掘的诗人与周围人群之间格格不入的心灵状态,而诗人不快乐的、充满忧虑和思索的内心,乃至诗人形影相吊的苦吟形象,也能从中有所感知。再次,诗歌中所使用的陌生化、异质化等诸多修辞手法或表达方式,也都为表现诗歌主题和诗人情怀起到了重要作用,但这种追求陌生化、异质化的表达技巧和它们所赖以依托的生存状态和生命体验是分不开的,尤其是西方资本主义制度下人走向对世界和自我的陌生体验,以及被体制和机器所异化的孤弱体验,都是西方现代诗歌中应时而生的心灵之声,而随之产生的表达技巧,自然也便具有了形式上的特殊意义。这种追求陌生化、异质化的表现手法,在中国新诗的创作中,有其特殊的艺术感染力,但往往也有不能与时契合之处,这一方面与诗歌形制和表现手法所赖以产生的时代语境有关,与其传统的诗质取向有关,另一方面与诗歌读者的阅读心理有着密切关系。因此,如"暴力联结"或奇喻的手法,在中国新诗中往往并不显得成就突出或为读者广泛喜爱。

四、现代意识

中西文学的翻译工作对中国新诗的发展起到了重要影响,中国新诗诗人对西方文学的翻译,尤其是诗歌翻译,使其对西方诗歌的韵律、形制都有了较为深入而系统的认识,这也促进了中国新诗诗人在新诗创作中对韵律、形制潜意识的关注和经营,而这种认识同样延伸至视觉形制和表现手法,进而深入思想情感内容等层面的审美追求。对中国传统诗歌、新诗和西方现代诗歌的创作手法或表达方式的兼顾,也是翻译作品在创作者、读者之间做出的有力沟通,而中国新诗的创作必然对传播过程和受众心理有较高的重视,从而加快了中国诗歌从传统到现代的发展进程。从这一层面来说,对中国新诗发展过程中所伴随的中西文学翻译的研习,也能打开我们认识中国新诗的视野。

综上所述,从历史传统与世界民族的角度来打量新诗的纵横发展轨迹,打开我们对诗歌这种特殊文体的特质和价值的认识领域,了解新诗在西方文艺思潮影响之下嬗变的历程,了解新诗在传统古诗诗质精神的传承中所呈现出来的功过得失,都有益于我们进一步认识新诗的文学价值与文学地位。同时,对于新诗在后期发展过程中不再讲究诗质的审美追求而呈现的颓疲之象的理解,我们也应有理性的认识和改良的思考,如此才能在当代文学亟待发展的时期,对我们作为诗歌国度所应继续发展的诗歌文学有所思考,进而对诗歌文学的评论与创作有进一步的自我觉醒、自我改进、自我认同的空间。

第三章 细读文本的方式

新批评派的文本细读采用的是"语义细读"的方法,对作品的语言、语义、结构和细节进行细腻、深入、真切的感知、阐释和分析,在作品的结构、反讽、比喻、张力等方面显示文本的语义。也就是说,"英美新批评家主张认真、审慎、反复、仔细地阅读原文,从词、词组、词义及其关系中把握和解释原文及其意义,反对以一种先验的意识和理论介入作品,使词义等得不到一种文学性的展示,提倡就事论事或就文论文式的纯批评","整体上都是以形式研究为宗旨,轻视文学的内容,以形式消解和取代内容","忽视文学的文化性、社会性和经验性"。[①]

众所周知,我国古代文论具有"知人论世"的传统。所谓"知人",就是理解作者的生活经历和创作倾向,"论世"就是理解作者所处的时代背景和作品所反映的社会生活。若以传统的重感性和情感体验来补新批评派过于重理性、形式和科学化之弊,那对新批评的细读方法将是一个有效补充。综合运用二者所长来细读文学文本,既注意文学形式的考究,也不偏废内容方面的挖掘,应该是完善文学阅读教学中文本细读方式方法的最佳途径。在这样的理念指导下,我们把细读的方式分为印象式细读和潜入式细读。

[①] 辛克清.论文学教学中的文本细读方式[J].青岛大学师范学院学报,2006(3).

第一节　印象式细读

印象式细读不同于六朝文人品评诗文的"印象主义的细读",也不完全等同于现代的印象主义批评。印象主义的细读是以会意为目的的细读,主张在欣赏阅读中"得意而忘言",注重内在精神而忽略外表细节,一如《列子·说符》中的九方皋相马,能从千万匹马中发现千里马,关注的是马的品性,对马的毛色等其他无关的一概视而不见,正所谓"得其精而忘其粗,在其内而忘其外。见其所见,不见其所不见;视其所视,而遗其所不视"。印象主义批评也正是如此,因而有重神轻貌、模糊性大的局限。印象式细读不是停留于表面的浮光掠影,而是得二者"会意"之精华,在细读文学文本时,注重自身情感、理智和心灵的投入,注重体验以及对象的整体美,以避免在细读中出现"只缘身在此山中""只见树木,不见森林"的障碍。也许有些文学文本需要配合其他细读方式一同使用,而对某些文本而言,印象式细读实在是最恰当的细读方式。

一、诵读法

阅读心理学研究表明,书面语的阅读理解有两条通道——视觉通道和听觉通道。有学者认为感悟理解与诵读吟咏是共生的,文本的文字结构与意义结构提供了转化为有话语的坚实基础和巨大空间,话语的声音形态对于表现主体生命活动具有直接性。孙绍振在解读《琵琶行》时这样描述:"可以说音乐的描绘是这首诗艺术生命的基础,没有音乐的描绘,琵琶女的命运,白居易的感伤,都可能变成空洞的概念。"关于音乐的描绘正是课文唯一需要背诵的段落,也是千古传诵的佳句。王蒙曾说:"我特别喜欢侍萍回忆三十年前旧事时说的'那时候还没有用洋火'这句话,我觉得现在的演员(不是朱琳)没有把这句话的沧桑感传达出来。"①"那时候还没有用洋火"的沧桑感,是侍萍的扮演者朱琳用独特的语调体现出来的,这句台词因朱琳的声音而充满了沧桑的情调,文本在读者身上实现了对象化。在文本与读者融合的状态中,也就是相互的对象化中,诵读者创造了文本的声音形态,诵读的本质就是文本对象化与读者对象化的交互作用,是读者与文本的对话。文学文本细读中运用诵读法,就是要求通过范读、仿读等形式感知文本的声音形态、语感基调,建立话语声音形态与意义情感之间的联系,帮助自身实现对文本的感悟理解。

在李镇西老师的《赞美》一文的教学中,诵读法贯穿始终,有单独读、齐声读、领读,诵读法的作用在细读文本中发挥得淋漓尽致,现场记录者魏智渊老师听完课后发表感言:"这节课,感觉最奇妙的是,在李老师朗读之前,学生对诗歌的理解是肤浅的甚至偏颇的,但是等李老师读完之后再来问学生,学生的回答居然那么准确,一下子就抓住了它的主题,抓住了它的精神魂魄!第一次,我感受到了朗读的作用。"

下面是王君老师教学余光中的《乡愁》的课堂实录节选②,足以见证诵读法在文本细读中的妙用。

生:我发现诗歌中"头"字重复了很多次,有"这头""那头""外头""里头"。

师:你是不是觉得可以用其他的词语替换?

生:我们一般用的是"这边""那边""外边""里边"。

师:那我们把全诗的"头"换成"边",再来朗读一下全诗,体会一下感觉是否一样。(生齐读)

生:"这头那头"给人的感觉是在距离的两个尽头,很遥远。"这边那边"似乎隔得很近,没有那么遥远。

师:说得不错。再来读一、二小节,除了距离的远外,体会一下还有什么

---

① 王蒙.永远的《雷雨》[J].读书,1998(5).
② 汤贵忠.文本细读:语文阅读教学的起点[M].福建:福建师范大学,2007.

不同？（生朗读一、二小节）

生："这头那头"语音上给人的感觉要厚重一些，而"这边那边"发音却是轻飘飘的，厚度不够。

师：好个厚度不够！汉语言就是这样，相同的意思因为语音的不同就会使一个顿挫一个轻快。余光中用顿挫而弃轻快，这就是诗人内心世界很郁闷的折射。来，再比较着读最后一小节，争取读出距离的遥远和情感的沉重。（学生朗读比较）

从音韵的细读入手，感受到诗句内部言语的丰富世界，这样的细读让学生从表面浅白的语言中读出了深刻与厚重，可以说是"一读而文本境界全出"。

二、体验法

有专家这样阐释"细读"与"体验"的关系："细读与体验之间磨合、紧张、重构的过程，实际上是一个视界不断冲突、龃龉而又融合的过程。在这一链接中，细读通过体验的规范与有序，在无限深入中展示了自身的魅力，也应对了体验的挑战。""即使细读，也可以带有个人的主体感受，细读与体验本质上并不冲突，反而有更多相成之美的地方。"[1]鉴于我们前面分析过的文本细读的特性，体验法应用于文本细读确为不可多得之举，王先需先生认为，体验更适合文学欣赏的特性，对于文学作品，没有体验谈不上正确的分析。体验法可以借助别人的经验或是在别人体验的帮助下细读文本。

下面举李镇西教授苏霍姆林斯基的《给女儿的信》的例子。对中学生来说，理解、讨论爱情还是有一定难度的，尤其是从一个父亲对女儿的角度来谈论爱情，很多学生在这个年纪还没有接触过爱情，就算有接触也很难说有深入理解的。在这样的情况下，李老师首先忘掉自己老师的角色，而把自己放在一个父亲的角色上，跟全班这么多孩子谈论一个在大多数家庭

---

[1] 颜同林.细读与体验[J].名作欣赏，2006(1).

里根本不曾涉及的问题:"李老师也有一个和你们一般大的女儿,你们猜猜,李老师的女儿问过我没有?"这样的相似经验有利于把双方都向文本拉拢。有学生提出了"苏霍姆林斯基女儿只有14岁,作者为什么就说她跨进了'成年女性'的界限?"这样超出了他们本身认知和生活经验的问题,这时候就需借助老师作为一个成人的生活阅历来拓宽学生的视野。为了让学生理解抽象的"爱情有时候就是牵手。不需要太多的语言,更不需要海誓山盟",李老师提醒同学,班上某某同学写的一篇作文里说她爸爸妈妈每次上街进商场,爸爸都把妈妈的手牵着……在《最浪漫的事》的歌声中全班同学体会到"爱情就是看着对方变老,仍然爱他"这样深刻的主题……最后齐读张爱玲的散文《爱》的片段:"于千万人之中遇见你所要遇见的人,于千万年之中,时间的无涯的荒野里,没有早一步,也没有晚一步,刚巧赶上了,那也没有别的话可说,惟有轻轻地问一声:'哦,你也在这里么?'"感受美丽爱情的馨香。这样的一个文本,要把它诠释得如此细致入微,震撼人心,除了用体验法外还能有别的更合适的细读方式吗?

当然,体验法还可以"以身试法"。李白的《将进酒》这篇课文,有很多非常出色的教学案例,但只有程翔老师的课堂让笔者回味无穷,记忆犹新。程老师本人用慷慨大气的男中音示范朗读,课程结束后,学生还沉浸在程老师荡气回肠的吟诵之中。程老师还给学生提了一个建议:找个有月亮的夜晚,四下无人的时候,在院子里或其他无人的角落,一边独饮,一边诵读着李白的《将进酒》,大声呼号着"天生我材必有用,千金散尽还复来!""五花马,千金裘,呼儿拿出换美酒,与尔同销万古愁!"应该会别有一番滋味在心头。相信会取得程老师所预言的效果,毕竟亲身模拟真切的体验不是仅仅在课堂上的朗读所能比拟的,真正把自身融入进去的细读,对文本的理解是深层次的。

三、想象法

文学与想象有着某种天然的联系,文学文本细读过程若缺少了想象因素的参与就会缺少生机与灵动。从外国到中国,从古代到现在,想象都在文学作品中扮演重要的角色。中国早期文学作品《诗经》就以"桃之夭夭,灼灼其华"比喻女子貌美如花;以"手如柔荑,肤如凝脂,领如蝤蛴,齿如瓠犀,螓首蛾眉"比喻女子的手、颈、齿、眉的漂亮;以"硕鼠硕鼠,无食我黍"比喻奴隶主像大老鼠一样贪得无厌……曹植的《七步诗》:"煮豆燃豆萁,豆在釜中泣。本是同根根生,相煎何太急?"这是多么奇妙的想象,传情达意的效果比直接的声讨、哀求不知道要强多少倍!我们还可以为故事想象另一个结局,想象为故事中的人物做另外一种选择,为一首诗构造一幅完整的意境等。而这些,往往成为文本细读的关键处或打开矛盾的口子。这种策略广泛运用于文学类文本的阅读教学,尤其是散文、诗歌、小说等文本的细读。

笔者教学《我的叔叔于勒》时,对文中好几处进行了想象和假设:①假设于勒不是因为花光了"我"家应得的那份遗产被打发走的,而是和"我们"关系本来很好,那么当在船上发现落魄的于勒后,"我们"会不会假装不认识而离开?有没有可能是另外一种结局?②想象一下:当时在船上,于勒认出了"我们",面对"我们"假装不认识他的情况,他会怎么办?心里怎么想?③假如"我们"在船上遇见的不是卖牡蛎的于勒,而是一位美洲回来的富翁于勒,"我们"一家会有怎样的反应?④二姐的未婚夫在于勒叔叔一直不见回来的情况下,还会不会继续相信信上所说的内容?会有什么样的心理活动?经过一系列的想象和假设,学生深切地感受到资本主义制度下金钱至上的价值观对亲情的扭曲,同时又让学生学会了设身处地去揣摩人物真实的心理活动以及对人性的分析,明白拜金主义的罪恶,同时看到人性的丑陋,以及面对生存的无奈。通过想象和假设,很多人物在学生心中活了起来,于勒不仅仅是个"可怜"的于勒,菲利普夫妇不仅仅是万恶的兄嫂。这样一来就能去教参之弊,让学生自己掌握判断是非的标准。

我们还可以利用文学文本的模糊性、多义性等特点让学生通过合理想象描绘诗歌画面。对诗歌而言,学生要细读文本,体会语言的丰富内涵,真切感受诗歌的意境和诗人微妙的感情,想象是不可缺少的手段。马致远的《天净沙·秋思》,这首经典地反映游子内心羁旅之苦的元曲,几处萧瑟秋天意象的蒙太奇式的罗列,是任何教师的语言都难以传达的。对这样的文本,恰当的做法是充分调动学生的想象。第一句中"枯藤、老树、昏鸦"的意象罗列，调动着读者的想象，构成了完整的视觉图景。三者在音节上是等量的，在词性上是对称的，"枯""老""昏"在情调的悲凉上是一致的，所引起的联想在性质上是相当的。后面一句的"古道、西风、瘦马"三个意象互相之间没有确定的联系，但与前面的枯藤、老树、昏鸦在性质上有精致的统一性，不但相呼应，而且引导读者的想象进一步延伸出一幅静止的国画。这时，静止的图景上，出现了一个行人和一匹马。本来骑马可以引起生机勃勃的感觉，但却是瘦马，反而加强了漂泊之感。诗歌相较于其他文体，会给读者留下更多的想象空间，让读者的想象参与形象的创造。当然，其他文体也需要想象的参与，想象用在合适的点上，将是打开文本的一把钥匙。

第二节　潜入式细读

如果说印象式细读是更多注重感性、情感因素在细读中运用的方法，那么潜入式细读则是指更多注重理性精神，并不排除自身的知、情、意等深层结构因素的参与，深入文本内部的语言、结构、组织并对其细读的方法。潜入式细读在"关注文本的内部结构特征，关注文学特质"等方面与新批评的语义细读有相通之处，但对其完全孤立文本，"批评家似乎是在用放大镜读每一个字，捕捉着文学词句中的言外之意"的细读方法却并不认同。

一、推敲法

"推敲"一词由来已久，我们并不陌生，在文学文本的细读中，推敲法主要是指推敲语言和语境。

首先是词句。文学是语言的艺术，文学作品所蕴含的内容首先隐藏在文本的语言中。叶圣陶先生说得好："一字未宜忽，语语悟其神。"因此，文本细读必须从语言文字入手，对文本中的每一个字、词、句都要细细体会它们表达的作用。莫泊桑在小说《项链》的结尾写道："生活是多么奇怪！多么变化无常啊！一件微不足道的小事可以把你断送，也可以把你拯救出来!"在细读中,就要把"断送"和"拯救"这两个词找出来,引导学生重锤敲打,为什么既是"断送"又是"拯救"呢?可不可以把这两个词的位置互换?"断送"的是什么?"拯救"的又是什么?通过细读全文,我们可以这样理解:玛蒂尔德通过丢失项链付出了十年艰辛,"断送"的是她安逸的生活,却"拯救"了她的精神世界。如果她没有选择这十年的艰辛,或是逃避或是沉沦,也许这件丢项链的小事就已经"断送"了她的一生,只有"断送"而没有"拯救"!

其次是语序。语言文字就是有这样的魅力,同样的字词只是由于排列组合不一样,就生出了千变万化的意义,而有的只是简单地调换了一下语序,结果你却只有细细推敲才能发现背后隐藏的深刻意义。《祝福》中四婶第一次对祥林嫂说"祥林嫂,你放着吧",第二次却说"你放着吧,祥林嫂",从"先呼后阻"到"先阻后呼",绝不仅仅是语序的颠倒,在言语的背后,隐藏着某种"激动人心的东西"。祥林嫂立马觉察到了,于是把手缩了回来。细读到这的学生,必须把这两句话来回地读上几遍,细细地体味人物在说这两句话时的语气和心理,推敲其背后微妙的意义变化。

再次是语境。瑞恰兹提出,语境指的是某个词、句或段与它们上下文的关系,正是这种上下文确定了该词、句或段的意义。语境的范围有时候超出了字、词、句、段的关系,而延伸到整个文本大方向的取舍。在文学文本中,对语境的推敲有时候成为细读文本的关键之处,是理解整个文本的重要手段。语境又有文本语境和社会语境之分。如今的中学生特别反感和厌恶语文中的"赞颂体",尤其是动辄就告诉学生这篇课文反映了什么什么爱国主义情操,赞颂了什么什么伟大精神……其实我们教材中的很多经典篇目的教学,如果教师能花点时间推敲一下文本语境,去教参之弊,去流行观点之弊,也许学生就会喜欢上这些课文。比如《木兰辞》,普遍给学生分析的是花木兰是个女扮男装的女英雄,是很会打仗的女中豪杰,却很少有人给学生解释为什么文本中关于战争场面的描写那么少,而对这个女孩子的心理活动、对爹娘的思念以及备马的过程不惜花费大量笔墨。很明显,战斗英雄不是本文立意的重点,这是文本的语境已经决定了的,不然就无法理解木兰最后不要封赏,不愿光宗耀祖、富贵还乡。由此可见,一些相关的社会语境，一些关于女性心理细腻的特点不仅有利于人物形象的饱满，也使人物形象更真实、更可爱、更接地气，更利于学生理解文本。

在小说和戏剧中，语境对语言的理解和运用十分重要，说话人和听话人的关系，他们的文化习性，说话时所处的状态等，都对语言的表达起到重要乃至决定性的影响。《红楼梦》三十一回"撕扇子作千金一笑　因麒麟伏白首双星"写晴雯和宝玉、袭人拌嘴，言语尖刻。袭人忍着性子对晴雯说："好妹妹，你出去逛逛，原是我们的不是。"这话在一般情况下并没有什么恶意，就是她和宝玉给晴雯赔个不是，但是在"怡红院"这个特殊的"庭院政治"氛围里，放在宝玉、袭人、晴雯三人微妙的关系中，放在当时激烈争吵的具体环境中，此话就大大刺激了晴雯的敏感内心。小说写道：

晴雯听他说"我们"两个字，自然是他和宝玉了，不觉又添了酸意，冷笑几声，道："我倒不知道你们是谁，别教我替你们害臊了！便是你们鬼鬼祟祟干的那事儿，也瞒不过我去，那里就称起'我们'来了。明公正道，连个姑娘（姑娘，在这里指通房丫头，也就是不回避男主人的贴身侍婢）还没挣上去呢，也不过和我似的，那里就称上'我们'了！"袭人羞的脸紫胀起来，想一想，原来是自己把话说错了。

袭人用"我们"可能是无意，因为她平常和宝玉随便惯了，表面看没什么不妥，但是听了晴雯的奚落后，她马上意识到是自己把话说错了。袭人和晴雯本来地位一样，但因袭人已经和宝玉有了男女之事，她自以"花大奶奶"（麝月语）自居，指望着有朝一日能成为姨太太，晴雯对此一直耿耿于怀。"我们"和"咱们"虽然都是第一人称复数，但在古白话里（包括现代汉语）又有所不同："我们"排除听话人一方，只包含说话人一方，是一种排除式；"咱们"是包括说话人和听话人双方在内的，是一种包括式。曹雪芹巧妙利用"咱们"和"我们"的细微差别，借袭人之口无意中流露出她以怡红院半个女主人自居的优越感和野心，终于让晴雯又火又醋。晴雯连续两次责问"那里就称起'我们'来了"，可见"我们"表达出的袭人的优越感对她刺激之深、刺激之痛，其愤怒和嫉妒可想而知。一个"我们"，让我们看到了贵族家庭里奴仆们生存的艰辛与悲凉,小人物之间复杂而紧张的人际关系:算计与争斗,得意与辛酸,攀附与失落。

二、还原法

文本中总会有一些充满矛盾的地方需要我们去"化解",也有一些包含着无限深意的空白之处需要我们去"填充",这就是细读文学文本的"还原法"。

1. 还原矛盾

孙绍振先生认为,要进入作品深层加以分析,就要从天衣无缝的作品中找出差异,揭示出矛盾,提出问题。没有矛盾,就不能提出问题,也就不能揭示差异。有些矛盾在文本中潜藏得很深,需要有较深厚的文化积淀和文本细读经验的积累,这正是我们需要努力的一个方向,但也有一些文本中明显的矛盾或是隐藏得不那么深的矛盾,需要我们有敏锐的细读意识和眼光,"化解"了矛盾就是还原了矛盾,对文本的理解就更进了一步。要想深刻认识作品中的人物,往往也要借助还原法,否则就会被一些虚浮的表象遮蔽。欣赏《雷雨》,人们往往存在这样一种美丽的想象(或者是善良的愿望):如果四凤和周萍能够顺利远走天涯,一定能过上幸福的生活!事实会如此吗?没有走进文本,就会做出错误的回答。周萍是一个什么样的人?他的人品决定了一切结果。对此,我们不妨借助作品来进行还原。

先从周萍的"人生导师"周朴园谈起。

周朴园是周萍的亲生父亲,生活的监护人,人格的塑造者,命运的主宰者。周朴园这个带有浓厚封建色彩的资产阶级人物在半封建半殖民地的旧中国是富有代表性和典型意义的。在家庭中,他君临一切,简直像一个暴君,为了显示自己的封建家长的威严,他的意见就成了法律,任何人都不得违抗。他逼得繁漪这个失去幸福和爱情的女子陷入痛苦的深渊,又把她当作神经病来治疗……周朴园并且在极力地维护这个自以为最圆满、最有秩序的家庭。周萍从乡下回来后,对严厉、专制、冷酷的父亲有一种本能的恐惧与疏远,他苍白、怯懦、空虚、脆弱,他需要爱的抚慰、理解和倾诉,那颗敏感而脆弱的心渴望"贝亚德丽采"的亲抚。

周萍在这样一个令人窒息、压抑的家庭中遇到了同样不满周朴园的专制,同样孤独寂寞、渴望真情的蘩漪。两个天涯沦落人一拍即合,迸发出叛逆的爱火。蘩漪追述的"你说你恨你父亲,你愿他死,就是犯了灭伦的罪也干",既是周萍的巧言诱语,也是他的激情宣言。这是他固有的"蛮性"和后天"文明"的尖锐冲突,是他内心的激情欲望和理智道德的正面交锋,两股力量相互消长。他痛苦焦灼、不得其所,甚而羡慕无所顾忌、敢做坏事而心安理得的鲁贵,佩服景仰"模范市民家长"的父亲。

再看周萍在与蘩漪畸形恋爱中的表现。

周萍从蘩漪那儿得到的是他从小就缺乏的母爱、姐姐对心爱的弟弟的爱以及一个成熟女性对一个冲动少年的性爱启蒙。对于在"井底"苦苦挣扎的蘩漪而言,她获得了青春活力,甚至获得了自救的希望。蘩漪是个最令人怜悯的女人,她不悔改,她如一匹执拗的马,毫不犹豫地踏着艰难的老道向前,她抓住了周萍不放手,想重新拾起一堆破碎的梦而救出自己,但这条路也引向死亡,她的生命燃到电火一样的炽热,也如电火一样的短促。而周萍在最初的火光闪现之后就开始了爱的逃避,他觉得这样做是卑鄙可耻的,像老鼠在狮子睡着的时候偷咬一口的行为,同时如同一切好内省而又冲动的人,在他的直觉过去理智回来的时候,他更刻毒地恨自己,更深地觉得这是反人性,一切的犯了罪的痛苦都牵到自己身上。事实上,他很少或者根本没有想到是他引诱了蘩漪,这只要听听他在蘩漪面前所说过的一番话"我后悔,我认为我生平做错一件大事。我对不起自己,对不起弟弟,更对不起父亲"就可以明白。"但是最对不起的人有一个,你反而轻轻地忘了……你最对不起的是我,是你曾经引诱过的后母!"蘩漪终于明白,周萍不是简简单单的喜新厌旧,而是感情上的分道扬镳。

最后看四凤在周萍心中的分量。

如果说代表了上层的雕琢与成熟的蘩漪必然被周萍抛弃,那么代表着底层的质朴与鲜活的四凤是否命运要好些呢?"要把自己拯救起来",周萍需要寻找另一个女子来完成情感的转移,他抓住富有青春活力的四凤,想用她的"新鲜""清朗"来洗涤自我,救助"自己心内的残疾"。当然,周萍自己明白"这次的爱不只是为求自己心灵的药,他还有一个地方是渴"。在

第三章　细读文本的方式

《雷雨》那郁闷酷热的环境中,面对生命饥渴,周萍做了最惨烈的挣扎。虽然四凤是个没有文化、身份低下的婢女,与他没有多少感情共鸣,但周萍心中那股原始的力量迫切需要寻找宣泄的途径和对象。他抛却门当户对的大家闺秀及上流社会的交际名媛等多种选择,摈弃门第之见疯狂地追求四凤,也许是心地单纯的四凤对他的崇拜使他没有丝毫压抑,找到了做男人的尊严;也许是血缘的至亲之间有着微妙的心灵感应,酷似母亲的四凤冥冥中给了他一种久违了的亲近感和隐约的安全感。于是,他无视二人身份地位的悬殊、门第的隔阂,一意将四凤当作"心中的太阳","就把生命交给了这个女孩子"。周萍口口声声说"我死了那是我的福气……我恨活着……",他想尽办法背离乱伦,殊不知又陷入新的乱伦,双重的乱伦,宿命的罪孽,徒劳的挣扎。周萍是个无辜者,茫茫然被命运之手左右,陷入一重又一重泥淖而无法自拔。

周萍可能是爱四凤的,但他们的悲剧也是必然的。即使没有乱伦,他也不过像他父亲当年一样爱上丫头,最后却为了门第相当而改娶大户人家的小姐。这里可能有爱的割舍,却没有道德的重压。在周萍的潜意识中,爱四凤是心灵自我救赎的一种途径。他想借此摆脱一个错爱对象的纠缠,借此逃避一次错爱经历对自己心灵的折磨,急于回到"道德"的轨道上来。当四凤不能了解也不能安慰他的疚伤的时候,便不由自主地纵于酒,于热烈地狂歌,于一切外面的刺激之中。于是他精神颓衰,脸上永远是不安定的神情。四凤问他:"你为什么不带我去?"周萍从未真正想过这个问题,因为他并没有想过对她负责。两年未回家的父亲回来了,他感到恐惧。繁漪执着地抓着他,他只想逃,不顾一切地逃。他继承了周朴园的精神衣钵,早已失去了爱的能力,和新生一代鲁大海、周冲及四凤相比,显得格外不同。青年未必都是革命的,周萍是一个精神上已经死亡的男人。两个女人都把命运交给他,指望他来拯救,这本身就是一个极大的悲哀,其结果只能是如繁漪所言,"我恨着我早没有知道你"。四凤是灰姑娘,可惜周萍不是能让她过上幸福生活的王子。

周萍对父亲的内疚和归顺,表面上是源于对乱伦的恐惧,深层原因却是父亲所代表的旧统治秩序、生活方式对他的威压与诱惑。由此看来,周朴园不仅是周萍的生身父亲,还是周萍的精神导师。我们不妨再结合吃药那一场戏来看看周萍的表现。繁漪反复声明"不愿喝这种苦东西",周朴园不予理睬;繁漪想等一会儿再喝,周朴园不允许等待;周朴园硬逼周冲劝母亲当面喝下去,又喝令周萍跪着劝母亲,用"夫权"和"孝道"这双重的伦理枷锁迫使繁漪就范,要繁漪为孩子们做个"服从的榜样"。此时的喝药不再是为了所谓的治病,实质是维护家庭的封建秩序和周朴园的家长尊严。令人没有想到的是,在弟弟周冲都"气得发抖"的情况下,最先妥协并忠诚维护周朴园的竟然是周萍。他规劝周冲"听父亲的话吧,父亲的脾气你是知道的"——让周冲服从;在父亲的威吓下,他以下跪来逼繁漪喝药。当周冲提出拿自己的学费帮助别人(四凤),周朴园尚且不会答应,他又怎能让周萍娶回一个"下等女人"有辱门户?再者,难道乱伦关系不比娶回一个"下等女人"更能威胁这个"最圆满,最有秩序"家庭的社会地位?不难想象,这样一个"懦弱、无能、无行动感"(在对待鲁大海的态度上,还表现出凶狠与卑怯)的人在"冷酷、专制、暴戾"的周朴园提出让他娶某名门小姐为妻时,他会拒绝吗?绝对不会。同时,我们更不会忘记,周萍当初爱上四凤是出于什么样的动机——"现在他不得不爱四凤了,他要死心塌地地爱她,他想这样忘了自己。"法国哲学家帕斯卡曾惊叹于人类现实生活的矛盾:"人是怎样一种怪诞的东西啊!是怎样的奇特、怎样的怪异、怎样的混乱、怎样的矛盾主体、怎样的奇怪啊!既是一切事物的审判官,又是地上的蠢材;既是真理的储藏所,又是不确定与错误的渊薮;是宇宙的光荣与垃圾。"周萍便是浮萍,浮浮沉沉,随波逐流,无法掌握自己的命运。四凤与周冲的意外身亡,令他再也无法面对现实,命运的反复捉弄,俄狄浦斯情结发展到了最后一步,他连活下去的勇气都没有了,只有将自己更远地放逐。

四凤在爱情上的悲剧,除了血缘人伦的阻碍,更深层的是周萍人性的肤浅与卑劣,缺乏对女性深沉的爱与尊重。周萍是被命运嘲弄的弃儿,是一个活着的死人,他和四凤的相遇只能说从一开始就注定是一个悲剧。别林斯基在谈到戏剧的特点时,曾经这样说:在这里"每个人物都追求自己的目的,并且只为自己而行动,从而不自觉地促成这出戏的这个事件"。《雷雨》中表现出来的人物和事件,是别林斯基这个观点的最佳注脚。

2. 还原空白

文学文本的特性,使文本对读者来说成了一个多层次的不确定的意义框架,它会留有许多的"空白点",这些空白形成一个个"召唤结构",向读者发出邀请,运用自己的经验和理解对此做出解释,还原空白。

柳永的《八声甘州》,起句"对潇潇暮雨洒江天,一番洗清秋",笔势舒张,词境开阔。起首"对"字,结构上充当领字,内容上充满张力。"对"前主语的省略,留下了一个语言空白,形成一个召唤结构,引导读者"感情移入""设身处地",使读者感觉"潇潇暮雨洒江天,一番洗清秋"之景为自己所对——暮雨洗涤的清澄、江天营造的博大、情随境生的苍凉似能扑面而来,带来心灵的震撼和激荡,这类似于镜头的正拍。事实上,"对"景者应为词人,或者说是词人化身为文本中的游子,这时读者把镜头拉远,将会看到另一幅画面——远方游子茕茕孑立于高楼望着凄寒的江天。画面的色调并不丰富却富含人的灵性和大自然的物性,这类似于镜头的侧拍。读者对江天,词人对江天,读者看"词人对江天",仅仅以"对"字,完成了作者、文本、读者的三方反复互动。

从标点符号留下的空白中也能细读出无限深意。《为了忘却的纪念》中,鲁迅在写到自己获知柔石等青年作家惨遭反动派杀害的消息时,这样说:

但忽然得到一个可靠的消息,说柔石和其他二三十人,已于二月七日夜或八日晨,在龙华警备司令部被枪毙了。他的身上中了十弹。

原来如此!……

"原来如此"四个字和一个惊叹号、一个省略号组合在一起,独立为段,形成了一组空白意义。鲁迅这样空白化的处理颇有深意。"原来"指什么?"如此"又指什么?这个短语有种张力:原来反动派竟卑劣凶残无耻到如此地步。一个"此"字大有描绘出鲁迅知道真相后怒发冲冠之态势,而这其实也在鲁迅的意料之中,反动派是什么手段都使得出来的啊,没想到却真的应验了!既惊愕又悲愤,惊叹号用在此处正是作者愤怒与震惊的写照。后面紧接着出现的省略号,更是一个巨大的空白,蕴含了许多难以尽述的愤怒、仇恨和对死者的思念痛悼之情,也留下了对于中国现实的更多思考。再看《林教头风雪山神庙》结尾处一个细节:

> 林冲举手,胳察的一枪,先戳倒管营。陆虞候叫声饶命,吓的慌了手脚,走不动。那富安走不到十来步,被林冲赶上,后心只一枪,又戳倒了。翻身回来,陆虞候却才行的三四步。林冲喝声道:"好贼!你待那里去?"批胸只一提,丢翻在雪地上,把枪搠在地里,用脚踏住胸脯,身边取出那口刀来,便去陆谦脸上阁着,喝道:"泼贼!我自来又和你无什么冤仇,你如何这等害我!正是:'杀人可恕,情理难容。'"陆虞候告道:"不干小人事,太尉差遣,不敢不来。"林冲骂道:"奸贼,我与你自幼相交,今日倒来害我,怎不干你事!且吃我一刀。"

在这里,林冲用长短不同的两种兵器来杀死他的仇人。对于两位帮凶,他用长兵器刺杀了他们,一方面因为对方急于逃走,他用长兵器更容易赶上凶手。更重要的是,长兵器延展出一段距离,使他并不需要逼近对方,更不需要与之交谈。而当他用短兵器朴刀来对付陆谦时,他与陆谦靠得那么近。因为他与陆谦从小是朋友关系,他需要这样逼近对方,来问个究竟。我们可以说,两种兵器比划出的空间距离,对应着两种人际关系。但这样近乎机械的对应,也许只是一种偶然。关键在于,使用这两种兵器时林冲的不同态度,将一种非理性的报仇行为做了类别的细分,与默不作声中杀死管营和富安相对照的是,林冲杀陆谦的过程被拉长了,还插进他有关"情理难容"的两段说辞及陆谦的辩解。正是这种面对面的责问和辩解,给杀人的非理性行为抹上了一层理性的色彩。对于陆谦,林冲不但要在肉体上消灭他,也要在情理上驳倒他。这种驳倒,也意味着林冲要给自己杀死作为朋友的陆谦一个充分理由。

刘再复说林冲是一百零八将中唯一一个具有正常生命感觉的人。的确,作为八十万禁军枪棒教头,尽管对其背景和履历缺乏更多交代,但据有限的信息,读者也能看出林冲有着正常的生活追求,有道德意识,有理性自制力,总之是个有底线意识和规则意识的人。有人说林冲此前的忍让是一种懦弱,其实应该是一个"承平日久"的正常人在意想不到的灾难面前的正常反应。他太在意自己的生活状态与社会地位,对丑恶势力太缺乏清醒的认知与判断,一厢情愿地希望靠忍气吞声与示弱来维护自己的人生。这样的人,即便到了不得不突破底线去杀人的地步,他也要为自己寻找充分和合理的理由,他动手前的"责问和辩解",显然不是为了让陆谦死个瞑目,而是为了确证自己杀戮的合法性与道德上的合理性,于此,林冲的心理逻辑与性格逻辑就前后呼应了。一个细节的解读,关涉的不仅是一个词句的内涵或一个细节的寓意,更多的是对人物的体察与对生命的参悟。

三、比较法

著名教育家乌申斯基说:"比较是一切理解或思维的基础,我们正是通过比较来了解世界上的一切。"比较是细读文本的一条简捷的通道,有比较才有鉴别,才能引发思考。文本中的比较范围是很广泛的,可以比较语言、句式、标点等。

不同文本中的人物比较可以让学生在细读文本的过程中体会到人物形象的饱满度,加深对人物的理解,同时也加深对文本主题的理解。比如《祝福》中,如果把祥林嫂与同是鲁迅笔下的孔乙己比较,会发现鲁迅的作品写了很多病态的中国人,包括中年闰土、孔乙己和祥林嫂等。孔乙己的死与祥林嫂的死有惊人的相似,虽然一个是读书人,一个是没有文化的农村妇女,但他们都是被人歧视和嘲笑的对象。孔乙己到了酒店,"店内外充满了快活的气氛","孔乙己是这样的使人快活,可是没有他,别人也便这么过",他唯一给大家带来的快乐就是取笑他。最后,这两个人都不明不白地死了。这样的比较学习,就不仅仅是在学《祝福》这一篇课文,而是贯通了鲁迅的精神和他笔下众多的中国人的生存面貌。

同一题材出现在不同的文本中,屡见不鲜。最司空见惯的,是关于月亮的意象,古人笔下的月亮数不胜数、美不胜收:张若虚的"愿逐月华流照君",李白的"举头望明月",王昌龄的"秦时明月汉时关",刘禹锡的"淮水东边旧时月",苏轼的"明月几时有"……有时候同一个诗人描写的同一个意象,在他创作的早晚期,也会有很大的不同。抓住这些不同,并加以比较,是引导学生深入文本的开始。

四、变形法

这里的变形法,是指由于文本形式的夸张或变异,让细读无法找到切入点和矛盾之处,无从下手之时,改变文本文字的形式和排列,或重新断句,或改变字词顺序,或增字减字,以达到拨云见日之效果,是细读的有效辅助方法。

毛泽东《送瘟神》里的"华佗无奈小虫何"一句,一般的切分是"华佗/无奈/小虫/何",是一个简单句,也有人切分为"华佗/无/奈/小虫/何",这就成了两个短句。前一种切分的意思是华佗对血吸虫也没有办法,后一种切分的意思是只因为没有华佗这样的神医,所以才无法消灭血吸虫。在文言文的教学中,类似这样因为断句的不同而导致意思迥异的例子更是不在少数,有时候成为影响学生理解文本的重要障碍。教会学生断句变形的手法,是提高文言文教学质量的关键因素。柳永千古传唱的名句"今宵酒醒何处?杨柳岸晓风残月",孙绍振提出过这样的细读建议:如果把"今宵酒醒何处"换成"昨夜酒醉何处",一系列的矛盾或差异就会显现,会比较好分析。酒醒是酒醉的结果,没有醉就没有醒,这里是故意把酒醉省略,醉了一夜后天都亮了,可是醒来之后却还迷迷糊糊,不知身在"何处",可见酒之酣。为什么醉成这样?原来是要离别,而且作者醉酒全无狼狈之感,只有晓风残月,把醉汉醉酒转化为画面,可见感情多么深厚,心态多么自如。当然还有很多其他的变形方式,比如调换字词顺序,有一句古典诗词是"碧梧栖老凤凰枝",刚开始的时候确实让人颇费脑筋,也难以解释它的含义,把字词顺序变换为"凤凰栖老碧梧枝",一下子就恍然大悟,才能开始去细读这首诗。辛弃疾《西江月·夜行黄沙道中》的"明月别枝惊鹊,清风半夜鸣蝉"两句,正常语序应该是"明月惊鹊(栖)别枝,清风(逗)蝉半夜鸣","稻花香里说丰年,听取蛙声一片"正常语序应是"听取稻花香里蛙声一片,说丰年"。这种词语错位的诗句,传达出了词人所见所闻产生的奇妙感觉,以及由此引起的联想。

五、入境法

叶圣陶先生说,阅读要"潜心会本文,入境始与亲"。鲁迅有言:"把自己放进去。"教师要引导学生走进课文、走进人物的心中,就要引导学生凭借语言文字描写的内容,借助于自己的想象、联想,产生身临其境之感,并且设身处地地想一想,如果你是文中的"他",你会怎么说、怎么做。只有这样,才能细腻、深入、真切地感知文本,更好地体会文中人物微妙的感受、心理的变化、情感的起伏。

比如小说《故乡》一文中,写到"我"回到阔别了二十余年的故乡,见到了少年时代的好友,兴奋地喊道:"啊!闰土哥,——你来了?……"可"我"分明听到的是一声恭敬的"老爷"。分析到此,笔者让学生把自己放进小说中去,想象并思考那时那景中,"我"的感想会如何呢?经过独立思考和小组讨论,一学生说了下面这段话:

耳听一声刺耳的"老爷",看着昔日的伙伴眼前却饥寒交迫的闰土,我的心被深深地刺了一下,我多想对闰土说:"闰土啊,闰土,你还记得从前吗?皎洁的月光下,我们一起捉猹;冰天雪地上,我们共同捕鸟;在海边,我们一起看海;在沙滩上,我们一同拾贝壳,看跳鱼儿跳。一切的一切,我还是记得清清楚楚,记得那时健康活泼的你,记得那个把友谊放在第一的你,记得那个我视为最好伙伴的你。今天,我多想听你喊我一声'迅哥儿',可你却分明喊了我一声'老爷';我多想再次和你谈谈儿时的乐趣,可你却拉着水生要他向我下跪。你变了,你的人、你的心、你的一切都变了。闰土哥,你怎么了?"

其他同学的回答也都有着自己的理解和想象,有着自己的思考,情真意切,非常感人,课堂气氛比较活跃,几个平时不常发言的学生也举手发言了,真是出乎意料。由此可见,文本细读,若能借助于想象、联想,投入情境,就会真切地感受到"文本所蕴涵的丰富的内涵"。

六、评点法

评点,即批评或批注,是读者对阅读材料有所思、有所感,用文字或符号将思考的结果或感悟的内容及时记录下来的一种方法。

评点,一般直接写在书页的天头、地脚和文本文字旁边,是读者与文本对话、与作者对话的一种解读文本的重要方式。评点式文本细读主要有两种方式:

1. 直接评点文本语言

让学生在阅读过程中,把自己的阅读感受直接写在书页上。比如有的老师运用评点式阅读法教学老舍散文《想北平》。他在课上让学生评点课文标题"想北平",结果学生做出了精彩的评点。

生1:身在他乡。

生2:什么样的北平,竟让作者如此魂牵梦萦?

生3:是"想",而不是"写"。"想"是纯粹个人的感受,饱含着作者对北平的眷恋和思念。

生4:"想北平",不是"说北平",说明作者对北平的感情是说不出的……

学生在这样的评点式细读中深入作者的情感世界,这是任何教师的讲解都无法达到的。

2. 借助前人的评点细读文本语言

许多经典名著名篇都有经典批注,如脂砚斋批注《红楼梦》、金圣叹批注《水浒传》、毛宗岗批注《三国演义》、裴松之批注《三国志》等,教师善于利用这些前人的批注能有效地促进学生的文本细读。笔者在教学《林黛玉进贾府》时利用脂批引导学生细读,取得了良好的效果。当林黛玉进入东廊三间小正房内,"因见挨炕一溜三张椅子上,也搭着半旧的弹墨椅袱",脂砚斋在"半旧的"三字旁有侧批"三字有神。此处则一色旧的,可知前正室中亦非家常之用度也。可笑近之小说中,不论何处,则曰商彝周鼎、绣幕珠帘、孔雀屏、芙蓉褥等样字眼"。笔者引导学生沿着脂批"此处则一色旧的"寻找原句中的关键词"也",进而寻找此处别的"半旧的"的物件,学生马上从原文中找出"半旧的青缎靠背引枕"和"半旧的青缎靠背坐褥",然后思考"半旧的"三字"神"在何处。学生讨论后明确"全新是暴发户形象,全旧则是破落户形象,独独半旧显出贾府的富贵之久长,暗示了贾府富贵的渊源,同时也暗示了贾府将走向衰败,因为盛极之后是死亡"。通过这一段侧批还可让学生体会到曹雪芹的语言功力。评点能够让学生直接面对文本,贴着语言的幽径直抵文本深处。

通过前人的评点细读文本语言,这种方法在诗歌教学中运用得最为广泛。如鉴赏宋祁的词《玉楼春》时,教师一般都会用王国维《人间词话》中对此词的评点进行教学。王国维在《人间词话》中评论说:"著一'闹'字而境界全出。"教师利用这一评点,运用恰当的方法,可以让学生在"闹"中品味出春日万物争喧的蓬勃生机;在教学《山居秋暝》时,则常常利用苏轼对王维诗的评价"味摩诘之诗,诗中有画",让学生品味"明月松间照,清泉石上流"的绘画美和意境美。

七、改写法

语言的模糊性、多义性和不确定性决定了文学的"言外之意""意外之象"常常是无法用语言表达的,尤其是诗歌。这时,进行改写,能够促进学生细读文本,体会语言的丰富内涵,真切地感受诗歌的意境和诗人微妙复杂的情感。如《雨霖铃》,诗人想象"杨柳岸晓风残月"的意境之美和离情之苦,教师任何言语的传达都是煞风景的。于是,笔者让学生展开合理的想象,描述这一诗句所表现的意境。有学生这样描述:"江风阵阵,晓寒侵人。诗人睁开迷蒙的双眼,只见一轮残月孤零零地挂在微明的西天;江边,垂柳翩跹,正诉离情苦;江上孤舟,美人不再,独自泪流无人语。"在改写过程中,学生充分调动自己的想象和情感体验,主动走进文本深处,创造性地建构起文本意义,这样,也就实现了阅读教学的课程目标。

阅读教学中文本细读的方法还有很多,只要教师抓住文本细读的关键点,运用合适的方法,引导学生亲近文本,涵泳语言,一定能够让学生贴着语言的幽径,走进文本深处与作者对话,从而主动地、富有创意地建构文本意义,进而建构起学生个体的心灵空间。需要注意的是,在文本细读过程中不可能单一地运用一种细读的方法,根据阅读文本的不同,也许是以一种方式方法为主,辅以其他的方式方法,这就要求教师根据自身的教学设计以及具体文本酌情而定,切不可机械固化,照本宣科。

第四章 细读教学的策略

阅读教学作为一种特殊的文本细读实践,是教师、学生共同参与的活动,而它又不同于单纯的个体解读活动。学生作为解读主体的读解活动,是在课堂组织者、引导者——教师的指导下完成的;作为教师,如何尊重个体解读文本的心理机制,如何创设情境促成学生个体对文本更好的理解、领会,如何获得更高层次的言语实践能力的提高,这比单纯的解读活动要复杂得多。语文教师到底应该如何从事课堂教学的实践,我们不可能面面俱到地探讨,但是从宏观的角度而言,还是有一些最基本的规范需要遵守的。

第一节 文言文细读教学策略

"文言"是"文"和"言"的结合体。"文"是古人通过"言"表达出的对生活和生命的思考,是古人的智慧、民族的文化;"言"就是古代汉语。我们学习文言文,不仅仅是为了学习一点古汉语知识,学习古人的作文之法,而是通过文言文学习人生智慧,让文言文融入我们的血液中去。

一、提升教师文言文水平,让教师具备古文细读的能力

一般而言,当今中学语文教师都经过严格的科班训练,出身中文系,因此知识储备并不缺乏,之所以造成古文水平的倒退,根本原因在于工作之

后,其阅读面仅限于教材,很少能够旁及其他,造成古文水平的降低。一部分教师,尤其是刚刚踏上岗位的青年教师,往往因为自身文化修养的问题,无法引导学生正确地运用"文本细读"法对文言文进行深入的解读。相比现代文,文言文的教学对教师自身的要求更高。因为只有在教师本身拥有渊博学识和丰富文化底蕴的情况下,他才能凭借自己对古代文化与历史的了解来引导学生。但令人遗憾的是,一部分语文教师由于阅读量少、阅读面狭窄或阅读品味不高等原因,教学有关文言文的古代文化知识时就显得捉襟见肘。面对学生的提问,这些教师往往底气不足,哪里还敢多讲一点课本上没有的知识呢?如果教师不提高自己的文学修养和文化修养,又拿什么去感染学生,并对他们进行审美的熏陶呢?因此,中学语文教师必须扩大文言文阅读面,同时提倡教师学习写作文言文。学习写作文言文,首先便是一个模拟文言文的过程,自古及今的大作家都从模拟入手,唯有具备创作的体验,方能对文言文的遣词造句、章法句法有一个更为清晰的了解。特级教师曹勇军在这方面是一个值得学习的榜样。

二、以"言"探"文","文""言"并重

我们在教学中往往有这样一种现象,在解决疑难字、词、句之后,顺便提示一下文章的意境与风格,或者在解决字词、要求学生翻译之后,就算完成了文言文教学任务。造成这种现象的原因可能是教学时间不足,只是为了完成单位时间内的工作量,再加上现有考试要求也轻视文章风神的分析,因此就将文章的文学解读置之不理了。笔者认为,我们必须确立一个观念,那就是语言教学与文学教学必须并重,否则便是腰斩经典作品的学习,只得"言"之皮毛,失却了"文"的精髓。我们在教学中,教授诗词、现代文之意境、情趣的做法都应施之于文言文。尤其值得我们注意的是,选入教材的文言文,多是历代经典之作,如《鸿门宴》《过秦论》《苏武传》《归去来兮辞》《陈情表》《赤壁赋》等,都是需要细细揣摩的。在阅读古代文学作品的时候,虽有许多难以迈过的障碍,但是不能因噎废食,一定要找到突破点迎难而上,最终方能体会到"柳暗花明又一村"的满足与喜悦。字词是我们阅读文言文的敲门砖,是探索文学丰富韵味殿堂的钥匙。请看笔者执教

《烛之武退秦师》的一段课堂实录：

师：同学们，请看第一段，我们觉得秦晋攻打郑国的原因是什么呢？

学生1：原因有二，第一"无礼于晋"，第二"且贰于楚"。

师：回答正确。那如果用书中的一个字概括会是哪一个字呢？

（学生面面相觑，有同学大声说"贰"。全班同学笑）

师：真理最终属于敢讲真话的人啊。是的，就是"贰"。那么为什么会是"贰"呢？

（全班学生由大笑转入沉思）

师：小组之间可以讨论，再派代表发言。

学生2：从第一段两个围郑的理由看，秦国属于"师出无名""不义之战"，是被利益驱使，想利用晋国获得更多的土地，为下文烛之武不费一兵一卒而退秦师做铺垫。

师：回答得不错。这说明什么呀？秦国攻打郑国是有贰心的，是为利益所动，当有更大的利益摆在眼前时，必会见风使舵，见利忘义。还有哪个小组有自己的看法？

学生3：晋国也是有贰心的，本来只是晋国和郑国有点矛盾，但是它邀请秦国合作，它是想使利益最大化，先消灭弱小的郑国，再来对付秦国。这为下文"亦去之"埋下伏笔。

师：（鼓掌）同学们的分析都很深刻。我们抓住"贰"字，就能找到解读此文的密码。俗话说"兄弟同心，其利断金"，这样两个各怀私心、都有贰心、自私自利的国家又怎么可能会协力做成一件事儿呢！

三、在教学过程中，教会学生审读题目

无论是编者（有古之编者，有今之编者）所加，还是撰者自拟，文言文的题目都较现代文更为精粹，体味其中的关键字词，尤其能察觉出其中的主旨来。以《邹忌讽齐王纳谏》为例，"讽"字尤为重要。所谓"讽"，是指通过暗示、举例的方法表达自己的意见，唯如此，方能理清全文的层次，否则我

们无法感知文章何以层层深入的。再如《赤壁赋》，我们在一般教学中，大都强调"赤壁"的历史典故，但很少能将"赋"字点透。赋是一种特殊的文体，凡为赋者，其题目一般都是标出某某赋来，这是赋与其他文学样式的不同之处。赋主要是一种铺陈的文体，苏轼本是诗词大家，而唐宋以来盛行的文体又是诗歌，苏轼为何选择赋体呢？《西京杂记》卷二载司马相如论曰："赋家之心，苞括宇宙，总览人物。"清人刘熙载《艺概·赋概》尝言："赋起于情事杂沓，诗不能驭，故为赋以铺陈之。"由此可知，创作"赋"时，作者的心情已非诗词所能包容，故借赋抒怀。如能审一审文体，我们可能对《赤壁赋》中体现出来的一种天人和合、潇洒淡然的情境会有更深一层的理解。

四、强调朗诵的作用，体会其中章法、句法的变化

与诗词相比，文言文阅读的难度极大，且其句式又变化多端。文言文的句式变化不一，既可以全为散句，又可全用骈文，连用三言，连用四言，也无不可，如果我们多多朗读，会逐步体会到其中的文学意味，毕竟中国传统文学重视文章尤甚于诗词。在朗读过程中，需要细细品读其中虚词的作用。文言文多虚词，这是诗词无法比拟的。诗词句式短小，所用虚词较少，而古代的散文、骈文、骚赋等体，其意味深长的韵味，很多时候需要通过虚词呈现，因此虚词之用法与功效不可忽视。

五、整合"言"与"文"的教学，品味词句的佳妙

文言文，首先是"文"，而不是词句的任意堆砌。文章是作者的思想情感、道德评价、文化素养、审美趣味等的集成块，是一个活的整体，而不是各种语言材料的"堆积物"。文章语言之所以值得揣摩咀嚼，因为它是作者思想感情等的载体，如果只着眼于词句本身的学习，而忽视甚至舍弃了它所承载的内容，那可就成了"买椟还珠"，结果必然连语言本身也不可能真正学好。把文言文当成"文"来教，就要遵循教读文章的一般规律，处理好词句和文章的整体关系，这不仅是学习文章的需要，也是更好地理解文言词句的需要。

我们提出要对课文文句等进行鉴赏,但并非说今天的文言文教学可以抛弃字词方面的"言"的教学而大谈特谈"文"的鉴赏,最好的办法是彻底改变过去将字词教学与鉴赏教学割裂的做法,将古汉语知识的教学与文学鉴赏教学相整合。如《鸿门宴》一文中,当项羽听到曹无伤告密"沛公欲王关中"时,便大怒道:"旦日飨士卒,为击破沛公军。"一个"为"字,可以提供给我们丰富的信息、深刻的内涵。如果仅仅着眼于字词积累的角度来学习这个"为"字,我们只能了解到"为"在文中作介词用,读成wèi(阳平),意思是"替、给"。我们若从鉴赏人物性格的角度出发来品读这一"为"字,便可读出句中"为"字的力度、气势,品悟到项王的那种"霸王之气""藐视气度",一个"为"字其实就是太史公的神来之笔的很好体现。不注意这种"不着一字"而"霸气"十足的神韵,就难以深刻理解鸿门宴上项王不顾范增多次暗示,而终于不杀刘邦的深层心理动因,还真以为宴会上项王不杀刘邦是"为人不忍"呢。因此,文言文教学过程中,若能引导学生一起品味一些富有表现力的字词,在鉴赏字词本身妙处的同时掌握字词的含义,将会给我们的课堂带来无限的生气,提高学生学习文言文的乐趣。

钱梦龙老师在文言文教学上给我们提供了一个很好的范例,下面让我们来欣赏他教授《愚公移山》的一段教学实录:

师:前面的问题解决了,下面再看看,这个寓言写了一件什么事?
生:(齐声)移山。
师:这件事做起来难吗?从文章里找出句子来说明。
生:很难。文章里有"高万仞""方七百里"两句。"高万仞"就是很高的意思,"方七百里"就是方圆七百里。山又高又大,很难移。
师:说的真好。移山的任务越艰巨,就越能显示出人们不同的精神面貌。接下来根据人物表上出现的人物,来看看他们对待移山的态度。文章里有两个人讲的话差不多,你们看是谁啊?
生:愚公妻和智叟,他们的态度差不多。
师:差不多是吧。好,我们就先把他们两人的话一起读一遍,比较比较,看看两人的态度到底是不是一样。

（学生朗读）

师：想一想，他们的态度一样吗？

生：智叟讲愚公很笨，太不聪明了。愚公妻没有讲。

师：你再讲讲，智叟讲的这个句子是如何组织的？

生：倒装的。

师：那么不倒装怎么说呢？

生："汝之不惠甚矣"。

师：那你知道为什么要倒装的吗？

生：强调愚公的不聪明。

师：对，把"甚矣"提前，强调愚公不聪明到极点。这句话愚公的妻子是不讲的。这里有一点不同。我们再看看称谓，愚公妻称愚公什么？

生：（齐声）君。

师：那么，智叟称愚公——

生：（齐声）汝。

师：这两个词有区别吗？

生："君"表示尊敬，"汝"很不客气。

师：很好！我再把这个"汝"简单地讲一讲。长辈对小辈，地位高的人对地位低的人，一般用"汝"。平辈之间用"汝"，就有看不起的意思。智叟叫愚公为什么用"汝"啊？

生：智叟看不起愚公，因为他觉得愚公笨。

师：对，这是又一点不同。还有什么不同吗？

生：还有两句讲得不一样。愚公妻说："以君之力，曾不能损魁父之丘，如太行、王屋何？"智叟说："以残年余力，曾不能毁山之一毛，其如土石何？"

师：不一样在什么地方？

生：愚公妻说不能把小山怎么样；智叟说连山上一根"毛"都不能动，有点讽刺的意思。

……

《愚公移山》是钱老师一次借班上课时的名课。在这一教学课例中,我们看到了钱老师对文言文教学"高瞻远瞩"的姿态,他没有将教学的重点放在对课文字词的理解、句子的翻译上,而是放在对文中人物语言的咀嚼、鉴赏上,在品味语言的同时让学生掌握字词的含义,真正扣紧了作品特色的"亮点"处。钱老师的高妙正是将文言文"言"(字词)的教学与"文"的鉴赏的教学有机地结合在了一起。

第二节 古诗词细读教学策略

古诗词与文言文最大的不同在于古诗词一般都受固定的字数或格式的限制,无论是古体诗、近体诗还是具有固定词牌的词,它们的字数都是相对稳定的,在这样一个小小的空间里,作者要表达出无穷的意趣,其文学的精纯程度之高完全可以想见。众所周知,古典文学的教学不可一蹴而就,中学生年龄小、时间少,知识积累不足,对于古典文学文本的细读是存在一定难度的。这就尤其需要我们在教学过程中,对学生起到引导并加以初步训练的作用。

一、训练学生细致琢磨诗词情感

古文也可以用来抒情,但一般不受篇幅的限制,因此其情绪的宣泄较为充分,而诗词篇幅有限,不可能面面俱到,这也是诗词更适合表达个人感情的原因。同时,一般文人感情细腻,又慑于专制统治的压迫,一些抨击社会的作品写得极为隐晦。源于此,我们对中学生揣摩诗词情感的训练必须坚持一个原则,那就是"了解之同情"。陈寅恪在《冯友兰中国哲学史上册审查报告》中曾言:

凡著中国古代哲学史者,其对于古人之学说,应具了解之同情,方可下笔。盖古人著书立说,皆有所为而发。故其所处之环境,所受之背景,非完全明了,则其学说不易评论,而古代哲学家去今数千年,其时代之真相,极难推知。吾人今日可依据之材料,仅为当时所遗存最小之一部,欲藉此残余断片,以窥测其全部结构,必须备艺术家欣赏古代绘画雕刻之眼光及精神,然后古人立说之用意与对象,始可以真了解。所谓真了解者,必神游冥想,与立说之古人,处于同一境界,而对于其持论所以不得不如是之苦心孤诣,表一种之同情,始能批评其学说之是非得失,而无隔阂肤廓之论。否则数千年前之陈言旧说,与今日之情势迥殊,何一不可以可笑可怪目之乎?①

不惟对中国哲学史的处理需如此,对中国古典文学,尤其是小巧玲珑而又意境深远的诗词也应如此。中学生固然知识储备欠缺,但必须教育他们知道,教材中所选取的作品均是历史长河中经历无数次淘洗之后留下的经典之作。实际而言,古典诗词的选择,都有扎实的研究做基础,并非选编者的一时主观臆断,因此入选作品具有经典性。作品之所以经典,必须具备两个要点:一则直指人心,二则能够引起共鸣,其在内容上也以忧己伤世为主线,因此我们对古人的作品需要有一种了解之后的同情,在情感的酝酿上要与古人一致。正如朱熹所言,"却愁说到无言处,不信人间有古今"(《鹅湖寺和陆子寿》),这是我们在与古人做情感交流时必须注意的。

二、阅读经典作品,积累基本的诗词典故

这是进行诗词细读的必由环节,如果仅仅停留于诗歌显性的典故(如"庄生晓梦迷糊蝶,望帝春心托杜鹃"等)上,而不能从诗歌貌似寻常的用语中去发掘隐性的典故,对于经典细读来讲,无疑会是很大的遗憾。对语文学习者来说,有两本著作应作为必读书籍,一是蘅塘退士(孙洙)选、陈婉俊注释的《唐诗三百首》,一是朱祖谋选、唐圭璋笺注的《宋词三百首》。这两部书都是选本,认真选取了唐诗、宋词中最为经典的作品。这里的"经典"虽只是选家的眼光,但基本反映了历代文人墨客对它们的认识与认同,因此这也是孙选唐诗与朱选宋词能够广为流传的原因。读这两本书,一定

---

① 陈寅恪.金明馆丛稿二编[M].北京:生活·读书·新知三联书店,2001:279.

要读其中的注释,只有读了注释,才能积累细读诗词的基本知识素养。两位选家都是十分严肃的学者,而注释者学问亦为上乘,其中有丰富的典故可以供我们学习。更为重要的是,两种注释简明扼要,篇幅不长,可以保证学习的时间。阅读经典及其注释,是进行诗词细读的必由之路。当年黄侃开示众弟子曾言"八部书外皆狗屁",即要学生熟读、精读、细读《毛诗》《左传》《周礼》《说文解字》《广韵》《史记》《汉书》和《昭明文选》的正文及其注释。我们深知,读书不读注,几乎等于白读,这一点对于中学教育也是具有重要启示意义的。

前人的作品为后代作家的创作开拓了道路,后人总是踏着前人的足迹继续前进。下面以纳兰性德《木兰词·拟古决绝词柬友》为例,谈谈典故在抒情达意方面的作用。

人生若只如初见,何事秋风悲画扇。等闲变却故人心,却道故人心易变。 骊山语罢清宵半,泪雨霖铃终不怨。何如薄幸锦衣郎,比翼连枝当日愿!

这首词第一句"人生若只如初见"是整首词里最平淡又是感情最强烈的一句,一段感情,如果在人的心里分量足够重的话,那么无论他以后经历了哪些变故,初见的一刹那,永远是清晰难以忘怀的。这个"初见",一下子就把词情拽回到初恋的美好记忆中去了。下面借用典故来抒情,显得更加蕴藉。"何事秋风悲画扇"一句用汉朝班婕妤被弃的典故。扇子在夏天能驱走炎热,到了秋天就没人理睬了,古典诗词多用秋扇来比喻被冷落的女性。这里是说本应当相亲相爱,却成了相离相弃,将词情从美好的回忆又一下子拽到残酷的现实当中。因为此词是模拟女性的口吻写的,所以"等闲变却故人心,却道故人心易变"二句写出了主人公深深的自责与悔恨。其实像李隆基这样的大唐皇帝都保不住心爱的恋人,更何况是纳兰。"骊山语罢清宵半,泪雨霖铃终不怨"二句用唐明皇与杨玉环的爱情典故。七夕的时候,唐杨二人在华清宫里山盟海誓。山盟海誓犹在,马嵬坡事变一爆发,杨贵妃就成了政治斗争的牺牲品。后来唐明皇在从四川回长安的路上,于栈道上听到雨中的铃声,又勾起了他对杨贵妃的思恋,就写了著名的曲子《雨霖铃》。这里借用此典说即使是最后作决绝之别,也不生怨。"何如薄幸锦衣郎,比翼连枝当日愿"二句化用唐李商隐《马嵬》诗句,承接前二句句意,从另一面说明主人公情感之坚贞。

毛泽东的诗句"宜将剩勇追穷寇"中的"剩勇"是什么意思?难道是"剩下的勇气"?"剩下的勇气"怎么能将革命进行到底?许多人一直都是这样理解的,可谓"不求甚解"。其实这里使用了一个典故,《左传》记载齐国一位叫高固的将军,他在齐晋之战的战场上不仅表现神勇,而且说:"欲勇者,贾余余勇可也。"意思是:我的勇气还没有用完,谁需要的话,可以来买我的勇气。"剩勇"即"余勇",是满溢出来的勇气,是不惧艰难险阻的万丈豪情。这样的理解,才算是恰当。

三、教师示范,引导立体情感体验

这首先需要教师细读文本,能够在备课时精耕细作。在备课中,为实现细读的目的,一要备作品时代的诗歌特征,二要备诗词中重要的信息点,尤其是名词、动词的重要意义。以曹操的《观沧海》为例:

> 东临碣石,以观沧海。
> 水何澹澹,山岛竦峙。
> 树木丛生,百草丰茂。
> 秋风萧瑟,洪波涌起。
> 日月之行,若出其中;
> 星汉灿烂,若出其里。
> 幸甚至哉,歌以咏志。

曹操时代五言已经盛行,他何以选择四言?钟嵘的《诗品》认为:"夫四言文约意广,取效《风》《骚》,便可多得,每苦文繁而意少,故世罕习焉。五言居文词之要,是众作之有滋味者也,故云会于流俗。岂不以指事造形,穷情写物,最为详切者耶?"四言本是《诗经》的体征,曹操选择四言,想必既考虑到了"文约意广"的体式的优长,又继承了"取效风骚"的精神,在这样一个胜利的关头,他选取四言直抒胸臆,更显得直接、促发、有力,这也是曹操四言诗多有昂扬向上之感的原因之一。同时,我们发现,这首诗的核心在"日月之行,若出其中;星汉灿烂,若出其里"这一宏大意象,那么这种效果是如何造成的呢?根本原因在于首句"东临碣石,以观沧海",这个"观"字并非普通的"看",《说文解字》以为"观,谛视也","谛视"就是仔细认真地察看。而作者站立于碣石山之上,本身就是对大海的一种"俯瞰",正如孔子所言"登东山而小鲁,登泰山而小天下",历史的巨人站立于高山之巅俯视大海,如何不产生一种惊涛骇浪之感,内蓄于胸,发为豪放之文呢?如何不对大自然产生一种征服的成就感呢?加上作者荡平北方之后,黄河流域基本安定,此时正是志得意满即将开始赤壁之战的前夜,遥想当年和未来,该是多么的血脉贲张。确切地说,唯有真正将政治家、军事家、诗人兼为一体的人方能做出这一篇奇文来。正因为站立位置的不同,所以其意境大不相同,正因为是仔细的察看,才有水、山、树木、百草的细微描写,才有秋风与波涛的撞击呈现于作者的目下,最后才会由现实转入想象。这一过程是我们在细读的过程中必须注意的。

四、玩味语言,领会委婉而富意蕴的词义

语言是交际和思维的重要工具,也是文学的载体,表情达意的工具。当讨论文学及文学教育的时候,自然也就离不开语言和对语言的细读、精读。新批评派的倡导者认为,诗歌的语言不同于科学性的语言:科学性语言要求简洁精准,实用性强;文学性语言要求优美含蓄,文学性强。正是文学语言的这些特点导致我们在阅读文学作品时障碍重重。

唐代苦吟诗人贾岛反复"推""敲",杜甫"为人性僻耽佳句,语不惊人死不休",这些让我们切实地领悟到选词造句的重要性,写诗文尚且需要在字词上反复斟酌,炼词炼句,那么,读诗文又怎么可以马虎?言为心声,文以载道,读文章的时候要反复品读,读出辞约意丰、言简意赅的博大精深与含蓄隽永。文学教育更是如此,更应该教会学生如何细读、精读,汲取中华优秀传统文化的营养。当然,玩味语言是需要能力和方法的。一些教师教

学古诗词时,由于底蕴不足,往往只能说"好",再也不能有更深入的赏析,多是照本宣科而已,如"猪八戒吃人参果,全不知滋味"一般。朱自清说:"欣赏并不是给课文加上'好''美''雅''神妙''豪放''婉约''温柔敦厚'一类抽象的、多义的评语就算数的;得从词汇和用力的地方,找出那创新的或变古的,独特的东西,去体会,去领略,才是切实的受用。"①

如大家都熟悉的贺知章的《咏柳》:"碧玉妆成一树高,万条垂下绿丝绦。不知细叶谁裁出,二月春风似剪刀。"这是咏柳的名篇,但究竟好在哪里,每一句该如何理解,却不是每个人都能说得清楚的。生活中我们知道,柳树的特点是枝干繁多且黝黑,并不非常美丽,而作者在诗句中将柳树说成是"碧玉",将垂下的枝叶说成是"绿丝绦",将原本并不十分美丽的柳树描写得如此美丽动人,这就让我们在柳树的原型和作者描绘的艺术形象之间找到了矛盾和差异。通常情况下,枝干繁多的树叶子也会茂盛,然而柳树却有所不同,它的枝条非常多,但叶子稀疏且精致,作者在万物复苏、生机勃勃的美丽时节与柳树猝然相遇,并发现它这一独特之处,于是忍不住想要将心中的情感宣泄出来。作者选用十分珍贵的物品来形容柳树,说它是"碧玉""绿丝绦",由此可见作者心中那份欢喜的情感。用还原法再看后两句,原本柳叶就比较纤细,随风摇摆,是一种常见的自然现象,而作者却非要说是剪刀剪出来的,还故意问"不知细叶谁裁出",自己又十分风趣和巧妙地回答"二月春风似剪刀",创造性地说是大自然的春风精心剪裁的结果。诗人独具慧眼,发现大自然的神奇之美和柳树的独特之美,在他的眼中,大自然是多么心灵手巧呀,有如古代心灵手巧的姑娘。经过深入分析,还可以把整首诗中的"碧玉""妆""剪刀""丝绦"十分巧妙地联系在一起,诗中充满了无限的生机及作者对大自然由衷的赞美和惊叹。

当然,包括古人在内,人们对古诗词的认识也是有一个过程的,甚至走过弯路。钱锺书在《宋诗选注》中告诉我们:

---

① 朱自清.再论中学生的国文程度//国文教学.上海:开明书店,民国三十七年十一月.

南宋时，金国的作者就嫌宋诗"衰于前古……遂鄙薄而不道"，连他们里面都有人觉得"不已甚乎！"从此以后，宋诗也颇尝过世态炎凉或者市价涨落的滋味。在明代，苏平认为宋人的近体诗只有一首可取，而那一首还有毛病，李攀龙甚至在一部从商周直到本朝诗歌的选本里，把明诗直接唐诗，宋诗半个字也插不进。在晚清，"同光体"提倡宋诗，尤其推尊江西派，宋代诗人就此身价十倍，黄庭坚的诗集卖过十两银子一部的辣价钱。这些旧事不必多提，不过它们包含一个教训，使我们明白：批评该有分寸，不要失掉了适当的比例感。假如宋诗不好，就不用选它，但是选了宋诗并不等于有义务或者权利来把它说成顶好、顶顶好、无双第一，模仿旧社会里商店登广告的方法，害得文学批评里数得清的几个赞美字眼儿加班兼职、力竭声嘶地赶任务。整个说来，宋诗的成就在元诗、明诗之上，也超过了清诗。我们可以夸奖这个成就，但是无须夸张、夸大它。①

语文教师应该多读一读诗歌史、诗歌评论书籍，提高自己的古诗词知识与鉴赏能力，已经身在最高处，自然能穷千里目。在古代，《诗经》、楚辞、汉乐府、唐诗、宋词等都是可以配乐而歌的。随着时代的变迁，语言的发展与演变，加上古代科技水平有限，古诗词声调韵律等无法保存并流传下来，只是留下一些能够用文字记载下来的诗词文赋。虽然现代有些音乐家、研究者在翻唱《诗经》、唐诗、宋词等，但是可以推测，与原始的音调旋律可能已有不同。虽然无法聆听古人吟唱那些优美的诗篇实在是一种遗憾，但我们可以通过吟读，体味变化多端的意趣，弥补一些缺憾。诗歌可以看成一首歌曲，讲究平仄、对仗与押韵，读来朗朗上口。词就更是如此了，它产生于晚唐五代，最初就是为了歌姬配乐演唱而写，到李煜才一洗这种脂粉气，变"伶人之词为士大夫之词"，苏轼又开豪放词之宗，慢慢地，词也变成了文人墨客抒写壮志情怀的文体。感受语言是学习语言的第一步，读是感受语言的途径之一。新课标强调教师主导下的学生自主学习，对于声调、停顿、轻重音、情感等，学生的知识储备和审美实践能力极其有限，凭学

---

① 钱锺书.宋诗选注[M].生活·读书.新知三联书店,2002:序.

生自己很难把握住文章的感情基调,所以教师的讲解与指导也是必要且必需的。但是,教师的讲解与指导并不能代替学生的实践,应该指导与实践相结合,使学生逐步习得对诗词文赋的感受、鉴赏能力。

例如,一位语文教师在省级公开课中指导学生朗读豪放派词人苏轼的《念奴娇·赤壁怀古》时,教师首先让学生自由朗读,整体感知文章,然后找一名男生来读,学生点评说"我们感受到了雄伟壮阔的场面,恢宏豪迈的气势"。第二次让一名女生读,学生点评说"感受到了对人生短暂的无奈和壮志难酬的感伤"。对于同一首词,为什么不同的学生会读出如此大的不同?接下来老师指导,这首词上阕写壮景,豪迈超脱,气势雄浑。开头就要声音洪亮,放开嗓音,"千古风流人物"这句更是要重读,"江山如画,一时多少豪杰"又要声音稍轻些。下阕行豪情,将周瑜的风流倜傥、年少得志和自己的鬓染霜华、壮志难酬进行对比,抒发了词人对人生短暂、盛年难再、往事不堪回首的惆怅与感伤,所以朗读时语调应该低缓,深沉但不消极。"谈笑间,樯橹灰飞烟灭"应该重读,其他各句稍微读得缓和一些。老师给同学们示范读一遍,再听一遍录音。这样同学们对文章的大意有了进一步的理解,对音调高低、节奏快慢、轻重音变换等都有了进一步的领悟。老师再放映幻灯片上划好节奏的词,同学们齐读全词。在朗读时,就会领悟到此词雄浑豪放中夹杂着悲凉感慨,感伤但不悲伤,苦闷并不消极。《念奴娇·赤壁怀古》将诗的阳刚之美与词的阴柔之美和谐完美统一,成就千古名篇,成为文学史上一颗璀璨的明星。

我们再来看钱梦龙老师执教《惠崇〈春江晚景〉》中的教学片段:

师:同学们先读一读,看这首诗写的是什么时间,是早春,盛春,还是晚春?

(学生读诗)

师:现在我们来看,诗写的是哪个时间?

生:写的是早春。

师:从哪里知道的?

生:从"春江水暖鸭先知"中的"暖"字知道的。

师：为什么"暖"字能说明是早春？能不能讲得更清楚一点？

生：春天到了，水温回升。

师：噢，春天到了，水温回升了，是吧？还有补充的吗？

生：还有"竹外桃花三两枝"中的"三两枝"，说明花还没盛开。

师：说得很对。"三两枝"不是盛开。还有吗？

生：还有"蒌蒿满地芦芽短"，"芦芽短"是说芦芽刚刚冒出来一点，还没有十分茂盛。

"这首诗写的是什么时间？""从哪里知道？"这样的问题，设计巧妙，由点及面，"逼"着学生认真研读全诗，读出语言背后的意味来，这对提升学生语感和阅读能力有重要作用。

诸如此类的例子不胜枚举，反复吟咏，在感受中领悟诗词的隽永幽微、曲折缠绵，丰富我们的审美感受，提升我们的审美能力。当然，教无定法，因材施教，语文教学也要因人而异，以上探讨只是抛砖引玉。在诗词鉴赏领域，每一位经验丰富的教师都会有其独特的、合适的鉴赏策略，但于诗词文本细读而言，也未尝不可以从以上几个角度入手，进一步深化诗词教学，使诗词教学在概念式的意象教学、结构教学、情感教学或主题教学之外，还能有更大的感受空间来实现身心体验，并把握更为精当的鉴赏视角、更为丰富的鉴赏方法，尽最大可能实现诗词教学多方位的工具意义和人文意义，使诗歌教学真正具有系统的方法意义和深厚的审美价值。

第三节　小说细读教学策略

小说作为一种文体，最能展示作家的才情禀赋，通过刻画人物、叙述故事来表现丰富的社会生活，创造广阔的人文空间，给予读者最大的文学感受。在中学语文教材中，小说所占比重较大，因此对小说文本细读的方法以及相应的教学策略进行探讨是非常必要的。

一、高扬真实的人性,扩展学生的情感世界

好的小说都是反映社会、解读人心世态的。因此,我们的教学要从人的心性入手,改变过去主题思想教学的模式,确立人物形象在作品中的位置,但是我们也不仅仅是对人物形象做出品评,关键是为每一种人物的性格找到合理与不合理的地方。孟子言性善,荀子讲性恶,而孔子不言性与天道,小说人物必有现实的依据,我们审读人物,不是单一地为之挂上好与坏的标签。看到"恶"的人物,我们也需反思,我们自己是否也会在生活中流露出这样的情愫;看到"美"的人物,我们也需省察这样的人物在现实生活中的价值。唯如此,我们对于人物的理解才是丰满的,毕竟千人千面,需要在理解人性的基础之上做出恰当的价值判断,这是细读小说的起点。

《红楼梦》被誉为封建社会的百科全书,不仅在大事件上内涵丰厚,即使在一些细枝末节处,也有着令人玩味不尽的韵致。该书有一种非常"经济"的写法,就是经常借一个事件,把很多人卷进来,再"逼迫"每个人出来一一表态,通过不同人物的行为言语及人物间的相互烘托与对比,使得每个人物都显得立体而丰满。第三十三回《手足耽耽小动唇舌 不肖种种大承笞挞》,就充分体现了这一特色。这一回主要通过宝玉挨打的情节,让贾政、贾母、王夫人、宝钗、黛玉等诸多重要人物在这一事件上纷纷表态,且将诸多矛盾纠结在一起,形成一个"结",让贾政与宝玉的父子关系、贾政与贾母的母子关系、贾政与王夫人的夫妻关系以及宝玉与宝钗的关系、宝玉与黛玉的关系一一呈现,并汇集在一起,形成重要看点。而这诸多的重要人物和重要关系,又主要通过三个字来加以表现,那就是"打""气""哭"。教学中如果能够抓住这三个字,就能起到牵一发而动全身、以简驭繁、深入解剖的作用。基于上述思考,笔者在教学中做了以下的尝试。

第一步,研究宝玉挨"打"原因。

重点解决情节的梳理和基本矛盾的解读。师生共同要解决的问题有二:一是宝玉为什么挨打,二是宝玉本次挨打在哪些情况下是可以避免的。第一个问题是个常规问题,一般学生容易找到答案,所以笔者设置了两个障碍:第一个障碍是要求学生用适当的语言进行概括。学生一般能找出三

点原因,尤其是贾环告状一点。据此,笔者先引导学生,写出贾环告状的原因,采用了"金钏投井,贾环诬告"的表述形式,要求学生将其他几个也用这样的语言形式加以概括。学生基本能概括出"得知噩耗,宝玉失常""交结琪官,王府索人"。第二个障碍就是学生往往只能找出三点原因,还有一点原因找不出。这时,引导学生阅读第一节贾政看见宝玉之后的一段对话,分析从该段对话中能看出几个原因。通过分析讨论,学生发现这段话除了"得知噩耗,宝玉失常"这个原因外,还一个原因就是"雨村来见,宝玉葳蕤"。

在分析出这四点原因时,可以顺便引导学生查找贾政的表现,主要发现了一个字,就是"气"。对贾政之"气"的分析,可以感受本文情节的波澜和层次感。在分析完挨打的原因之后,再作假设:在这一天,在哪些情况下,宝玉可能不挨打?笔者要求学生用"如果"造句。

学生共造有如下语句:

① 如果宝玉见雨村不葳葳蕤蕤,那么宝玉可能不挨打;
② 如果宝玉在金钏死后看见贾政不应对失常,那么宝玉可能不挨打;
③ 如果宝玉不交结琪官,那么宝玉可能不挨打;
④ 如果贾环不告状,那么宝玉可能不挨打;
⑤ 如果贾政那天没有碰到贾环,那么宝玉可能不挨打;
⑥ 如果宝玉的跟班焙茗在跟前,那么宝玉可能不挨打;
⑦ 如果宝玉当天碰到的不是那个聋姆姆,那么宝玉可能不挨打。

学生提出了七个假设。这时,再研究这七个可能性中,哪些可能性最大,哪些可能性较小,哪些可能性几乎没有。经过讨论,最后否定了前三个假设。学生认为:

① 如果"见雨村不葳葳蕤蕤",那就不是宝玉,因为雨村是个官僚,这是宝玉所厌恶交结的人物;
② 如果"在金钏死后看见贾政不应对失常",那也不是宝玉,因为不符合宝玉的博爱之心,不符合宝玉的善良性格,就如后来黛玉劝宝玉"你就都改了罢"时,宝玉说"就便为这些人死了,也是情愿的",这才是宝玉;
③ 对于"不交结琪官",学生有两点认识:一是这件事是当天发生的,

不在讨论之列；二是交结琪官，才是宝玉的性格。

关于贾环告状，同学们做了两种理解：一是贾环不告状，不符合他的性格逻辑。学生看到了宝玉与贾环的嫡庶之争，因此贾环的告状是必然的。但是，如果贾政当天没有碰到贾环，或者当时没有碰到贾环，那么贾环的诬告就难以成立，因为贾政可能会了解到金钏之死的大致真相，至少知道不是宝玉"强奸"。学生的结论是，贾环的"当天告状"和小厮在身边、碰到聋子姆姆，其不发生的可能性最大。

这时，笔者引导学生进一步思考：这说明了宝玉挨打的必然性与偶然性问题，小说的情节本质上都应该是必然与偶然的结合，有些原因也许"今天"可以避免，那以后可能避免吗？学生思考后一致认为，总会有一天爆发。而且即使金钏儿不死，可能也有"银钏儿""铜钏儿"会死，因此宝玉挨打是必然的。这时笔者启发学生，由此看来，即使是雨村、琪官、金钏儿等事情导致宝玉挨打，从深层次看，仍然是偶然事件，或者说是表象，那么真正的深层原因是什么？文中能找到哪些依据？这时学生基本能够发现是宝玉的性格与贾政的要求之间的矛盾，学生能从贾政的"气"，发现贾政是真"气"，不仅"气"，而且还"哭"，可见其很伤心，学生能找到"明日酿到他弑君杀父，你们才不劝不成！"这样的关键语句，说明贾政的"气"、贾政的伤心是因为宝玉不能光宗耀祖，可能走上近似乎"弑君杀父"的反封建的道路。所以父子的矛盾是追求个性自由与要求光宗耀祖的矛盾。至此，对"打"原因研究的目的基本达到。

第二步，研究王夫人的"哭"。

学生很快发现，"哭"字主要落在王夫人身上，当然贾政、贾母也有哭。先研究王夫人的哭。学生查找王夫人的哭，发现有八处。找出这八"哭"之后，再研究每次哭的区别，发现前七次哭，都是在贾政面前哭，最后一次是在贾母面前哭。

此时，笔者要求学生一边搜寻王夫人的哭，一边看看贾政的表现。两者对照分析，学生发现王夫人在贾政面前哭，套路上打了三张牌。第一张牌是贾母牌，但没有奏效，贾政是冷笑，甚至更发横要勒死宝玉。第一张牌没有奏效，王夫人打出了第二张牌，夫妻牌。在打这张牌时，她有三招，第一招,以夫妻之情动之:"老爷虽然应当管教儿子,也要看夫妻分上。"第二招,以无后之忧晓之:"我如今已将五十岁的人,只有这个孽障,必定苦苦的以他为法,我也不敢深劝。今日越发要他死,岂不是有意绝我。"第三招,是以"先勒死我"胁之:"既要勒死他,快拿绳子来先勒死我,再勒死他。我们娘儿们不敢含怨,到底在阴司里得个依靠。"此番一哭二闹三上吊,贾政终于有所松动:"贾政听了此话,不觉长叹一声,向椅上坐了,泪如雨下。"王夫人的第三张牌是贾珠牌。这一张牌,实际上是晓以利害,他们夫妇只有两个儿子,贾珠已死,唯留宝玉,在贾政这里,对贾环并不寄予厚望,因此当打出贾珠这张牌时,"贾政听了,那泪珠更似滚瓜一般滚了下来"。三张牌打出,终于奏效。这就是王夫人的其中三哭。王夫人的最后一哭,是在贾母面前将所有委屈倾诉出来,此次哭得最放肆,所谓"'儿'一声,'肉'一声",这已是不同的哭法了。

同学们的结论是,王夫人的哭,实际上与她在贾府的地位联系在一起,是一个受宠与失宠的问题。此时,可以顺便研究贾政的哭。贾政共有五哭,前三次,后两次。前三次是因宝玉生气而伤心之哭,后两次是因贾母而哭,含义并不相同。

第三步,研究贾母的"气"。

通过阅读,学生很快发现贾母不同于王夫人,王夫人主要是哭,贾母则主要是气。笔者要求学生找出贾母"气"之语言。这时学生提出:为什么王夫人主要是哭,贾母主要是气(共有六处)呢?有学生回答,是地位不同,因为王夫人在贾政面前不敢生气,而贾母是贾府的最高统治者,她有资本生气。笔者先肯定了学生的说法,但也指出,这还只是一般的粗略的分析,完全的结论必须等分析完贾母的语言表现之后才能得出。

先分析贾母的第一段"气话":"先打死我,再打死他,岂不干净了!"学生敏锐地发现,前面王夫人也说过相同的话。这时引导学生朗读并比较这两段文字,不少学生发现了不同:贾母的话重点落在"岂不干净了",语气不同,王夫人是哀求,贾母是反问,是责备,是"严重"的生气。那么贾母为什么生气呢?

学生研究第二段对话:"你原来是和我说话!我倒有话吩咐,只是可怜我一生没养个好儿子,却教我和谁说去!"有学生提出来这时贾政跪下哭了。贾政为什么哭?贾母为什么生气?学生的第一个结论是,贾母认为儿子不孝。笔者认为这回答方向没错,但不准确。引导学生反复朗读,有学生发现是说儿子没有把母亲放在眼里,这话就很重了,所以贾政才哭。这时有个学生,发现了这句话的后半部分有问题,为什么说"只是可怜我一生没养个好儿子,却教我和谁说去!"有学生问,这儿是说"贾政不是好儿子"吗?似乎又不像。这儿争论非常激烈,甚至有学生提出疑问,是不是贾政不是贾母亲生的呢?这时班上的《红楼梦》研究小组的成员,忽然想起看过《刘心武揭秘〈红楼梦〉》,记得里面说贾政和贾赦是兄弟,贾政过继给了荣国府。这个信息一披露,同学们才发现贾母这段话很重很重,才知道贾政为什么哭了。同学们也由此发现,贾母的生气,不仅仅是因为贾母是最高统治者,她能生气,而是贾母感到她的权威受到了挑战。这时同学们发现了贾政与贾母的母子矛盾是维护家长权威的矛盾。

研究到贾母的第三段对话,同学们发现了贾母的高明,因为第三段对话,贾母在儿子已经跪着流泪的情况之下,没有再继续第二段的话题,而是从教育方法上指责儿子:"我说一句话,你就禁不起,你那样下死手的板子,难道宝玉就禁得起了?你说教训儿子是光宗耀祖,当初你父亲怎么教训你来!"这时有学生敏锐地发现了贾政的表情是陪着"笑",可见双方之间矛盾缓和了,气氛发生了微妙的变化。

贾母的第四段"气话",露出了她作为女人的本相:赌气要回南京(女人是最善于赌气的)。接下来的两段话,终于揭出了他们母子矛盾的焦点:"母亲如此说,贾政无立足之地。""你分明使我无立足之地,你反说起你来!"同学们也没有忘记分析贾母的哭。他们发现贾母的两哭,含义并不相同,第一哭,没有给宝玉,而是在第三段"气话"之后,贾母的哭接着"你说教训儿子是光宗耀祖,当初你父亲怎么教训你来"这一句话,这一哭应该是为她的先夫,想到先夫,这也可能呼应第二段"气话"中的"只是可怜我一生没养个好儿子,却教我和谁说去!"直到讲完气话之后,贾母进得门来,才"只见今日这顿打不比往日,又是心疼,又是生气,也抱着哭个不了"。

全文写宝玉的三个家长在这轮"打"中的表现,用"打""气""哭"三个字统率全篇,而"气"与"哭"的表现又各不相同,正是这种不同,表现了他们之间的不同矛盾和不同个性。在教学中,抓住了这三个字也就抓住了全文之魂,学生的分析既集中,又有抓手,便于深入,且饶有兴趣。

二、还原小说的时代背景,在大的历史语境中解读作品

教师在语文教学中,需要对学生进行中国社会风俗、民俗的教育,"因为懂得,所以慈悲"。中国传统文化核心的儒家伦理道德,是中国传统文化的主干,特别是在古代小说中,其立意都与儒家伦理有着千丝万缕的联系。因此,细读古代小说,要把小说中的人物复活起来,必须了解小说创作时代的风俗人情。如《红楼梦》产生于清朝中期,婚姻制度遵从父母之命媒妁之言,悲剧的产生是当时的社会不允许自由婚恋的出现。因此,如果作者一味纵情,则会走向《金瓶梅》的老路,在当时的社会背景之下,《红楼梦》的基调就已是没有出路,凡是违背时代潮流者带来的都是悲剧。再如《倾城之恋》,产生于20世纪上半叶,经历"五四"的洗礼,生活于城市的女性在社会中的角色正在发生转变,白流苏本是大家闺秀,她既有林黛玉、薛宝钗等人的身份,但她生活在新时代,所以能够重新选择自己的命运。

还原小说的时代背景,对外国文学作品细读来说,尤为重要。多年来,我们忽视文化背景和时代背景,对外国文学作品用中国化的眼光去解读,往往不得要领。以莫泊桑的《项链》为例。多年来我们对主人公玛蒂尔德一直持这样一种看法:一面认为她是一个虚荣的女人,应该遭受报应和嘲笑,十年艰辛恰恰拯救了她的灵魂;另一面说她是一个真诚善良、正直守信、吃苦耐劳的人。果真如此吗?原著中有这样几句话:"世上的漂亮动人的女子,每每像是由于命运的差错似的,出生在一个小职员的家庭……倘若当时没有失掉那件首饰,她现在会走到什么样的境界?谁知道?谁知道?人生真是奇怪,真是变幻无常啊。无论是害您或者救您,只消一点点小事。"人生——"命运的差错""奇怪""变幻无常""被细小的事败坏和成全",看到作者的慨叹(何尝不是玛蒂尔德的慨叹),我们就会觉得"报应说""惩罚说""拯救说"是多么的肤浅可笑,贫乏无力。著名学者夏志清认为:

索、莎、托、杜诸翁(指索福克里斯、莎士比亚、托尔斯泰、杜斯妥耶夫斯基,笔者注)正视人生,都带有一种宗教感;也就是说,在他们看来人生之谜到头来还是一个谜,仅凭人的力量与智慧,谜底是猜不破的。事实上,基督教传统里的西方作家都具有这种宗教感的……再反顾中国传统小说,其宗教信仰逃不出"因果报应""万恶淫为首"这类粗浅的观念,凭这些观念要写出索、莎、托、杜四翁作品里逗人深思的道德问题来,实在是难上加难。①

《项链》这篇文章展示了命运的"无常"并引发了人们的思考。"无常"这个概念源自佛教,具有很强的宗教感。而在西方,宗教感往往是伟大作品的精神内核。"要是那时候没有丢失那挂项链……"人生没有如果,我们可以努力,可以抗争,可以抱怨,可以怀念,但是必须接受命运的安排,那就是"无常"——期待留住的美好终会逝去,要摆脱的却可能如影随形;付出未必有回报;漫长的努力,结果却是竹篮打水一场空;以为永恒却刹那间幻灭;前一刻的欢笑,却只为加重此一时的悲伤;一秒钟前是幸福,一秒钟后就落入苦难;一切看似顺理成章结果却出乎意料……

得知项链是假的后,作品没有写下去。设想一下,玛蒂尔德此时此刻会想些什么,说些什么,又做些什么?她会不会这样说:"这是命运对我的惩罚,让我在拜金虚荣的道路上迷途知返,让我从一个企图不劳而获、贪图享受的拜金女变成了一个自食其力、高尚纯洁的劳动者。生活虽然很艰辛,但我内心很愉快,很充实……感谢那串假项链,感谢命运!"大概不会。因为文章中有这样一段话:"但是有时候她丈夫到办公室里去了,她独自坐在窗前,于是就回想从前的那个晚会,那个跳舞会,在那里,她当时是那样美貌,那样快活。"这表明她仍怀念那一段光鲜美丽的贵妇生活,眼下的辛苦操劳只是迫于无奈,并非人生信仰的改变。玛蒂尔德可能不是一个高尚的人,但是并非一个恶人,只是一个被命运捉弄的"可怜人"。虚荣是人类

---

① [美]夏志清.中国现代小说史[M].香港:中文大学出版社,2001:作者中译本序.

的本能。我们能理解社会上的人奇装异服、描眉整容、贷款高消费之类的"虚荣"行为,为何不能宽容她的一点小小的虚荣心呢?她的做法无可厚非。她为此遭到了命运无情的捉弄,付出了巨大的代价。作品展现了"无常"这一主题,显示了作者的悲悯情怀,这是《项链》具有不朽艺术生命力的一个重要原因。无论是伟大的人还是卑微的人,不管在哪个国度哪个时代,人们都会被这篇文章感动,原因就在于这篇文章触及了每一个人都无力摆脱但必须直面的有关命运的主题。

三、逐步教给学生相应的小说叙事学知识

小说是叙事性文体,但又不同于史传文学。史传文学尊重现实,虽有虚构、粉饰、厚污的成分,但大体是符合史实的。而小说叙事,侧重虚构,讲究整体,前后都具有连贯性,尤其转折处对于小说情节的推动和人物性格的塑造是极为重要的。小说需要无数的巧合、遭遇来组成,每一次的高潮之后都会低落,然后通过下一次的矛盾、误会来推动小说的发展,而人物的性格也在不断的转折中达到丰满。在小说细读中,需要关注具有转折意义的事件和人物,深刻理解其价值和意义。

四、认知古代小说与现代小说的区别

古代小说多是针对具体现象而撰成,短篇的不必赘言,长篇小说如《红楼梦》《儒林外史》也是针对封建社会支柱的家庭制度、科举制度加以批判,因此我们在对主旨的把握上不会有太大的偏差。现代小说的兴起与西方文艺观念联系紧密,现代小说既重视个人,又关注社会,且诸多小说呈现出多元化的色彩,造成理解上的困难。在教学中,需要帮助学生认识到现代小说的"现代性",需要有全球视野、公民意识、人性觉醒、工业文明、城市文明做铺垫来理解现代小说在社会史、思想史上的价值和位置。

五、教师做好示范,培养学生延伸阅读的能力

教材或者读本,包括推荐的名著,其数量都是较少的,且真正能够在课

堂上讲授的,也只能是小说的片段。因此,在教学过程中,教师要做好小说细读的示范工作,从社会历史背景到人物形象的演变都要做出细致的解析,然后鼓励学生能够进行深入地阅读,巩固细读教学的成果。在延伸阅读中,如细读《林黛玉进贾府》中林黛玉形象之后,可以引导学生读完《红楼梦》,进一步分析林黛玉的形象。简言之,细读教学需要做到以点带面。例如在学习了《林黛玉进贾府》后,学生课后阅读《红楼梦》时运用了文本细读法,收获了别样的精彩,下面是一篇阅读心得。

在言语交际活动中,有时要想理解说话人的真正意图,仅靠字面意义的获得是不行的,要结合当时的语境推导出说话人的原意,也就是"言外之意"。《红楼梦》人物对话中有多处文字蕴涵了言外之意、弦外之音。下面一段文字节选自《宝钗借扇机带双敲　龄官划蔷痴及局外》一回,让我们看看怎样运用语境推导人物语言的言外之意。

林黛玉听见宝玉奚落宝钗,心中着实得意,才要搭言也趁势儿取个笑,不想靓儿因找扇子,宝钗又发了两句话,他便改口笑道:"宝姐姐,你听了两出什么戏?"宝钗因见林黛玉面上有得意之态,一定是听了宝玉方才奚落之言,遂了他的心愿,忽又见问他这话,便笑道:"我看的是李逵骂了宋江,后来又赔不是。"宝玉便笑道:"姐姐通今博古,色色都知道,怎么连这一出戏的名字也不知道,就说了这么一串子。这叫《负荆请罪》。"宝钗笑道:"原来这叫作《负荆请罪》!你们通今博古,才知道'负荆请罪',我不知道什么是'负荆请罪'!"一句话还未说完,宝玉林黛玉二人心里有病,听了这话早把脸羞红了。

我们先看黛玉说话的语境。黛玉因为深爱着宝玉,她敏感的性格使她时时担心宝玉与宝钗之间的关系,听见宝玉奚落了宝钗,心中得意,也想取笑宝钗。可是,她刚要说话,见宝钗因靓儿找扇子的事发了两句火,她因为寄人篱下,不免处处小心,时时留意,于是话到嘴边又改了口。可见,黛玉说话的语境不仅包含她对宝、黛、钗三人关系的认识,还包含她的性格特征。接下来,我们再看宝钗的反应以及她说话的语境。宝钗看了黛玉脸上的得意之态,加之宝玉对她言语上的冒犯,还有小丫头靓儿的不看眉眼高低,这些都对宝钗的心理产生了影响。她说自己不知道"李逵骂宋江,后来又赔不是"这个戏名,显然是不真实的,这里面一定话里有话。那么,如何推导出宝钗话语的言外之意呢?宝玉一开始也没有听出宝钗话里有话,以为她真的不知道戏名,而当宝钗点了其中的玄机后,宝玉和黛玉顿时羞红了脸,悟出了宝钗的言外之意,这是为什么呢?因为在这一群人里,宝玉、黛玉二人依赖共有的语境要素,即宝黛因金玉之说和提亲之事发生了口角,后来宝玉又亲自向黛玉赔不是。根据宝黛二人共有的语境可以推导出宝钗话语的真实意图是讽刺和挖苦他们两个刚刚演出了"负荆请罪"这样一出闹剧,而在场的其他人在宝黛钗三人的语境之外,所以弄不懂他们到底说的是什么意思。

小说教学是一项非常繁复的工作,我们通过分析,基本认识到了小说文本的特殊性,并提出了相应的细读策略和进行教学工作的具体措施。当然,在教学中,我们还需要根据不同学生的心理,不同文本的特点,不断加以变化,但其核心的内容则在于教师与学生能够在阅读中,通过细化小说的情节、人物来认识小说的文学价值。

第四节　散文细读教学策略

散文是我们生活和学习之中时常接触的文体,但是我们对于散文往往琢磨不透,根本原因在于散文的形式更自由,更散漫,与其他主旨极强的文体大为不同。在中学语文教学中,教师对散文教学的把握主要有以下三点困扰:一则,对散文文体的界定非常模糊,无法从文体特征的把握中去深入解决文本的相关问题;二则,对散文内容的客观性和主观性问题难以厘清,无法以恰当的教学方式进入文本教学;三则,对散文思想情感的刻意抽绎,导致对散文韵味的破坏。而这些细读方法及其消极后果,对现当代散文的趣韵风神无疑有很大的破坏。如何感知、体验现当代散文的趣韵风神?笔者认为,抽绎是必要的,但不可强行为之,更不可生硬地抽绎而忽略感知和体验的基本前提与最终归宿,甚而忽略文学与生活之间的关系。笔者认为,在散文教学中,我们可以采取以下四点策略。

一、真正尊重感知和体验,毋使生活与文学脱节

以感知先行,以体验随行,学会感知作品中情感的喷发点,将自我的生活体验与创作主体的情感体验真正融合起来,使散文学习能唤醒生活感知能力,使生活体验能促进散文研读体验。以人教版版高中语文散文选修教材中《汉家寨》的末尾两段为例:

> 我强忍住心中的激动,继续着我的长旅。从那一日我永别了汉家寨。也是从那一日起,无论我走到哪里,都在不知不觉之间,坚守着什么。
>
> 我不知道那是什么。我只觉得它与汉家寨这地名天衣无缝。在美国,在日本,我总是倔强地回忆着汉家寨,仔细想着每一个细节。直至南麓天山在阳光照耀下的、伤痕累累的山体都清晰地重现,直至大陆的倾斜面、吐鲁番低地的白色屋气,以及每一块灼烫的砾石都逼真地重现,直至当年走过汉家寨戈壁时有过的那种空山绝谷的难言感受充盈在心底胸间。

作者看似是在写大漠荒芜背景之下的一个寨子,但在进入汉家寨之前,用宁寂、死寂、空山绝谷、空旷、茫然、荒凉等一连串的词汇来写来时的路,正如作者所言,"我觉得自己嫩小得连悲哀都是徒劳",这无疑为下文写汉家寨的荒凉与穷困奠定了心理基础。在汉家寨,首先是"三岔口"给作者留下了极深的印象,犹如提供了人生的答案,再次是汉家寨里的老者与小姑娘对时空的茫然,让作者感喟颇深。总之,作为一篇散文,看其内容,如同在描写一点一滴的场景,但最后的感情汇聚之处,则是作者强调的一种"坚守"。尤其最后一段,作者说到无论身处何方,都会"倔强地回忆着汉家寨",重温"那种空山绝谷的难言感受充盈在心底胸间"。实际上,我们读到的是作者在一种壮阔空寂的背景之下对人生的思考,最有意义的即是"坚守"二字。因此,对这篇文章的细读,关键是阅读前文之后,细细体

味最后部分作者的匠心之所在。

二、把握散文的形制特征与文学景观特征

从社会现实、历史语境、文化心理和群体意识等宏观视角上把握散文的整体框架及其承载的思想情感。以汪曾祺的《葡萄月令》为例。"月令"其实是中国传统的一门非常重要的学问,用以记载每月所宜行的事件,全文看上去貌似一个流水账式的结构,实际却以葡萄的生命周期为梗概,建立起了完整的结构:

一月,下大雪。
二月里刮春风。
三月,葡萄上架。
四月,浇水。
五月,浇水、喷药、打梢、掐须。
六月,浇水、喷药、打条、掐须。葡萄粒长了一点了,一颗一颗,像绿玻璃料做的纽子。硬的。
七月,葡萄"膨大"了。掐须、打条、喷药,大大地浇一次水。
八月,葡萄"著色"。
九月的果园像一个生过孩子的少妇,宁静、幸福,而慵懒。我们还给葡萄喷一次波尔多液。哦,下了果子,就不管了?人,总不能这样无情无义吧。
十月,我们有别的农活。我们要去割稻子。葡萄,你愿意怎么长,就怎么长着吧。
十一月,葡萄下架。
十一月下旬,十二月上旬,葡萄入窖。

汪曾祺作为当时中国最高学府西南联大的学生,在名师云集的校园深受濡染,有着完备的知识结构。此文独以"月令"名篇,实则是在中国传统经学背景下传达其自身对天人关系的思索。《周易》作为"六经"之首,存

有大量关于"四时"的认知,如《系辞上》曰"广大配天地,变通配四时","法象莫大乎天地,变通莫大乎四时",《随》云"天下随时,随时之义大矣哉",因此古人对"时"的认识十分充分。《葡萄月令》以"月令"之结构撰写全文,实在是在更深层次上探讨天人之道。结构看似平淡,实则反映了质朴、本真的生活态度与向往平淡、安静的生活理想,而这种道法自然的葡萄写生,不仅是汪曾祺对自然生命的爱慕和思考,也是他对人类生命以及民族生存现状做出的深层反思。

三、充分尊重、理解散文的文体特征和演进历程

尊重、崇尚散文的趣韵风神,而不以局部的解读或技巧的抽绎来破坏散文阅读的整体感和深邃、曲幽、丰富的情韵、风致,毋使散文细读沦落为被理论工具肢解的过程或理性的分解程序,而应当使散文的细读既是创作主体与阅读主体之间情感思想的交流与共鸣,也是一个民族的文化心理与心灵历史的沟通和接应。现代散文作为中国现代化进程中一种特定的文体写作,并非只是单纯的文体现象,这种文学现象既有着其本土文学渊源,也裹挟着西方现代思潮的影响,但这种影响相对于其他现代文体而言是较为轻微、有限的,而它自身一贯而有的自由灵活的特性,以及在特殊时期社会背景、历史语境、文化心理、现实意识等多重因素的作用下,其闲散的笔调、风格也成为一种普遍现象。因此,这种文体最能承载抒写本真性情与曲幽情思的特殊功能,有着更为传统的审美取向和文化精神,也有着更为现代的现实意识和群体心理症候。

四、选择思维突破口,层层追问

追问是达成思考向纵深发展的路径,在探讨的过程中实现思维的深化发展。通过层层追问,学生的思考不断向深层延伸。教师在问之前,首先要确定问的目标,同时还要捕捉到值得充分开发的问题,获取有探讨价值的问题,并明确探讨目标后就可以对学生的思维阵地打出第一炮。笔者在《荷塘月色》的教学过程中,就通过这样的方法,引导学生对一个问题进行

层层深入的思考。现将部分教学实录节选如下：

师：朱自清在写到月光的时候，是这样写的：月光如流水一般，静静地泻在这一片叶子和花上。我觉得很美，不知大家感受如何。

生：（齐）很美。

师：为什么美呢？

生：像流水。

师：像流水就是美的吗？

生：月光如水，很多作品中都这样写。

师：大家有没有想过，为什么将月光比喻成水会给人美感？

生：清澈。

师：对，清澈，这是视觉上的感受，从其他感受角度看，还有没有发现？

生：水是可以触摸的，月光不能触摸，把月光比喻成水就有了一种可以触摸的感觉。

师：你平时接触水的时候有什么感觉？

生：清凉，柔和。

师：很好，清凉，柔和。想象你站在月光下感受着一种清凉与柔和是不是很美？

（生点头）

师：除了将月光比喻成水外，还有什么地方很美？

生：我觉得"泻"这个字用得好。

师：为什么好呢？

生：富有动感。

师：换成奔涌或者泼洒不是更好？更加富有动感嘛！

生：奔涌和泼洒好像力量与动作大了点。

师：为什么动作大不好？

生：因为整幅画面是以柔和为主要特点的，太大的动作会破坏整体的氛围。

师：难道"泻"字就不大吗？不是有"一泻千里"吗？

生：作者说是静静地。

师："泻"字在描写水流的时候常常使用在什么对象上？

生：一般是大江大河。

师：为什么？

生：气势很大。

师：它与"静静地"不是矛盾了吗？

（生思考）

生：我觉得"泻"能让人感受到大的水流，用在月光上，就会让人感觉到月光是整体地流动。

师：我现在能懂一点这种感觉了。加上"静静地"会有什么效果？

生："静静地"减弱了这种奔涌的气势，增添了柔和的感觉，是轻柔的涌动，很有质感。

师：说得很好，轻柔地富有质感地涌动。大家能感受得到吗？

（生点头）

师：我还想再强调一点，这样的词语结合方式，从内容上讲是月光倾泻气势的强与弱的结合，在语言的直观感觉上也体现着一种张力，我想这也许就是这句话出彩的地方吧。

（生表示赞同）

一个好的句子，能给人美的感受，但这种美究竟是怎样产生的呢？我们的阅读教学常常停留在发现美的阶段，而缺少向探析美的层次延伸。教师抓住一个典型的句子层层追问，让学生在感受美的前提下，不断去思考美是怎样产生的，这样就打破了学生自足的粗放式阅读，开始在头脑中产生新的问题，对作品产生了更多的兴趣。同时，通过对文学美产生过程的梳理，也会使学生对创作的技法有一定认识。这样阅读教学就不仅停留于得到关于美的结论，更会获得创造美的方法。

在追问中，我们还可以采用钱梦龙老师发明的"曲问"技巧。"曲问"相对于"直问"而言，是钱老师创造的一个提问术语。"直问"，就是直来直去，一味正面硬攻，难免显得笨拙，往往造成启而不发的僵局。比如他在教学《愚公移山》时,要让学生理解"邻人京城氏之孀妻有遗男"一句中的"孀"与"遗"的含义,钱老师没有直问其意,而是问"愚公的邻居,那个七八岁的小孩去帮助愚公挖山,他爸爸肯让他去吗?"学生开始被问住了,看看课文注释,才恍然大悟:"这小孩没有爸爸!"这样就使"孀""遗"二字的含义迎刃而解。这个例子虽是用在文言文教学中的,但其他文体的教学同样适用。

现当代散文的细读教学,不仅需要教师打开眼界,在更开阔的研究视野里去实践对现当代散文的文本细读,也对学生学习现当代散文提出了重要的历史使命和文化使命。作为特定的文学现象,与其他文体文学的学习相比较而论,现当代散文是最能追溯传统的写作精神也是最能连接当下的写作需求的。同时,它所承载的社会意识、文化心理以及历史使命,也是我们当下在对本土的文化和历史做出反思时必须认真对待的珍贵材料。而这些材料带给我们的,不仅仅是客观的社会变迁和深重的民族苦难,其中不乏痛苦、彷徨、苦闷、悲伤和忧愁,也有中正、安静、坚韧、热烈的爱和对自由的向往,但更多的是民族情感的濡染与民族精神的传承。

第五节　新诗细读教学策略

新诗教学目前所面临的危机,不仅是欠缺对诗歌的形制特征与诗质特征的充分把握,也缺乏对现新诗的相对完善的评论体系和价值延伸,而最令人担忧的是在中考、高考等考试中,新诗这种文体是直接被拒于写作门外的。对新诗的写作缺少明确的评判标准,这本身也反映了我们对新诗的细读是缺少主见与相对客观、稳定的评论体系的,更不要说主张其创作的空间能有多大了。悲观地说,新诗发展到21世纪,在中学语文教学中已经"虽生犹死"了。这种没落的现状,除了与对诗歌历史及现状的考量、厘清与思考范围和程度相关以外,与新诗教学的实际策略也是紧密相关的。在新诗教学中,我们可以考虑以下三点策略。

一、加强学生现代意识的培养

实际上,白话文学的兴起打破了社会阶层的壁垒,是人性解放以及阶级解放的重要标志。现代文学是中国现代文化的重要内容,我们无论是关注现代文学与当代文学的差别还是关注其共性,不容否认的是,当代文学应是"现代文学"的延续,而现代文学产生的时代是在"五四",实际而言,现代文学之"现代"并非是一个单纯的时间概念,更应是"现代意识"的概念,从此以后,中国文学的内容以传播现代意识为宗旨,在新时代的思想解放中发挥了重要的作用。因此,我们学习新诗,需要体会其中的现代意识。中国是一个传统色彩浓厚的文化古国,旧思想、旧文明充斥于社会的各个阶层、各个领域,新文学打破了这种文化垄断权,各色人等都把握了创作的权利,并且在创作的技法上也变得更为简易,新群体的介入更有利于现代文明的传播。因此,新诗往往关心社会的变革、发展以及人性的解放,理解新诗尤其需要关心社会意识的革新。

加强学生现代意识的培养,是将学生的情感接入社会各个角落,让他们的情感更为成熟、细腻,从而在诗歌细读中显得更为从容自信。比如郭沫若的《天狗》,写于狂飙突进的五四时期,自然也显出那个时代激进的喊叫,而这一种"喊叫体"与"唤醒"蒙昧社会的时代需要是密不可分的,这种喊叫充满了激情,但也不乏欠缺理性的狂躁与暴怒。"喊叫体"赖以依存的时代一旦过去,它便失去了广为接受的土壤。从郭沫若的《天狗》《凤凰涅槃》《炉中煤》等诗篇中,都可以见得其赤诚火热的爱国之心,而这种呐喊、呼告甚至嚷叫,也只能是那种特定时代里表达痛苦和热望且能被大众接受、热捧的方式。再如《炉中煤》中的女郎形象,反映了这一时期自我意识觉醒、独立的迫切需要,"女郎"的意象与传统诗歌中的"美人"(香草美人)有着紧密关系,然而,它与"我"的关系却发生了变化,它不再是君臣关系的化身,而是广泛意义上的"我"、无数个个体的"我"汇集起来的一个"大我",这个"大我"便是华夏世代儿女构成的民族、人民,而"女郎"则是人民所不可缺少的国家,这就一改传统的男女恋人关系所隐射的个体与个体之间的情感、君臣之间的相互认同,而是从宏观的角度来表达民族意识和爱国情怀,将个体的人与一个国家更直接地联结起来。再如,艾青《雪落在中国的土地上》,反映出来的也是一种独立的姿态和平等的爱,而这种并非臣服的纯挚的热爱,既是这一时期诗人对国家命运的思考中必然发出的爱之声,也是诗人在西方现代文明的影响之下现代意识和现实责任的自然体现。

  在新诗细读中,现代意识的培养不仅需要理解诗歌自身中西双向的现代追求,了解新诗发展历程中所呈现出来的思想文化的演进也格外重要。仅仅将新诗作为一种新兴的诗歌体裁是远远不够的,而以概念式的流派划分来区别不同类型的新诗也是有所不足的,新诗的自由性、灵动性与其内质特征、审美追求不可分离。在新诗的细读中,要多从新旧文化的交融或矛盾中去发现诗人所代表的思想动态以及时代之声,并结合当下新诗发展的现状,来确立对新诗较为客观而深广的认识,进而在文化反思中确立自我的观察视角和评论基点。例如,对沈尹默和刘半农及其新诗创作的认识,就可以采取"知人论世"的评论方法来看待他们的文艺主张和创作理念。沈尹默与刘半农被周作人称为这一时期"只有两个具有诗人的天分"的人,而刘半农则被废名称为"《新青年》时代现代诗歌作家三大巨头之一",他们同样是身处五四运动的风潮之中,却能保持兼收并蓄而以"不薄今人爱古人"的观点出发思考文学和艺术。沈尹默曾有诗《自写》自述:"自写情怀自较量,不因酬达损篇章。平生语少江湖气,怕与时流竞短长。"[①]这种毫不张扬取宠的尚真理念,以及在对待文学和人生中的各种浪潮时所追求的超然归真的态度,都是值得我们学习的。尤其在力主追求文化自觉的当今,如何在全球化的浪潮中反思自我、确立自我,不盲目从流、迷失自我,沈尹默中正、兼收的文学态度和积极入世的社会态度尤其值得我们学习。在语文教学中,倘能以彼时的创作来观照当今文学和社会的动态,以促进今日文学和社会之进步,未尝不是上善之举。

---

① 沈尹默诗词集[M].北京:书目文献出版社,1982:78.

二、以兼容并包的态度来看待新诗特定的或一统的文学主张、形制特征、时代意义等多重成就

我们看待新诗的内涵和成就,需有包容的胸怀,尤其是面对不同的创作主张下产生的有突出地位的新诗作品,要尽量从诗歌本身去发掘其内在的魅力和突出的价值,而避免从两种或两种以上的文学主张相异之处来对诗歌加以否定。

譬如,闻一多提出的"三美"原则是有其传统诗歌渊源和特定的审美追求的,在新诗发展的历程中,"三美"原则也有着非常重要的创作引导价值,但是,我们没有必要以"三美"原则来衡量艾青的《大堰河——我的保姆》或否定艾青诗歌的价值所在,或者从艾青的创作主张来探讨新月派所主张的"新格律诗"的格律镣铐是否有存在的价值。我们要以和而不同的态度来兼容接纳新诗成就,立足对诗人和文本本身的分析来重估作家的创作理念,并对作品的价值重新进行定位。仍以艾青为例。艾青是学习绘画出身,这给他的现代诗歌创作带来的潜在影响便是他对诗歌形制上的视觉美感和诗歌意象所构成的画面美感非常重视,可以说他的诗歌往往显得非常整齐,且具有稳定的美感,这也就说明其创作依然是暗合建筑美和绘画美的审美追求的,而他对诗歌的韵脚安排,虽然显得比较松散,但也有可以循迹的规律。但艾青与新月派的不同之处在于艾青为生民立命的忧患悲苦之心,对民族命运前途的热爱悲悯之情,而高度的现实忧患和民族使命感,以及他个人对民众疾苦的直接体验,也都必然促使他的诗歌在文笔、情感、思想以至形制上都更加有喷薄而出、奔流恣肆的特点。以兼容并包的胸怀和知人论世的态度来对诗人和作品进行深广的了解,我们会发现不同的流派主张或诗人之间并非有着不可逾越的沟壑,而如何从不同流派中、不同诗人身上去发现贴切于时代需要的审美表达,进而去理解主张貌似扞格、风格大相径庭的诗歌,探索其间相通的文学精神和诗质蕴藉,这些问题的探讨会更有价值。

此外,还有很多超越这些创作理论和时代背景的佳作,对这些诗歌的解读往往较为开放,且诗歌的普适意义也值得注意。例如,卞之琳的《断章》,如果从卞之琳斩断诗歌首尾而只取中间部分来看,这首诗歌确实是"断章";从诗歌场景来说,诗歌具有很强的片段感和断章意味;从诗歌的内涵深意来看,诗歌具有着据此断章而多向深发的开放性,它自身有可以续写或补充的空间,而这也正是诗歌的魅力之所在。今天依然有人对这首诗歌的意境不断翻陈出新,这也正是片段定格特写的独到之处。在传统诗歌中,人物、情节、意象、场景、情感等诸多要素大多是具备的,而在这类新诗中,所采取的创作手法则是淡化其中大部分要素环节,而只是突出其中的一两种要素。这种打破传统诗歌创作手法的新技巧,突破了诗歌意境和主题较为单一、人物形象较为单薄的局限,而对意境和主题的解读也便都有了更大的解读空间。

三、从生活的视角去领略新诗的境界,以可感的声色体验感知新诗的内蕴

新诗基本不存在语言障碍,且多是白话。细读新诗,重点的问题是从平白如话中感知诗人的诉求。当我们感知了诗人内心的诉求,方能进一步读出诗歌意境。以舒婷的《致橡树》为例。橡树所象征的爱情诉求反映出来的不仅是新时期中国女性的人格诉求的变化,也反映了在西方文艺的影响之下,中国女性的含蓄和内敛,因此,这一特定的树的形象,所折射出的特定的人的形象、性别的形象,是中国传统女性与西方现代女性形象的交融,也是在中国现代文明进程中必然出现的形象。对这种形象的感知,就不只是需要从树的形象入手来感知了,还需要从生活中所见所闻的诸多女性形象来感知这种爱情诉求、人格诉求的可贵之处与独特之处。再以纪弦的《你的名字》为例:

用了世界上最轻最轻的声音,
轻轻地唤你的名字每夜每夜。

写你的名字,
画你的名字,

而梦见的是你的发光的名字。

如日,如星,你的名字。
如灯,如钻石,你的名字。
如缤纷的火花,如闪电,你的名字。
如原始森林的燃烧,你的名字。

刻你的名字!
刻你的名字在树上。
刻你的名字在不凋的生命树上。
当这植物长成了参天的古木时,
啊啊,多好,多好,
你的名字也大起来。

大起来了,你的名字。
亮起来了,你的名字。
于是,轻轻轻轻轻轻轻地吟唤你的名字。①

  这是一首轻盈活跃的小诗,以自己爱人的名字为歌咏的内容,写得别致且意味深长。但凡深爱,她的一举一动,一颦一笑,都是值得品味、回忆的。她的头饰,她的衣着,她的步伐,她的身段,她的左顾右盼,她的摇曳生姿,无不是醉人的场景。以爱人的名字为题,可以浓缩全部的爱恋,因为名字是整个人的象征。作者多处用到"轻"这个字,且叠词、反复的现象比较突出,那么,我们就要在细读过程中,注意从切身的生活体验出发,设身处地去联想、构设一位能与之相对应的人物,进一步感知这样的话语中该以何种语气、声调、词语去表现内心温柔而纤细的情感,而诗歌的艺术特色及其所意欲表达的温存、依恋,也便自然能体会了。实际而言,以上文字描写

---

① 陈实.台湾爱情诗选析[M].桂林:漓江出版社,1989:77－78.

的情愫,也都是我们在生活中常常会遇到且能彼此相通感受的,所以对于新诗的细读,我们也非常需要从生活的经验和视角去感受、体验。对于这类体验,教师在引导过程中,可以将不同形式、不同语气的朗读贯穿到情境构设、人物联想、情感揣摩等多个环节中来,以使诗歌的教学和语言的表达紧密地联系起来。

  在此,要格外强调的是,诗歌教学过程中除了文本的细读以外,与之相应的有声有色的表达也至为关键。抓住新诗的白话特征与表达的语态特征,从朗读中直接感知、体验诗歌的内蕴和情感,将诗歌作为语言的精灵的特征充分表现出来。所谓有声教学,当然主要是通过朗读来实现的,也可以适当地与音乐、歌曲、戏剧演唱、影视观看等多种方式结合起来,使声音的表达更加充沛、丰富。有色教学,不仅是朗读时体态语言和表情语言的表达,还可以将诗歌与色彩、绘画、动作、舞蹈、话剧等结合起来,使诗歌的内容不仅是可听的,也是可视的,这样能促进学生对诗歌更深层的理解、构想、思考,使学生更加亲近诗歌,从而更深地探索诗歌。在当前教学中,配音朗读是较为常见的一种教学方法,但这种方法也有其局限性,因此,将更多样的声色元素渗透到新诗教学中来,需要一个长期的努力过程。

  诗歌教学不仅是感知教学,也是一种体验教学。所谓感知,即从调动个体的感官(眼、耳、鼻、舌、身、意),从视觉、听觉、嗅觉、味觉、触觉甚至心灵感应等各个方面去知会诗歌世界里生动丰富、活泼灵动的万千事物和人物。所谓体验,即从个人的亲身经历出发,对诗歌中各种幽微深曲的情境做出相应的领悟,而对其中所抒发的情感或隐藏的情思都能有相应的感应和呼应。诗歌教学,首先应当是语言的教学,这自然包括语词、语法、语气、语态等层面在表达上的特别之处,它除了是分析式的教学、理性化的教学,更应当是声音的教学,是话语的教学,是表达的教学,是创作的教学,是感性的教学。其次,诗歌教学应当是情感的教学,作为"文学中的文学"的诗歌,其最大的文学价值和文体价值,当然不是理性的教育,而恰恰是情感的感化。这种特殊的文体所能产生的教育能量,不仅在于它蕴藏了巨大的情感能量,更在于它所赖以产生共鸣的渠道,就是激发读者内心蕴藏的丰富情感,使读者所蕴藏的情感能量与诗歌的情感能量合力,从而实现情感的共鸣、心灵的相知。因此,在诗歌教学中,我们除了在创作背景、表现手法、写作技巧、艺术风格、内容情感等方面做出理性的解读和深广的钻研外,也要从形制特征与诗质特质方面入手,去琢磨如何让学生与诗人之间达成情感的共鸣和心灵的共处。例如,普希金的《一朵小花》:

> 我看见一朵被遗忘在书本里的小花,
> 它早已干枯,失去了芳香;
> 就在这时,我的心灵里
> 充满了一个奇异的遐想:
>
> 它开在哪儿?什么时候?是哪一个春天?
> 它开得很久吗?是谁摘下来的,
> 是陌生的或者还是熟识的人的手?
> 为什么又会被放到这来?
>
> 是为了纪念温存的相会,
> 或者是为了命中注定的离别之情,
> 还是为了纪念孤独的漫步
> 在田野的僻静处,在森林之荫?
>
> 他是否还活着,她也还活着么?
> 他们现在栖身的一角又在哪儿?
> 或者他们也都早已枯萎,
> 一如这朵无人知的小花?

在一本书中,诗人发现了一朵干枯的、失掉了芳香的小花,面对这朵被遗忘的花,诗人的心中浮起了奇异的遐想:这花于何时开在何处?是何人为何将它采下?采花人如今又何在?这联翩的浮想由一句接一句简洁明了的提问来加以体现,一连串的提问构成了一首诗。这样的一朵花,是会被常人所忽略的,而在诗人的眼中,它却成了一件想象的关联物。诗人体味生活的敏锐,诗人面对万物的温情,由此可见一斑。这也正是诗人不同于常人、诗人之情超乎常人之情的地方。普希金有更深入的联想,他在诗的结尾问道:或者他们也都早已枯萎,正像这朵无人知的小花?从花联想到采花人,从花的枯萎联想到人的生死。枯萎的花因此被赋予了生命,而人的生命又如这花的命运一样莫测(因采摘而夭折,却又因之而永恒)。

第五章

细读教学的方法

语文新课标指出,"阅读教学是学生、教师、文本对话的过程",咀嚼文字、细读文本始终是语文教学的重要课题。文本细读是每一位语文教师提高课堂品质的必经之路,是把学生的思维引向深度的重要渠道。文本细读,首先要重视语境对句义的影响,强调应将句子放在文章中,联系前后段落的内容,理解句子的意思。正是这种联系,使得每句话甚至每个字词都有其自身特定的含义。文本细读还应将重点放到文本内部的组织结构上,文章本身就是一个通过句子联系紧密的整体,如古典名著《红楼梦》,小说字字有玄机,处处埋伏线,如果没有文本细读,那么也就不会诞生"红学"这样一个研究流派。新课标一直强调,课堂教学要以教师的教为主导,以学生的学为中心,所以教师要注意从"文本"到"生本"的转换,深入浅出,发挥好引路人的作用,让学生做课堂真正的主人。文本细读是语文教学中不可或缺的重要环节,师生在进行细致阅读时,不仅能够仔细品味字词所传达的感情的美妙,还能感受文学世界的多姿多彩。同时,充分的阅读也会丰富一个人的精神世界,为他插上想象的翅膀,飞向更广阔的未知世界,拥有一颗悲天悯人的心。

第一节 细读教学诵读法

教学的主要参与者是教师和学生,教学是教师和学生共同完成的双向活动,是教和学两方面的辩证统一。在各类读书方法之中,诵读因能调动多种感官的参与,加深读者对作品的理解,发展语感,培养读者的审美情操,达到其他方法不易达到之功效,所以备受师生青睐。诵读的形式可谓多种多样,有范读、配乐朗读、诵读、齐读、单读、接力读、对读、分角色读、赛读、录音读、表演读等。但不同体裁的作品,具有不同的美质;不同作家的作品,有不同的语言风格:或幽默诙谐,或端丽典雅,或庄正朴实,或睿智宏富。诵读方法不当,不但不能引导学生更好地理解作品,还可能引起学生的反感,使学生逐渐失去学习语文的兴趣。

一、创设合适的诵读情境,营造诵读氛围

良好的开端是成功的重要基础,适宜的环境氛围对课堂效果的影响非常明显。记得听过一堂公开课——程翔老师的《将进酒》。诗歌是诗人通过凝练的语言表达自己内心情感变化的重要方式,诗歌教学最重要的就是通过学生的诵读,把文字变成有声话语,用自己的想象体验诗歌的情感发展。程老师在课堂上说"爱怎么想,就怎么想",鼓励学生不要太拘谨,设身处地地去想象诗人当时与朋友们畅饮畅谈的情景,尽量驰骋在自己想象的草原上。开始时的课堂,学生虽然知道这首诗歌的感情基调应该是豪放的、飘逸的,但是他们还不能把这种知识性的理解转换成行为上的表达,并不太明白在朗读过程中应该怎样把狂放、飘逸表达出来。在学生读的过程中,程老师的指导很有引领意义,用其中一句诗的诵读给学生做出示范,让学生瞬间明白了读这首诗的感觉应该是怎样的,同时把课堂的氛围烘托得特别好,使整堂课洋溢着李白诗歌的痛快、豪迈、大气之感。和谐的课堂氛围能够帮助学生更快地进入学习状态,情境是最具感染力的。

教师在教学过程中对学生的引导,直接影响学生学习目标的达成,所以课堂中若想让学生愿意开口读,并且能读出感觉、读出感情,教师需要为学生营造一个适宜诵读的环境,根据文本创设出一种情境,让学生沉浸其中。教学中教师需要用描述性的语言,为学生营造合适的诵读环境。比如在教学杜甫的《登高》时,学生初次自由读之后,教师可以为学生介绍诗人写这首诗的背景,了解这些背景知识后,学生再次诵读"万里悲秋常作客",相信会感受到"悲"的更深层的含义。又如《再别康桥》中,诗人将"河畔的金柳"比作"夕阳中的新娘",教学时教师要引导学生体会"新娘"与"金柳"之间的相似性:"新娘"是羞涩的、温柔的、婀娜多姿的,那么,微风吹过的河畔"金柳"摇曳的姿态不正像"新娘"吗?所以,诵读时要引导学生读出"新娘"的那种娇羞,那种温柔。又如《故都的秋》这样一篇语言优美、情感深厚的抒情散文,仅仅朗读题目就给人一种美感。在诵读时,整体应该缓缓的,像小桥流水一样娓娓道来。因为学生与作者所处的时代有距离,所以需要为学生补充写作背景,尽量让学生体会作者写作时的心情,更好地理解文本,从而有感情地进行诵读。

兴趣是最好的老师,浓厚的兴趣在学习中会产生强烈的学习动机。诵读教学中,教师要注意培养学生的诵读兴趣,首先让学生愿意开口,然后多多给予学生鼓励与指导。学生尝到成功的喜悦后,才能慢慢爱上诵读。学习是一个循序渐进的过程,教师要有足够的耐心与爱心,静静地等待学生的转变。

二、采用多种诵读方式,激发学生诵读兴趣

诵读有教师范读、学生齐读、分角色朗读等多种方式,教师需要灵活使用,不要拘泥于一种诵读方式。因为多样的诵读方式可以激发学生的学习兴趣,训练学生的听说读写能力,提高学生的学习效率。课堂上教师往往会运用两种以上的诵读方式,针对不同的情况采取不同的诵读方式。

1. 教师范读

教师进行范读,用有声语言将文本中的内在意蕴表达出来,把作品中的情感声情并茂地展现给学生,使其深受感染,达到一种身临其境的效果,

从而较快地理解文本,与作者产生情感上的共鸣。还记得鲁迅先生在《从百草园到三味书屋》中描写私塾先生读书的情形,先生在人声鼎沸中依然沉浸在自己的世界中,高声诵读着。由于先生沉醉地诵读,作者便认为这是特别好的文章,从而对诵读产生兴趣。可见,榜样的力量是强大的,也许本来学生自己读着感觉很平淡的文章,经过教师的范读,就会让学生感受到文本的美,且能够激发诵读的兴趣。不同诵读水平的学生,其诵读能力也不同,所以教师的范读应该有所区别。对于诵读水平较低的学生来说,教师的范读应重在字音的准确、清晰,停顿要明显,节奏尽量缓慢,这主要是由学生的理解情况、接受能力所决定的。如果教师表现的水平太高,会让学生产生无法企及之感。所以,根据学生的"最近发展区",为学生进行范读,才能真正激发学生的诵读兴趣。而对于诵读水平较高的学生,尤其是有一定诵读天赋又经过训练的学生来说,教师所追求的应该是声情并茂的境界,教师范读侧重于语调的高低变化、节奏的跌宕起伏,尽量读出文本的音乐美、韵律美,同时要注意引导学生感受文本的内蕴美以及作者的思想情感。

2. 学生自由读

在教师的指导之后,学生们可以自由地读,这时的读会让学生比较放松。比如在上公开课的时候,开始时学生总是比较拘谨,这时安排学生自由读,给予学生充分的时间去熟悉、了解文本,教学效果会比较好。在一阵沸沸扬扬的声音中,学生没有顾虑,不会担心被嘲笑,就是最羞涩的学生也会在这时一读为快。而且,学生的自由读是教师了解学情的大好时机,在教室走上一圈,学生诵读的情况也便了然于心,更有利于因材施教,针对学生不同的个性特点进行教学。

3. 学生个别表演读

这一环节可以请学生自告奋勇诵读或者由教师指名学生诵读。首先对自告奋勇的学生给予赞扬与鼓励,这样的学生一般都是有备而来,自身的诵读水平不错,教师要尽量帮助他们提升诵读的技巧,成功的体验会增强他们的自信心,从而产生良性循环。教师指名诵读,可以更有针对性地指导,对于个别学生的影响会比较大。也许刚开始学生不能顺利地读下来,会手足无措,但是,随着一次又一次地站起来读,他们也会一次比一次成熟,慢慢尝到成功的喜悦。

4. 学生分角色读

分角色读最适合对话性的文本,比如小说、剧本这样的文体。不同的人物语言有不同的特点,分别由不同的学生读,让其他学生感受、评价。比如沈从文的《边城》、曹禺的《雷雨》都适合分角色读。在分角色读中,诵读的同学会更专注于自己要诵读的角色,而听读的其他同学也会根据自己的理解评价,不断提高自己的诵读能力和体验能力。同时,在一篇作品中出现几种不同的声音和语调,可以活跃课堂上的氛围,让更多的学生乐于参与,体味诵读的乐趣。为了掌握好话语的心理依据,从声音上区别角色,应该依据学生声音条件、性格兴趣、经验积累、语言功力的情况分配角色,一个人朗读一个角色的话语。最佳的阵容、最合适的角色、最成功的配合,必能使聆听的学生在感受和判断、分析和综合的过程中融入文本,并进一步达到整体和谐的境界。

当然,诵读的方式不止以上四种,还有男女生分读、师生分读、比赛读、接力读、配乐读等。在具体使用过程中,教师可以根据学生情况,选择几种合适的诵读方式,提升课堂教学效果。

三、加强学生诵读指导,提高学生诵读能力

字正腔圆的普通话是一名语文教师的必备技能之一,教学语言必须要符合言语规范。同时,教师是学生学习的榜样,在教学实践中,若是教师的诵读水平很高,会更容易受到学生的喜爱与尊重。如今的语文课堂,大部分时间都是教师在讲,学生参与的机会太少。有的时候,教师与其过多地无效解释,反而不如让学生多读两遍课文,效果也许更好。如果教师自身的诵读水平不高,又不给予学生充分的时间去诵读、接触文本,那么学生怎么能感受到文本带来的音韵美?语文教师要养成平时诵读的习惯,模仿、学习名家诵读的技巧,不断提高自身的诵读水平。

特级教师程翔在《将进酒》的教学中对学生进行了张弛有力的诵读指导,达到了很好的教学效果。程老师遵循学生身心发展的实际情况,按照

"朗读—齐读(包括适时正声)—放开读—带着醉意读(强调读出味道)—有技巧地读"这样的思路来指导,循序渐进地对学生产生影响,逐步地让学生走进诗歌,走进诗人,走进诗境。程老师多次告诉学生,诵读时要自由自在,不要拘谨,要把"李白的烦愁啊、悲愤啊都通过酒发泄出来",想象此时此刻自己就是李白,带着一种狂放的气势读出来。在整堂课中,程老师表现得特别自然,带动得学生也很自然。

教师在使用诵读教学法时,可以从停顿、重音、语调、语速等四个基本方面引导学生进行文本诵读。

停顿是诵读者在诵读时词语之间的间隔,既是一种生理需要,又是一种表达需要。停顿可以给诵读者调整气息的时间,同时也可以给听者一个回味的空间,使诵读具有节奏感而琅琅动听。在诗歌教学中,诗的停顿是比较明显的。教师在教学一首诗时,首先就是帮助学生正音,然后指导停顿。如杜甫的七言律诗代表作《登高》,首联的停顿是"风急/天高/猿啸哀,渚清/沙白/鸟飞回",颔联的停顿是"无边落木/萧萧下,不尽长江/滚滚来",停顿很明显,全诗首、颔、颈、尾四联的诵读节奏都是不一样的,这是这首诗的停顿方式之一。不同的人诵读相同的文本,根据自己的理解,所做的诵读加工也是不一样的。文本中的不同节奏当用声音表达出来的时候,呈现出一种音乐美。

重音,又叫重读,是指诵读时读得比较重的音节。从作用上区分,可以将重音分为语法、逻辑、情感三个方面的。重音对于理解作者情感、表现文章意蕴,以及增强诵读文本的节奏感、音乐感都具有非常重要的作用。诗歌最明显的是每句押韵的韵脚需要重读,比如《再别康桥》的第一小节二、四句:"正如我轻轻的来""作别西天的云彩",其中句末的"来"字和"彩"字都需要重读。

语调是指语音上的高低升降变化,也是为了更生动形象地表达作者的思想感情。现代汉语有四个声调:阴平、阳平、上声和去声,每个声调有不同的调值,能够表达的语气与情感也是不一样的。语调的变化可以表现作者在作品中的情感变化。比如《再别康桥》中的第二小节,诗人将康河畔的"金柳"比作特别美好的"新娘",可以看出诗人对康桥的喜爱之情。在读

"新娘"两字的时候,语调要有一个上扬,这样比较能读出诗人对康桥的爱恋之情。

　　语速是指诵读时语流的快慢变化,主要是由诵读作品的思想情感来决定的。比如说《雨巷》,整首诗的调子低沉而凄美,表达了诗人那种彷徨和失望的情绪。所以读的时候必须放慢语速,语气低沉,给人淡淡的忧伤,读来有种缓缓流淌的感觉。又比如白居易《琵琶行》中的琵琶声的描写,四弦的琵琶弹奏出的是诗人的人生历程,是诗人的悲苦遭遇,"同是天涯沦落人",琴声和当事人的情感紧密地结合在一起,让人与人之间也产生了人生的共鸣。诗人用了大量的比喻,将跌宕起伏的琵琶音有声有色地表现出来,让人产生身临其境之感。诗人在创作时充分发挥了自己的想象,所以教师在课堂上也要为学生创造一定的情境,引导他们想象,并用自己的声音表达出来。

　　以上这些诵读技巧的运用都是需要以诵读者对文本的理解为基础的,而且也都有语法、逻辑、情感上的不同。教师可以教会学生一些基本的诵读符号的运用,比如重音在字词下加着重号,停顿用斜线来表示等,这样更有利于学生掌握诵读技能。学习是一个循序渐进的过程,语文学习更是如此,要一点一点地进步,相互促进,坚持不懈。

四、给予学生充分诵读时间,逐步增强学生语感

　　在新课改理念的影响下,教师的教育观念在不断更新。诵读教学法是我国传统语文教学的重要方法,对当今的语文教学来说,我们既要不断学习古人诵读教学的方法,又要取其精华去其糟粕,尽可能地为我所用。随着"诵读"在高中语文课标中多次被提及,这一教学法得到越来越多的高中语文教师的重视。很显然,无论是古典诗歌还是新诗,诗歌文本都是最适合诵读的。

　　不同于古典诗歌,现代诗歌不需要严格遵守古诗词特有的声律规定,比较符合现代人们的言语表达习惯,更有利于情感表达。人教版高中语文教材必修一第一单元收入了《雨巷》《再别康桥》《大堰河——我的保姆》等诗歌,这是学生进入高中后第一次接触现代诗歌,教学中教师要引导学生

反复诵读,在其基础上从诗歌的意象、语言等方面鉴赏诗歌,展开合理的想象,感受作品中诗人所表达的真情实感。又如人教版必修二收入了《氓》《离骚》《孔雀东南飞(并序)》等作品,古典诗歌那种独特的节奏感、音乐美、韵律美自然是适合诵读的,只有在反复诵读中才能感悟诗中悠远的意蕴美。当然,并不是只有诗歌适合诵读,像散文、小说、戏剧等文体也有适合诵读的地方。比如散文中优美的情境描写,小说中精致的细节刻画,戏剧中精彩的人物对白,这些都是值得学生诵读的。虽然教师都明白这个道理,但是知易行难,在除诗歌外的其他文体教学中,教师往往很难涉及诵读这一环节,课堂上也没有相应的诵读指导。所以,教师不但要拥有全新的教育理念,还需要真正地将之贯彻于课堂中。教师重视诵读教学法的运用,还需要让学生认识到诵读对其自身学习的重要作用,让学生不仅从意识上重视诵读,还付出踏实的行动。从目前高中语文教学的情况来看,在依然以应试教育为主的教育体制下,再加上语文学习本身见效慢的这一特点,学生对语文仍然不太重视。课堂上的时间有限,课后又会首先忙于数理化的学习,学生没有太多时间用在语文上,更不要说去细细体味、慢慢诵读一首诗、一篇文章、一本书了。为了引起学生对于诵读的重视,刚开始的时候,教师可以每天布置与诵读相关的作业,每次都规定好诵读的篇目和诵读的时间,持之以恒,直到学生养成良好的诵读习惯,让诵读成为学生日常生活中必不可少的一部分。

  语感是指对言语文字的一种理解力、一种敏锐的感知能力,是人在学习时的一种直觉思维。语文是一种语言学习,语感在语文学习和应用中运用得最多,所以培养学生的语感是语文教学的重点。在运用诵读教学法的课堂中,应给予学生充分的时间去读、去体会,在读中感悟。教师要引导学生读经典的书籍,反复地诵读有助于学生的理解,可以逐渐地增强学生对文本的理解能力。"读书破万卷,下笔如有神",我国许多文学大师都曾说过经典文本带给他们的力量,比如少年巴金读《古文观止》,刚读的时候他也许并不能全懂,但是背诵了200多篇文章的积淀为这位文学大师创作许多优秀作品打下了坚实的基础。新课标要求学生读出"自己的阅读感受",反复诵读就可以逐渐培养学生的语感,从而提高学生自主阅读的能力,引导学生对阅读的文本有自己独特的见解,以读促学,在读的过程不断领悟文本中所表达的思想感情。

例如,戏剧的矛盾冲突只有人物的"你方唱罢我登场",没有"旁观者"在一边发表什么议论,一切是非、一切善恶,以及人物的个性特征、话语特色,都由人物的言行表现出来,都由读者或观众从中感受、综合、辨别、引申。戏剧中,人物的言行,尤其是人物的话语,即台词,便成了最重要的叙述方式。由此可见,人物的语言,是戏剧(包括剧本、演出)成败攸关、高下立见的关键。朗读时必须准确把握各色人等的话语结构、词语色调、语气节奏、表述样式,必须深入感受这个人同那个人的语言的交汇点,每一个人的语言重点,所有人语言的插入点和结束点……

例如教授老舍的《茶馆》节选部分——第一幕中,唐铁嘴要给王利发相面。

王利发:(夺回手去)算了吧,我送你一碗茶喝,你就甭卖那套生意口啦!用不着相面,咱们既在江湖内,都是苦命人!(由柜台内走出,让唐铁嘴坐下)坐下!我告诉你,你要是不戒了大烟,就永远交不了好运!这是我的相法,比你的更灵验!

这几句话,既符合茶馆掌柜的身份,又体现了他对唐铁嘴的同情和劝诫的善意,更鲜明地道出了郁积于心的痛苦。先是点破了唐铁嘴给他相面的用意——白喝一碗茶;然后揭露相面的骗术,"苦命"不算而知;接着,亲切地让唐铁嘴坐下,直截了当地叫他戒烟,并隐含地告诉他,戒了烟才有希望生活得好些;"我的相法"就是人生经验、熟知社会,远比相面灵验。虽然是几句话,却一波三折,意在言外。这正是戏剧语言的局限性与凝练性、表意性与表情性、真实性与虚幻性的整体和谐所在。一句"算了吧",多少辛酸体验,多少事理世故。一句"我告诉你",多少苦涩、怜悯,多少体贴、希冀。一切都在话语中,一切都在语气里。第一层,随口脱出,似在不经意间;第二层,清醒概括,久积而发;第三层,语重心长,是恨铁不成钢;第四层,自律自信,发人深思。由此可以确定,朗读时应该注意语流的趋势和走向,由松弛温和到深情凝重,再由明快紧凑到舒展肯定,显露出人物少年老成、精明强干的性格,表现出王利发和唐铁嘴之间的友善关系。

　　语文是一门实践性很强的课程,学习语文必须重视诵读。无论教师怎样精细地讲授和剖析,也不能取代学生亲身的诵读体验与感受。在教学中,教师要给予学生充分的诵读时间,让学生尽可能地融入文本中,拉近学生与文本之间的距离。每篇经典文本都应该反复朗读,甚至要熟读成诵。当然,背诵并不是死记硬背,而是诵读后自然而然的结果。"语文素养"是高中语文课标的一个核心概念,是一个综合性强、具有丰富内涵的概念,包含学生经过长时间积累所形成的语文方面的修养、学识、能力、人生观和价值观等。诵读教学法的运用有助于学生听说读写能力的培养,能提高学生的审美能力,进而提高学生的语文素养。高中生因为身心发展各方面已经成熟,智力、思维方面也已经与成人接近,而且在接受了九年的义务教育后,拥有了一定的文学积累,所以诵读教学法运用在高中阶段更多的是对学生精神上的引导,侧重对学生心灵的熏陶。高中语文教师应注重引导学生对文本的理解,以便学生能够进行情感层次上的诵读。另外,教师在选择教学方法时要注意文本特点,有的文本适合以诵读教学法为主,如诗歌和篇幅较短的散文;有的文本适合诵读与讲解相结合的方法,如散文文体中的叙事性散文《记念刘和珍君》,这种思想比较深刻的文本需要教师的讲解,为学生介绍时代背景,这样更有利于学生在诵读中将自己的解读表达出来;还有的文本需要以诵读教学为辅助方法,像说理性较强的科普文、文艺学论文等。

第二节　细读教学体验法

　　体验作为一种心智活动,超越了单纯的记忆或理解,是用全部的心智去感受、关注、欣赏、评价文本中的人物、事件、思想。只有通过全身心投入式的体验,我们才能把一个陌生的外在的对象变为熟悉的可以交流的乃至融于心智的存在。在体验中,体验者所感受到的是一个凝聚的统一的感知整体,这种感知和人的生命、生活紧密联系在一起。

一、体验的生成及体验式阅读教学步骤的确定

体验式阅读教学的步骤,是指体验式阅读教学展开的过程。体验式阅读教学的过程不同于"体验"的过程,体验的主体是学生,而体验式阅读教学的设计者却是教师,但教师在设计体验式阅读教学的步骤时,必须以尊重学生的体验过程为基础。因此,确定体验式阅读教学步骤的关键是先了解学生体验生成的过程。一般来说,体验的生成大致经历四个过程。

(一)感知文本

捷克教育家夸美纽斯曾经说过:"知识的开端永远必须来自感官(因为悟性所有的都是先从感官得来的,没有别的)。所以,智慧的开端当然不仅在于学习事物的名目,而在于真正知觉事物的本身!"[①]感知觉是一切实践活动的基础,没有敏锐丰富的感觉,就不会对客观事物产生深刻的认识。因此,当文本呈现在学生面前的时候,学生就会首先调动自己的眼、耳、口、脑、心,并且结合自己已有的经历、经验和心理结构去观看,去聆听,去思考,从而受到最直接、鲜明、强烈的感官刺激,形成对客观事物的初步体验。这个体验有可能是混沌的,朦胧的,甚至带有猜测性的,但这并不会阻碍学生对文本进行进一步的理解。

(二)生发情感

情感依赖于感受和认识,如果没有感受现象,就不存在主体发展的机制,就不会有任何情感经验作为印记留存在记忆系统中。主体一旦对客观事物产生真切实在的心理感受,就必然会产生一系列的情感起伏和波动。如果客体符合主体的心理需要和审美倾向,就会产生积极的情感,实现主体对客体的心领神会;如果客观事物不是主体所渴求和需要的,就会产生厌弃、排斥、否定或远离等消极情绪,难以产生"入境以亲"的体验。

---

① [捷]夸美纽斯.大教学论[M].北京:人民教育出版社,1985:156.

（三）确立形象

文本往往用形象来反映现实的生活，表现个性的心灵，揭示独特的情感，但在文本中，形象不会直接呈现在学生的面前。它需要学生积极调动自己的思维与想象，有了积极的情感的促进，学生的思维就容易被激活，变得异常兴奋、活跃和灵敏，会主动地从当前的一事一物联想到他事他物，或将大脑中贮存的处于潜伏状态的诸多相关的观念或表象串联起来，形成新的观念、表象或感受，或是一个色彩绚丽的世界，或是一段波澜壮阔的生活，而且情感越丰富，联想和想象越活跃，思维创造性也就越能得到充分发挥。

（四）升华意义

王国维在《人间词话》中说："诗人对自然人生，须入乎其内，又须出乎其外。入乎其内，故能写之。出乎其外，故能观之。"当主体调动起自己的情绪、想象、联想，完全介入深切的体验之中时，主体体验的广度和深度发生了变化，不但吸收了文本中的精华，而且保持着比较清醒的认识，还要跳出作品的情绪范围对作品的内容与形式做冷静的分析，并把作品放到更大的范围内去考察，通过综合分析，沿波讨源，从而产生认识的突破、情感的升华、价值观的提升。

因此，根据体验生成的这一规律，我们可以确立体验式阅读教学的步骤：激发动机阶段，整体感受阶段，体验内化阶段，反馈外化阶段。其中，整体感受阶段、体验内化阶段是体验式阅读教学的主要阶段，这两个阶段相当于学生体验生成的二、三阶段。这四个阶段只是体验式阅读教学的一般流程，并不具备固定意义。

二、体验式阅读教学的方法

体验式阅读教学要从理论上的可能性变为实践中的现实性，必须探索切实有效的教学策略。所谓教学策略，就是为了实现教学目标，完成教学任务而采取的一套特定的方式或方法，它是实施教学活动的基本依据，是教学设计的中心环节。

(一) 创设情境,激活体验

语文阅读是一个复杂的心智活动过程,阅读主体必须通过创造性的思考和解读,将自己头脑中储存的思想与文本建立起密切联系,才能正确地把握文本内容,获得独特的审美体验。然而,这种心智活动总是与一定的文化背景(即情境)相联系的,只有当阅读主体在一定的情境下学习,才能获得预期效果。语文教学中的情境,指的是教师为配合教学任务,有目的、有计划地运用语言、图像、音乐等手段创设出特定的物质环境、心理环境和教学氛围。由于教学时间、地点、内容、主体等不同,情境具有独特性、丰富性、多元性的特点。情境是体验的诱因,体验必定是在一定的情境中进行的。生动的教学情境的设置,能够唤醒沉睡于学生心灵中的各种经验,激发学生的学习热情,引起学生的新鲜感、接纳感和认同感,让学生产生积极主动的情绪体验,为老师与学生之间的情感互动和师生与教学内容之间的情感渗透创造条件。情境的创设不仅仅是在阅读教学的导入阶段,它适合教学中的任何一个环节。

1. 运用语言,营造情境

语言是思想的载体,具有情感表现和情感交际的功能。在阅读教学中,语言因为不受时间、空间、人力、物力、财力的限制而成为教师创设情境的主要手段。教师可以根据教学内容的需要,或用准确简练、质疑生疑的语言来激活学生的思维火花;或用形象生动的语言来描绘事件的过程,再现事物原貌;或用细致入微的语言来勾画人物心灵,传送复杂情感;或用幽默风趣的语言来再现缤纷自然、丰富多彩的生活。总之,教师可以用自己的语言来叩击学生的心弦,让学生如闻其声、如见其人、如临其境,从而与作者产生情感上的共鸣,体验作者的内心世界。著名特级教师于漪就是一位善于运用自己的语言来创设情境的大师。她在讲《雨中登泰山》时,是这样导入课文的:同学们游览过祖国的名山大川吗?那奔腾咆哮、一泻千里的长江、黄河,那千姿百态、气势雄伟的三山、五岳,孕育着我们中华民族的古老文明。一想到它们,民族自豪感就会充溢心头。那具有拔地通天之势、擎天捧月之姿的泰山就是这样一座山。历代多少文人墨客写诗撰文,讴歌赞美。杜甫的五律《望月》就是其中之一,诗中那"一览众山小"的境界是令人神往的。只有攀登到绝顶,才能领略到无限风光。今天,我们学习李健吾同志的《雨中登泰山》一课,请作者作向导,带领我们去攀登、游览那高耸雄伟的泰山吧!① 这样的语言,层次清晰,思维缜密,词句典雅,旁征博引,有着深厚的文化意蕴,它就像条潺潺的溪流,缓缓地流过学生的心田,唤起学生对泰山的无限神往之情。

2. 运用音乐,渲染情境

荀子说过:"夫声乐之入人也深,其化人也速。"音乐是作曲家心灵的倾诉、情感的流淌,不同旋律的音乐通过不同乐器的演奏,可以表达出不同的思想感情,从而使听者产生丰富的联想,形成或深或浅的情感体验,因此音乐对人的感染作用比语言更为强烈,更为持久。文学作品的情感世界广博、深邃、含蓄、深沉,学生受年龄、阅历和接受水平的限制,往往对作品的情感和意境体验不深。如果在教学过程中,选择一些情感内涵和文本内容相通的背景音乐,让学生随着音乐去感受文章的跌宕起伏,便能够激发学生的内心情感,加深学生对文本情感内容的把握和理解,诱发学生深层的审美体验。如一位老师在教学《故都的秋》这篇课文的时候,运用了排箫演奏的《秋梦曲》作为背景音乐,这首曲子哀婉低沉,很容易将让学生带入《故都的秋》一文悲凉的情感氛围中。

3. 运用图像,再现情境

图像再现情境,是指充分利用插图、投影及集光、色、影、声于一体的多媒体教学,将抽象的文字形象化,将无声的语言图像化,在姿色各异、韵味迥异的画面中,为学生展示如诗如画的情境,激起学生的审美愉悦。如一位教师在教学《鸿门宴》时,在前两课时的基础上,第三课时的教学任务主要采用讨论和交流的方法,深入感受人物的性格内涵,同时将学生的阅读视野引向广阔的天地,丰富文化底蕴。在进行这一环节时,教师选取了浙江少年儿童出版社出版的《绘画本中国通史》中关于"鸿门宴"的图画来展示故事的情节,这四幅图画形象地展现了鸿门宴的过程。教师要求学生仔细阅读画面,辨明人物与人物之间的关系,观察人物的举止神态;然后仔细

---

① 上海教育学院中文系.于漪教案选[M].上海:上海教育出版社,1984:116.

钻研课文中的相关文字,用自己的语言说明画面的内容。若是这一环节仅仅让学生根据课文的文字来讨论和交流的话,学生有可能会因为对文章了解不深而达不到真正交流的效果,但教师选用这四幅图画来做依托,不仅为学生的对话交流提供了情境,还激发了学生的学习兴趣,培养了学生的想象能力,让学生在看图中领悟故事的情节和作者的情感。

4. 运用表演,体验情境

运用表演体验情境即让学生扮演文本中的人物,通过人物的音容笑貌、言行举止,重现事情的经过。运用表演法,学生的身心能够很自然地进入作品的世界,与作品中的人物进行对话,仔细揣摩所扮演的角色的思想和情感,构想人物的语言、动作和表情。这样既可以最大程度地满足学生的兴趣和爱好,充分发挥学生的想象力和创造力,展现学生自己的个性和特长,同时又可以渲染整个学习情境。不仅是角色扮演者,全体学生都在无意识作用下不知不觉地进入了角色,最深切、最生动地经历角色的心理活动过程。《史记·淮阴侯列传》里对韩信欲立假齐王的事实有这样一段戏剧性的记载:

汉四年,遂皆降平齐。使人言汉王曰:"齐伪诈多变,反覆之国也,南边楚,不为假王以镇之,其势不定。愿为假王便。"当是时,楚方急围汉王于荥阳,韩信使者至,发书,汉王大怒,骂曰:"吾困于此,旦暮望若来佐我,乃欲自立为王!"张良、陈平蹑汉王足,因附耳语曰:"汉方不利,宁能禁信之王乎?不如因而立,善遇之,使自为守。不然,变生。"汉王亦悟,因复骂曰:"大丈夫定诸侯,即为真王耳,何以假为!"乃遣张良往立信为齐王,征其兵击楚。

这段文字生动传神,韩信挟兵自重,刘邦粗野狡诈,都在细节描写中得到体现,很有艺术感染力。高中语文课本中有很多诸如此类的故事性强、人物个性突出并适合表演的文章,如人教版必修四第一单元课文《窦娥冤》《雷雨》《哈姆雷特》等课文,学习此类课文时,可以采用角色扮演的形式。一位老师在教学《罗密欧与朱丽叶》之前,首先让学生选出两名导演,自由组织两套班子,自行挑选演员,在熟悉剧本、研究剧情的基础上表演课文的"殉情"一段。表演的时候,学生按照自己的心理逻辑、行为逻辑去感应、理解、体验对象的内心世界。学生表演完之后,老师要求每个扮演者谈谈对所演角色的认识及舞台处理的原因;最后请观众同学结合自己对剧本和剧本中人物的理解对表演做出评价。虽然观众没有直接参与表演,但他们要做出精当而又准确的评价,也必须全身心地投入到这个过程中去。

5. 进入生活,经历情境

早在两千多年前,孔子就说过:"不观高崖,何以知颠坠之患;不临深泉,何以知没溺之患;不观巨海,何以知风波之患。"[①]但是自从学生进入学校的那天起,教育者们就在他们面前关闭了通向大自然迷人世界的大门,让他们不能倾听潺潺的流水声,不能观赏春日里积雪融化时的动人情景,不能触摸动物们跳动的脉搏……他们仅仅在背诵、描写这些神奇事物的干瘪的句子。语文教学脱离了生活的实际,忽视了生活和社会实践在语文学习中的重要作用。心理学研究表明,越贴近生活的原生态,产生体验的速度越快,体验的程度也越深刻。因此,体验式阅读教学应该把学生从单一的知识桎梏中解放出来,把学生的思维、视野扩展到美丽的自然、多彩的社会生活中去,让学生在踏春、寻秋、登山、观海中,感受大自然的情趣;在对现实热点问题的探究性研读中,体验社会的纷繁复杂,从而加深对课文中蕴涵的思想情感的体会,对自己生活经历的反思,获得对文本内涵及自我人生的一种领悟和提升。如教学《荷塘月色》之前,就可以预先带领学生去观赏夜色中的荷塘,先让学生体验真实的自然情境,在教学之时,学生对荷塘月色的感悟可能比直接阅读文本要深刻得多。

(二) 以读生情,强化体验

如果说创设情境还是在为体验式阅读教学做准备的话,那么诵读文本便是学生主动的语言实践。诵读一直被古人视为语文教学的至妙之法,清代的曾国藩说:"读者,如《四书》、《诗》、《易经》、《左传》诸经,《昭明文选》,李杜、韩、苏之诗,韩、欧、曾、王之文,非高声朗诵则不能得其雄伟之

---

① 王肃.孔子家语[M].上海:上海古籍出版社,1990:61.

概,非密咏恬吟则不能探其深远之韵。"①诵读受到如此重视,其原因在于它不仅能够调动学生的眼、耳、口、脑、心等各种器官,将静止不动的书面符号演绎为生动鲜活的画面,将无声的文字还原成有声的语言,而且还能激活贮存在学生脑中的相似经验,激发学生的联想和想象,丰富学生的情感体验。一篇文章,读出声音来,读出抑扬顿挫来,读出语调神情来,比单用眼睛看所得到的印象要深刻得多,对于文章的思想感情,领会得要透彻得多,从中受到的感染要强得多。高中语文教材中的文学作品或展现至孝的亲情,如《陈情表》;或展现至真的友情,如《在马克思墓前的讲话》;或展现坚贞的爱情,如《孔雀东南飞》;或展现忠诚的爱国爱民之情,如《离骚》……无论哪种情感都是一种崇高的品质与至高的境界的体现,体验式阅读教学要注意加强学生对这些文本的诵读,引导学生在读中生情,在读中悟情,强化学生对文本内涵的理解和体验。

(三)质疑生疑,深化体验

提问是连接教学情境、教材、教师与学生等教学要素的纽带,是尊重学生在学习过程中的独特体验的重要条件。问题的设置,要能够激发学生的阅读欲望,开启学生的思维,唤醒学生的生活经验,从而获得各种情感和思维体验。因此,提问无疑是体验式阅读教学的主要策略和方法之一。体验式阅读教学中问题的设计,要以真实的教学过程和学生的认知规律为前提,要以能够满足学生的求知欲、好奇心为原则,让学生在问题中积极主动地运用自己的经验去体验、感悟、想象、探究,去与文本进行对话,从而寻求问题的解决。由于阅读是学生思维、价值、观念的碰撞和情感态度的交流,他们所产生的体验往往具有差异性、多元性,因此,设计的问题应该富有启发性,可以把学生带入一个可以理解而又不甚透彻,有障碍却又并非不可逾越的境界。同时,还要尽量减少对问题的限制条件,给学生留下独立思考的空间,让学生在释疑过程中不仅能够解决既有问题,而且还能够发现、设想以及探究更新更深的问题。人教版必修二第三单元课文《兰亭集序》是东晋王羲之的一篇书法作品,文章虽然只有三段,但文笔优美,其中包含

---

① 曾国藩.曾国藩家训[M].长沙:岳麓书社,2001:3.

的思想也比较复杂,以学生现有的知识积累和阅历,很难深层次地领悟作者的思想感情。在教学此文时,可以设计这样一个问题来引导学生深入理解课文:"作者俯仰天地、人生、古今,产生了乐、痛、悲三种不同的情感,请思考作者的乐之因,痛之由,悲之源。"在这个大的问题的启发下,学生自然会深入文本去寻找缘由,经过自己的深度阅读发现作者乐的是良辰美景、闲人乐事;痛的是人生短暂、世事无常、往事不再、生死难测;悲的是不仅是古人、时人,还有后人,其死生亦大矣。

(四)联读诗文,整合体验

联读,是以语文教材中的某篇课文为核心,寻找与课文在主题、题材、写法、内容、语言表达等方面具有相同或相异特点的课外材料,与课文连在一起来读。刘勰《文心雕龙·知音第四十八》中说:"操千曲而后晓声,观千剑而后识器。故圆照之象,务先博观。"联读的主要作用是让学生多接触和积累语言材料,获取大量的相关信息,引导学生从多个角度去思索、体验作品内涵的多义性和模糊性,积极地富有创意地建构文本意义。除此之外,联读诗文还能提高学生的学习兴趣,扩大学生的阅读视野,拓宽学生的精神空间,丰富学生的阅读体验,提高学生的思辨能力。

1. 同一题材的相关作品联读

同一个事件,同一个题材,在不同作家笔下往往会呈现出不同的风貌,这个不同主要有以下两种情况。第一种情况,是作家对同一事件所持的观点和态度不同。杜牧、王安石、李清照三位著名诗人都曾就"项羽乌江自刎"这一历史史实写过诗歌:杜牧的《题乌江亭》,王安石的《乌江亭》及李清照的《夏日绝句》。三首诗,面对同一个事件,作者却是从各自不同的人生阅历、感情色彩和时代氛围出发来表达自己完全不同的历史评价和人生选择。杜牧从兵家用兵的角度批评项羽不能够正确认识战争的胜败,不善于把握机遇,缺乏大将气度。王安石从民心向背的角度认为民心和形势决定了战争的胜负,历史的规律不可违背。前两位诗人分别从项羽的主观认识和当时的客观形势上运笔着墨,言之成理。而真正能够深入理解项羽的还是李清照,李清照创作《夏日绝句》的时候,有着民族危亡的大背景,因此她从节操角度认为项羽既是人杰,更是鬼雄,称赞项羽的气节。如果只读三首当中的任何一首,学生对项羽的理解可能都很片面,体验也不会深刻,但如果把这三首诗歌放在一起采用诗文联读的方式来学习,学生就能对项羽乌江自刎这一事件有更加全面而又深入的思考,对项羽这个人也会有自己独立的价值判断。第二种情况,是作家所运用的表现方式不同,即用不同的文体来表现同一题材。如同是写唐明皇和杨贵妃的爱情故事,历史上就出现了诗歌文体《长恨歌》、笔记小说文体《长恨歌传》、戏曲文体《长生殿》等文学作品形式,如果在学习《长恨歌》的时候,能够引入另外两种文体的文章进行联读,不仅可以极大地激发学生创造性的阅读感知兴趣,还能让学生在比较阅读中掌握不同文体的不同表达艺术和表达特点。

2. 同一作家的相关作品联读

从义务教育到高中阶段,在语文教材和读本中,出现了很多同一个作家的不同作品,这些作品的体裁有相同也有不同。如李白、杜甫等人的诗歌就是相同体裁的,而毛泽东、鲁迅、苏轼等作家在教材和读本中出现的作品体裁就不尽相同。但不论哪种情况,把他们的相关作品放在一起来进行专题性阅读,都有利于学生更加深入理解这个作家的写作风格,全面了解作家的内心世界。苏轼对于学生而言,是一个非常重要的作家,他的人生经历十分坎坷曲折,因此,在不同的人生时期他的作品风格和感情也呈现出很大的不同,甚至在同一时期,同样题材的作品,也是时而豪放,时而婉约,时而豁达,时而感伤。《念奴娇·赤壁怀古》是苏轼的名篇,是苏轼在经历了"乌台诗案"之后,谪居黄州期间写的。苏轼游览赤壁,深感年岁渐老,功业无成,因此借周瑜在赤壁大战中建立功勋的往事来抒发自己的抱负,虽然最后含有消极的情绪,但是仍不失为豪放之作。黄州时期是苏轼人生当中一个重要的时期,在此期间,苏轼的感情十分复杂,其作品风格也是多样的。学习这首词的时候,可以将他同在黄州时期写的两首词《定风波》(莫听穿林打叶声)和《卜算子》(缺月挂疏桐)放在一起来联读。《定风波》通过在郊外偶遇风雨这一生活小事,表达了作者洒脱、旷达的人生态度,也抒泄了诗人对自己遭受政治打击而引发的愤懑,尽显豪放风格;而《卜算子》借孤雁夜飞的形象,暗喻了自己政治失意的孤寂之情,同时也让我们看到作者清高自守、不愿同流合污的高远境界,大有婉约之风。通过联读,苏轼的形象显得更加丰满,学生对其作品的感知也必然深刻。

（五）鼓励写作,升华体验

阅读的过程实际是一个理解语言和品味语言的过程,当学生在这个过程中对文本有了一定理解和体验之后,就会产生一种想要把这些理解和体验表述出来的愿望。这种表述愿望使学生从视觉言语过渡到口头言语或书面言语,从内部言语过渡到外部言语。由于有了强烈的表达动机,学生不再满足于机械地、照本宣科地把原文念或写出来,而是在自己原有的知识经验和新获得的感受体验的基础上,通过编排、连缀、增删等活动来整合原文的句子、段落,把原文的思想观点加以融会贯通后变成自己的思想,然后用具有规范的语法结构、能够被别人所理解的外部言语形式加以表达。在体验式阅读教学过程中,教师要抓住这个契机,积极引导学生把在阅读过程中产生的情感体验由联想、想象状态转化为自己的语言现实,抒发自己的感受,让读、感、悟、思、辩在"写"中得以融会贯通,从更高层次上升华阅读体验。这里的"写",有多种多样的形式,如扩写、续写、改写、仿写等。

1. 扩写续写,升华体验

阅读教学中,学生会经常遇到因为文章中某个片段写得简略读起来觉得不"解渴",或因为文章的结尾没有结局而让读者浮想联翩的情况,也就是文本给读者留下了大量的阅读空白,这些空白无疑给学生发挥想象提供了条件。学生可以在文本的基础上,根据自己的联想和想象,做片段扩写或结尾续写,在读写结合中进行个体的反思体验。例如,一位学生是这样来续写《项链》一文结尾的:

路瓦栽夫人先是猛地抬起头,瞪大眼睛,张着嘴,高举着双手,但一句话也没有说出来,往后一跤跌倒,不省人事了。

"玛蒂尔德,玛蒂尔德,你醒醒啊,来人哪……"佛来思节夫人焦急地大声喊着。

"项链,项链……"口水顺着嘴角滴在紧紧地抱在怀里的被子上,脸上显露出十年来少有的微笑,但嘴里还是分明地说着那两个字。

"亲爱的,醒一醒。"

"亲爱的佛来思节夫人,你还在吗?"她微睁开眼睛。

"亲爱的,我是你的路瓦栽啊!"焦急的路瓦栽关切地注视着自己的夫人,"佛来思节夫人先回去了,是我让她走的。"

"亲爱的,我们有钱了,我们……"路瓦栽夫人迫不及待地说。

路瓦栽先生打断了她的话:"亲爱的,我知道了,我什么都知道了,是的,我们有钱了,我们再也不必卖苦力,你也不必那么辛苦了……""我又可以参加盛大的晚会,我要穿最高档的服饰,坐属于自己的马车,有自己的车夫,有自己的小楼,三层的,欧式的那种——圆顶,大大的亮亮的吊灯。我也要佛来思节夫人那样让人眼花缭乱的礼服,有做工精巧的首饰。我什么都要最好的。"她正讲到兴头上,好像突然想起来什么似的,"亲爱的,我们现在马上就去佛来思节夫人家,把本属于我们的项链要回来。"

"夫人,佛来思节夫人不会赖账的,她已经同意,让我们明天一早就可以去她那取。你身子弱,休息一天,等明天你好一些,我请假和你一起去……""不早了,你怎么还不睡呀,天这么冷,你还坐在窗前,别着凉。"

路瓦栽夫人想着自己从明天就要开始新的生活了——一种高雅和奢华的生活,从此以后不会再因为手头拮据而感到痛苦,不必再面对寒伧的住宅,黯淡的墙壁,破旧的家具,粗陋的衣料,也不会再苦恼了,因为他们有钱了,所有的梦想都会一个一个地实现。她在心中勾画着未来的美好前景……就这样想着,想着……

一大早,当路瓦栽先生醒过来时,他的夫人已经打理好一切,还特意穿上那件当年价值四百法郎的礼服,衣服依旧美丽。当夫妻俩挽着手走在大街上的时候,也有不少绅士对路瓦栽夫人频频顾盼。

"卖报,卖报,特大新闻,佛来思节夫人惨遭劫难!"

"他……他说什么……什么?"路瓦栽夫人嘴角颤抖着说。

"您买报纸吗,夫人? 特大新闻!"

"给你,不用找了!"路瓦栽夫人从报童手中抢过两份报纸。

一行黑体大字跳入路瓦栽夫人的眼帘:佛来思节住宅昨晚遭歹徒抢劫,贵重物品被洗劫一空。

这位学生在学习了莫泊桑的《项链》一文后,不仅对文中的人物形象有了自己的价值判断,体验到了文章精巧的构思,而且还把它运用到了自己的写作之中,设置了一个悬念,留下一个让人感到意外的结局。

2. 仿写名篇,升华体验

仿写,是以优秀的言语材料为样本,将其言语和思维规律内化为自己的认知结构,生成自己新言语的一个创造性的写作过程。课本中的文章除给学生学习外,还是学生仿写文章的最佳范例。因为课本中的每一篇文章都是经作者千锤百炼而成的,是学生阅读的范文,也是学生习作的范文,所以当学生深刻体会之后,一定要让学生模仿课文的写作方法来进行写作,加深对文章结构和语言的体验。2012年,笔者曾经在市级公开课上执教《我的空中楼阁》一文。这是台湾作家李乐薇的一篇散文名作,笔者在课上通过自己的范读和学生的分组朗读、个别朗读等方式激发学生的情绪,并且像一个导游似的带领学生寻找作者的观察点,细细领略山中迷人的景致,品味文中生动的语言,最后和学生一起总结了本文的写作特色。学完之后,学生都非常喜欢李乐薇那柔和、温婉、含蓄的写作风格,内心似乎总有一种想要表达的冲动,于是笔者便趁机让学生仿照这篇文章写一篇以"我的小屋"为题目的散文。由于有了深刻的体验,这次仿写的效果非常好,如有位同学作文中的这段文字便模仿运用了文章中写景的手法:

透过小屋的窗,在破晓时分,可以望见海平面上一点点蹿起的太阳,羞涩的红粉,给天边铺上一层温暖的色彩。此时的小屋,也充盈了几许温馨……薄暮时分,夕阳依然柔和,浅浅的几抹淡红色,自然地涂给了白云,太阳渐渐沉下,像倦慵的美人。恰似一幅唯美的画,日出美得光鲜,日落美得淡雅。

第三节 细读教学评点法

评点作为中国古代传统的阅读和鉴赏方式,其丰厚的阅读经验和理论,非常值得我们在阅读教学中借鉴。评点式阅读,要求学生在阅读中圈划、评点,把自己对文学作品的认知和体验注释在一旁,是学生自主阅读和自主探究学习的方式之一。教师在阅读教学中要充分发挥学生的主观能动性,在学生深入研读文本做好评点的基础上,通过师生对话、生生对话等形式,让学生自主地个性化地解读评点文本,在交流共享的氛围中,通过教师的引导达成共识,完成对文本深入准确的解读。

评点式阅读教学的课堂是民主、开放的课堂,在轻松愉悦的课堂气氛中,学生可以尽情地自主阅读和自我探究发现。探究的角度是多样化的,可以是文章主旨、章法结构、文章内容、语言表达、行文构思、情感表达等。评点的方式可以灵活选取,或对文本提出质疑,或表达赞美,或进行提示,或比较分析,或概括提炼等。既然是学生的自我解读,那么对于文本的解读形式就是多元的,只要是立足于文本所引发的独特感受和体验,只要合乎情理,教师就应该给予鼓励和赞扬。但是如果出现对文本的错误解读或异读,教师也要充分发挥好引导的作用,帮助学生从文本的整体感知出发,及时解答学生疑惑,纠正学生的错误观念,引导学生正确解读文本,提高学生的自我阅读和鉴赏能力,使学生乐于阅读,敢于批判。

在评点式阅读教学中,教师首先要让学生了解、掌握评点式阅读的方法。比如,笔者就曾经把自己给林语堂写的《苏东坡传》所作的评点拿给学生示范,并让学生尝试运用这一方法解读文学作品,自主探究,自主发现,最后进行合作交流,学会分享,进一步更正、完善自己的解读。评点法具体教学流程如下:

评点式阅读教学环节及时间安排

环节一 2分钟左右	环节二 18分钟左右	环节三 10分钟左右	环节四 10分钟左右	环节五 5分钟左右
1.教师巧设对话情境,导入评点式阅读。	2.学生与文本对话,在阅读文章的同时,进行圈划、评点。	3.生生对话,组内展开交流。汇总、选取组内精彩的点评,选派代表准备在全班发言。	4.全班交流,教师也参与其中。开展师生对话和生生对话,教师在本环节中既是组织者、倾听者,又是参与者、评判者和促进者,帮助学生完善解读。	5.教师小结。总结学生精彩的点评,并以小结的形式引出新的对话,引导学生对新的文本进行解读、评点。

一、评点式阅读教学的方式方法

工欲善其事,必先利其器。评点式阅读教学的实施也不例外,在实施之前,教师要做到"授之以渔",教给学生评点式阅读教学的方式方法。在评点式阅读教学中,评点式阅读按方式的不同可以分成符号式、文字式和纲要式三种。符号形式是初读文本常用的形式,文字形式是细读文本惯用的形式,而纲要这种形式一般用于总体评点文本,近似于读书札记。这三种方式由易到难,从随意到固定,反映的是阅读者语文素养的高低、阅读习惯的优劣。

(一)符号式

在阅读中,将自己认为重要的和有用的的字、词、句、段等用不同符号或颜色加以标记的形式,称为符号式。这种形式往往为初读或初次感知文本的读者所采用。它是最简单的评点形式,重在通过这种形式来读通文章,把握思路,了解文本的大概内容,为后面深入解读文本做好必要的铺垫。在使用中,一般用相应固定的评点符号、颜色来表明评点者的意图,这是初次解读文本较好的形式途径。

运用此法,最为重要的一点是要明晰符号及符号因人而异的意义。为了便于使用,教师一般都要将符号进行统一规范,保持前后一致。如段序用阿拉伯数字标出,生字难字用".",总括句、过渡句、重要句用"'",重要段落用"○",疑问处用"?",感叹惊奇处用"!",注意处、发表感想处用"△",好词用"..",好句用"～～",打算摘抄的内容用"≈≈"。① 还有在文章精辟和重要的语句下画横线;用"‖""/"来划分段落层次,使课文结构整齐,内容清晰等。如在学习《陈情表》时,学生在"除臣洗马"的"洗马"旁做了"?"的标记,表明不解其意,不懂其音;在"臣少事伪朝"的"伪朝"上标注了".",说明学生认为此句的理解是关键;在"听臣微志"的"听"上标注了".",意味着不懂其意为"允许"。如此圈圈点点、勾勾画画,学生可以借助工具书或上下文进行语境推测,扫清了阅读的基本障碍,又明白了文本的基本内容,理清了文章的思路,做好了深入文本的准备。

(二)文字式

它是阅读者将阅读中所得、所感、所悟及所疑,用文字表述的方式记录下来的形式,是学生在初读所做符号的基础上进一步评点的形式,也是最常用、最重要的评点形式。学生可以将阅读中形成的感悟、想法、疑惑或联想等,在不同的位置,用简洁的语言书写在天头、旁空、行间、结尾等处,这些也是学生读、思、写相互结合的产物。根据文字评点的侧重点不同,这种形式又衍生出多种评点阅读的方式、方法,有识记注释式、感悟式、联想式、质疑式、鉴赏评价式等。

1. 感悟式评点

感悟式评点就是在阅读中,阅读者因文本的词、句、段等而触发某种感想、体悟,并将其以文字的形式记录下来的评点方式。其特点是自由灵活,不拘形式。如此的感悟可能与文本细读没有必然联系,是阅读者随性而发的,但这恰好体现了评点式阅读注重个人,不仅要求读者与文本、作者对话,更讲求与自己、心灵对话的特点。感悟式评点能生发出源自文本而又超越文本的思想情感、哲理,促使读者在阅读中不断发现自己,体悟人生。如学生在读了王羲之《兰亭集序》后,面对文中的千古名句,有了如下感悟式评点:

---

① 魏晋智.还学生一片耕耘的沃土——对"评点式阅读教学"课堂建构的探索[J].甘肃联合大学学报(自然科学版),2011(10).

生1：死亡固然无法回避，但也无法掩盖生命的光彩。不认真去经历过生，又怎么去从容地谈及死？也许怏然自足便是活着的意义；也许生死的大限无非是为了我们不忘这一点。

生2：千年前的兰亭，千年后的兰亭，那一刻仿佛重叠在了一起，总让人记得这个春天发生的温暖的事，三月柳絮吹进四月的梦啊！

如此评点，"学生动心动情了，文本终于成为他们个人化的沉淀"[①]。语文的外延就是生活的外延，如此感悟式评点，不仅仅是学生深入理解文本，把握文本主题的体现，而且是学生超越文本、思考人生哲理、感悟生命价值、了解为人处世、铺垫人生的体现。

2. 联想式评点

联想式评点是指在阅读教学中，把握文本形成的"空白"艺术，利用联想与想象的方式，结合个人的生活经验、感受去填补"空白"而进行的评点。这种评点方式符合文学创作的规律，提高了阅读教学的效率。语文文本的"空白"是指作者在创作中，"有意无意地造成的隐蔽、残缺、中断、休止、无言、无声、无形……的部分，即'笔所未到，意有所忽'之处，也是留给欣赏者通过'有形'部分而进入想象的艺术空间"[②]。这表明文学文本创作之初是一个"召唤结构"，它存在着"意义未定与空白"，因而，在阅读中遵从此法方能正确解读文本。另外，文本"空白"艺术的存在要求在阅读教学中，读者主动地参与到文本的"召唤"中去建构"结构"，凭借个人的生活经验进行联想，这样才能填补文本的"空白"，使"意义"确定下来，最终完善作品的意义。然而，如何利用文本的"空白"艺术去进行评点呢？这得要从"空白"的表现谈起，一般作品中的"空白"表现为三个层面：语义层、句法层和结构层。这就要求教师在联想式评点过程中引导学生注意与之对应的三大方面：语义含混、含蓄不明的地方，文句子成分反常搭配的地方，文结构思路跳跃、转换及时空交错的地方，从而找到"空白"之处，发现"召唤

[①] 谢澹.《兰亭集序》教学支架的建构与实现[J].语文学习，2014(4).
[②] 王宝增.创作空白论[J].文艺研究，1999(1).

结构"。另外,苏霍姆林斯基说过:"在人的灵魂深处,都有一种根深蒂固的需要,这就是希望自己是一个发现者、研究者、探索者。"在实施中,教师还要充分调动学生的积极心理,要变被动接受为主动参与,激发学生的思维,拓展他们的想象,鼓励他们打破常规思维进行评点。

联想式评点一般表现在文本篇首的总体领会,文中形象、景物等的描写,文本结尾的叙写等方面。如莫泊桑《项链》是一个"言有尽而意无穷"式的结尾,沈从文《边城》以"这一个人也许永远不回来了,也许'明天'回来"结尾,鲁迅《药》以夏瑜的坟上多了一簇鲜花,却没有道明是谁送的结尾,这些艺术"空白"的存在,给学生创造了很大的联想空间。就文本开篇而言,如乐府诗《孔雀东南飞》一文,开头的"孔雀东南飞,五里一徘徊"的用意何在?有学生就利用联想、想象结合全文进行了如下点评:"表面写孔雀往东南飞时的频频回首,实为借用了古诗的比兴手法,言刘兰芝与焦仲卿之间的不舍与难分之情。"在这里,这位学生在整理阅读的前提下,调动了联想、想象,用心去填补了创作者用比兴手法精心创设的"空白"。还有在文中的景物、形象等描写中的空白,如曹禺的《雷雨》,当鲁侍萍看到还未相认的儿子周萍毒打自己并不相识却为亲弟弟的鲁大海时,她悲愤地喊出:"你是萍,……凭——凭什么打我的儿子?"句中省略的部分,以及语言的转变都给读者留个下了思考的空间,需要读者展开联想、想象去填补。有学生如此评点:"明知是哥哥打弟弟,却不能够明白说出来,这对于一个母亲来说是多么痛苦呀!当然,如此语言的转变也给读者刻画了一个深受封建社会等级思想毒害,逆来顺受、委曲求全的下层妇女形象。"这样的"空白"在高中语文课文中还有很多,针对这些文本,进行联想式评点的实例更是不胜枚举。

总之,文本艺术"空白"的存在给了学生展开联想、想象评点的机会,也给教师指出一条教学中实现文本细读的捷径。因而,语文教师要在"了解空白如何诱发想象,了解实体形象如何触发联想等动态机制"[①]的情况下,

---

[①] 韩雪屏.阅读教学中的多重对话:语文教育研究大系(1978—2005)(理论卷)[M].上海:上海教育出版社,2005:241.

利用联想式评点进行文本的"二次创作",从而填补"空白",完善作品的意义。

3. 质疑式评点

质疑式评点是指在阅读过程中将产生的不解、疑虑加以记录,对作者、文本所表达出来的主张、观点、思想等提出质疑的评点方式。古语云:学贵有疑,小疑则小进,大疑则大进。质疑可以激发思维,带动学生真正进入文本,与文本进行对话,有助于培养学生的探索和创新精神。同时,教师"应通过不断地设疑发问,通过学生提出的疑难问题来了解学生与文本交流的程度,来决定自己介入学生阅读的程度与方式,从而在学生与文本之间灵活地扮演自己的角色"[①]。质疑还可以帮助教师掌握学生的认知情况,以便在阅读教学中更好地引导学生阅读学习,提高课堂教学的有效性。在阅读教学中,学生要勤于质疑,同时更要善于质疑。为了提高质疑的效率,教师应该指导学生掌握一些质疑的方法。学生可以在文本标题上、在看似矛盾处、在文本关键处、在文本与生活的联系处质疑。

(1) 在文本的标题上质疑。如高尔斯华绥的《品质》的标题,何为"品质"? 如果是指人的品性,本文要称颂什么人吗? 这是对标题的最初质疑。随着文本阅读的不断深入,读者发现这里的"品质"包括三层含义:一是哥斯拉兄弟的靴子质量好,二是哥斯拉兄弟的人品好,三是手工业时代难能可贵的不弄虚作假的品质。

(2) 在看似矛盾处质疑。鲁迅的《祝福》一文,有一段写"我"与祥林嫂相遇关于"究竟有没有魂灵"的对话。在这段对话中,对于"灵魂有无"的回答,"我"由原先的"可能有",在祥林嫂一再的追问下,到最后变为"我也说不清"。看似矛盾的对话却恰恰是把握"我"、祥林嫂形象及文本主题的关键所在。"我"是一个同情弱者、厌恶封建礼教、富有正义感的小资产阶级知识分子,祥林嫂是一位深受封建礼教思想毒害的底层劳动妇女,二者的对话似乎告诉我们本文批判的矛头对准了封建礼教对人的毒害。若

---

① 吴晓芳.接受美学视野下的语文阅读教学[J].漳州师范学院学报(哲学社会科学版),2005(1).

在阅读教学中把握住这些地方评点,势必会加深对文本的理解。又如,归有光在《项脊轩志》中有两处写到哭泣:第一次写项脊轩的变迁,回忆母亲时是"余泣,妪亦泣";第二次忆及幼年读书时祖母来轩看望自己,"令人长号不自禁"。一"泣"一"号",备见真情。可是为什么回忆自己的母亲只是一般的哭"泣",而想到自己的祖母却是放声"长号"呢?同样是睹物思人,怀念亲情,难道对祖母的思念超过了母亲?是不是另有其他原因呢?这些问题颇值得玩味。

(3)在文本的关键处质疑。学习郁达夫的《故都的秋》,可以抓住开篇这句文眼"北国的秋,却特别地来得清,来得静,来得悲凉"进行质疑评点,既然北国的秋来得悲凉,是作者喜欢这样的悲凉,抑或还有别的意思?带着疑问,深入阅读文本,你将发现全文在颂秋,这里的"悲凉"是秋天在作者心中的真实感受,但不意味着就不好,恰好切合文人的忧郁、伤感,是作者对深爱的"故都"的忧思之情,所以说即便是带有一丝悲凉色彩,仍旧与"颂秋"的主题相符,这只是文人个性化的喜好而已。

(4)在文本与生活的联系处质疑。教师还可采用在文本的与生活的连接点设置问题,与文本的"无字处"设置问题。① 如在曹禺的《雷雨》一文中,往往会有这样一个问题:周朴园对鲁侍萍究竟有没有爱呢?这一问题既来自文本,又紧贴生活,在此处质疑设问,显然能够开启学生的思维,调动学生的阅读兴趣,提高学生的阅读鉴赏能力。教师需要提供丰富的资料引导学生对话,学会在不断追问中构建起文本的意义。质疑是一种方式,一种能力,一种探索。在教学中,只要教师合理指导,正确使用,定能促进学生阅读能力的不断提升。

4. 鉴赏评价式

鉴赏评价式评点是指对文本中优美的词句、精彩的段落、鲜活的人物、深刻的内容、巧妙的写法等做出主观的评价与鉴赏的评点方式方法。它主要锻炼学生的鉴赏评价能力,是学生提高思维品质的手段之一,主要包括把玩词句、品析修辞、鉴赏形象、赏析技巧等四个方面。

---

① 郑长安.巧设话题 激发对话[J].语文教学通讯(高中刊),2005(2).

(1)把玩词句。"语文的本质是言语性"[1],无论多么精彩的内容或深奥的道理都离不开语言的表达,因而,把玩文本中的重点词语及由词语构成的句子成为文本细读的关键。我们要遵从"词不离句,句不离段,段不离篇"的原则,依据具体语境来分析词句的含义,进而透过文本词句的含义,感知到作者的表情达意,体会到文本的内涵。因此,对把玩词句进行经常性训练,可以提高学生对语言精致与粗糙的辨析能力,而且可以积累词汇,培养语感,提高阅读理解能力。这足见对文本词句进行鉴赏评价式评点的重要性。

如在学习鲁迅的《拿来主义》一文时,文章在"先破"时列举了"送去主义"的诸多做法,其中有:"还有几位'大师'们捧着几张古画和新画,在欧洲各国一路的挂过去,叫作'发扬国光'。"在此,学生用夹评的方式,写了自己的评点:"'几位'表明大师不多;'几张'表明作品也少,少到寒伧可怜的地步。'捧'这个动词,活化了大师们毕恭毕敬、谄媚讨好帝国主义的丑态,用字尖酸刻薄,极讽刺之能事;'挂'字则再现了'大师'们得意忘形,不以为耻反以为荣的嘴脸。'欧洲各国'表明了对象是帝国主义,'挂'则勾画'大师'们大张旗鼓、自鸣得意的丑恶嘴脸。最后,引用'发扬国光'则反讽'大师'们卑劣行径、无耻人格。"整个语言经此一评,显得字字珠玑,句句生辉。

(2)品析修辞。修辞是使语言文字更富有表现力、更具有生命力的重要手段,因而在教学中,帮助学生学会赏析、评品修辞手法是语文教学的任务之一。而要学会赏析修辞,首先得要明确不同修辞的内涵界定。一般界定的是常用的八种修辞:比喻、比拟、夸张、对偶、排比、借代、设问、反问等。再有就是结合文本的具体语境予以分析,在分析的基础上点明其作用。当然,这里的作用包括修辞本身的固有作用,如就比喻而言,生动形象、化抽象为具体、通俗易懂等;还有语境的作用,主要是指句子的表情达意。有了这样的赏析评价,学生才能感知到句子深刻的含义、语言的魅力及作者的

---

[1] 周艳.运用空白艺术,提高语文教学效益[J].中学语文教学参考,2014(1-2).

情感。

如学习李白《独坐敬亭山》一诗,当学生读完全诗后,在"相看两不厌,只有敬亭山"的旁边做了精彩的赏析:"诗人守望山头,'相看两不厌'写出了作者的凄凉,最后'只有敬亭山'道出了作者内心的感受。"另一位学生如此评点:"诗人运用了拟人的手法,将敬亭山人格化,给读者塑造了一个不与世俗同列,自由、闲适又有点孤傲的诗人的形象。借此形象表达了诗人从自然中寻求快乐、忘怀得失的思想感情。"显然前面学生的评点没有抓住评点的重点——修辞,因而显得肤浅,而后者通过对拟人修辞手法的赏析评点,把握了抒情主人公形象,理解了本诗作者表达的情感。

(3) 鉴赏形象。文学文本是通过语言,利用一定的文学技巧,塑造形象来表现主题的。无论是诗歌、小说、散文还是其他文学作品,都离不开形象的塑造。因而,在教学中,教师要通过阅读去鉴赏形象,获取阅读文本的内涵或主题。当然,这里所指的形象,一般包括人物形象、事物形象和景物形象三大类,而不仅仅指人物形象。如在学习《廉颇蔺相如列传》一文时,除了理解文言文的内容、疏通文字之外,更重要的就是对人物——蔺相如做评价赏析。

生1:作为一名杰出的政治家,心胸宽广,不计较个人荣辱得失,顾大局,识大体。他比廉颇更清楚将相和的意义,以国家利益为重,终于以德服廉颇,成为生死之交。

生2:攻无不克,战无不胜的帅才、名将,为人胸怀坦荡,知错就改。负荆请罪的直率,在中国历史上传为一段佳话;刎颈之交的赤诚,构建中华文明的精神瑰宝。

如此切中肯綮的人物形象评点,让读者在思考人物形象之余,自然体会到了文本"臣所以为此者,以先国家之急而后私仇也"的主题。

(4) 赏析技巧。文本在再现形象、表达情感、传承思想的时候,都离不开艺术表达技巧。表达技巧一般包括表达方式、表现手法、结构技巧等几个方面。就表达方式而言,主要集中在描写和抒情两点上,如描写主要考虑描写的角度和手法,抒情主要是间接抒情中的借景抒情、借事抒情及托物言志。就表现手法而言,主要有衬托、象征、联想和想象、对比、用典、以小见大、抑扬等。就结构技巧而言,则有开门见山、承上启下、过渡照应、卒章显志等。在教学中,只有让学生明晰艺术技巧的用法和作用,才能更好地阅读文本,体会文本的内容,提高阅读能力,同时在潜移默化中提高写作水平。如在学习陈与义的《早行》一诗(露侵驼褐晓寒轻,星斗阑干分外明。寂寞小桥和梦过,稻田深处草虫鸣。)时,学生围绕艺术技巧展开了赏析评价。现将评点表述如下:

生1:该诗就表达方式的描写角度看,将视觉、听觉、心理感觉结合来写,写出了诗人羁旅出行之早。

生2:本诗从描写手法来看,还用了动静结合的手法,静态的是"星斗阑干",动态的是"稻田虫鸣",表现了诗人出行之早,环境的寂静。

生3:本诗从表现手法来看,用了衬托中的反衬手法。主要表现在:天未放亮,星斗纵横,分外明亮,反衬夜色之暗;"草虫鸣"反衬出环境的寂静。两处反衬都突出了诗人出行之早,以及心中由飘泊引起的孤独寂寞。

学生在教师的引导下对诗歌艺术技巧的评价和赏析是极为到位的。第一位从表达方式的描写角度出发进行了评点,唯一缺憾是没有点明诗人的情感;第二位从表达方式的描写手法出发进行评点,优点是点出了环境的特点,但遗憾的是仍旧没有涉及主人公的心情;最后一位的评点赏析是最全面的,从表现手法出发,说出了反衬手法的具体表现,紧扣了标题的"早",还道明了诗人的情感。

在教学中,阅读就是要在对文本初步把握的前提下,对文本进行深入地赏析评价。当然,赏析评价文本的途径并不限于把玩词句、品析修辞、鉴赏形象、赏析技巧这四个方面。熟练掌握鉴赏评价式的评点方法比较难,除了教师要对学生多加指导、多加训练之外,还得要有一颗平常心,要循序渐进地进行。如从开始时对一字一词的赏析评点入手,再到修辞、技巧等的赏析,最后才到形象、主旨的评析。评点式阅读只有结合文本,灵活运用这些评点式阅读的评点方法,才能够不断培养学生的语感,提高学生的语言表达能力,使学生养成良好的读书习惯,让学生成为读书学习的主人。

（三）纲要式

纲要式评点是指将学生学习的内容,经过分析、归纳、整理等逻辑思维,形成纲要的一种评点阅读形式。这种形式有利于学生逻辑思维能力的锻炼,有助于揭示文本的内在联系性,有利于学生阅读概括能力的提升。在语文教学中,纲要式评点近似于教师要求学生写的读书札记、书评之类的文章。纲要式评点的优点较多,但由于难度较大,既非一蹴而就,也难大面积推广,故不在此赘述。

二、整体上做到"三个结合"

评点式阅读是解决现今文本细读教学困境的方法之一,在阅读教学过程中,它给了学生自主阅读的时间和空间,学生成为阅读的主宰者,在与文本的不断对话中建构起自己的认知,完成对文本的解读。但是,这样的阅读教学不能随意为之,而是要求施教者首先在整体上做到"三个结合"。

（一）自由评点与专题评点相结合

自由评点主要在课前进行,它是文本与学生的初次对话,是学生对文本主要内容、重要片段及疑难问题进行感悟、思考、表达自己思想感情的过程。这一阅读过程,充分尊重了学生的自主阅读权利,实现了阅读的个性化、多样化。但是,为了保证自由评点的质量,防止学生马虎应付,在不干涉学生自由阅读的前提下,教师还要有明确要求,比如要求自行解决字词,针对文本的结构、写法或主题提出一个问题,并稍作评点,且每页纸不少于三处等。

专题评点主要是在教师的引导下,在课堂上进行的。专题主要有两个来源:一是学生预习中提出或关注的问题;二是教师研读文本后,结合教学目标而设计的问题。教师在课堂教学中,可以围绕其中一两个问题组织评点。(1)课文的标题。通过评点标题,了解文本的内容及情感倾向等。如老舍的《想北平》,借助对标题的评点,学生能够感知到本文的情感基调——对北平的思念,从而有助于把握全文。(2)文中的中心句段、关键性句段。它们往往蕴含了丰富的意思,表明了文章的结构思路,暗含了中心,是专题评点时的关注点。如杨绛的《老王》,只要评点中把握了"这是一个不幸者对幸运者的愧怍"这一句,据此明白了"不幸者""幸运者"的内容,再结合"愧怍",文化人对自我良知的反思的主题自然会显现。(3)篇章结构。因为记叙文、小说有记叙的顺序,散文有贯穿全文的线索,教师指导学生弄清部分与整体的内在联系,弄清各个部分的内在联系,有助于把握文章的思路。专题评点是在学生充分阅读文本的基础上进行的,教师要给学生时间和空间去接触文本;同时,还要鼓励学生质疑提问。北宋哲学家张载说:"学则须疑。"质疑是提高阅读质量、排除思维惰性的途径和方法,因而,教师在专题评点时要尽可能给学生提供机会。当然,由于每个人的能力不同,教师还得分层指导,以便提高评点的水平。

自由评点是最初级的,是零碎的、不成体系的。假如让学生止步于这一层,则学生只能在文本的重难点外转圈圈,使得阅读目标偏离文本,浪费课堂的有效时间,致使课堂效率低下。由此看来,还必须通过专题评点来提高。教师在学生自由评点之上,组织学生细读文本,找准专题评点的内容,进行深入的阅读、质疑。自由评点(一般在课前)是阅读教学的前提、基础,是个性化阅读的过程;专题评点(一般在课堂)是阅读教学的发展、提升,是阅读走向深化、优化的过程,二者是相辅相成的关系,在评点式阅读教学中是不能人为隔离开来的。只有相互结合,评点式阅读才能发挥作用,实现阅读教学的目标。

在执教《赤壁赋》一文时,有学生提出文章中"月"的意象有何作用的问题。笔者就此在自由评点的基础上,组织了专题评点,评点对话整理如下:

师:有人说苏轼"以风月立骨",请大家把文中提到月的语句找出来,并谈谈自己的看法。

生1:第一段"诵明月之诗,歌窈窕之章",这里的"月"是诗歌文化中的月,含有美丽的内蕴。

生2：第三、四段中"月明星稀，乌鹊南飞""抱明月而长终"等，这里的"月"多指现实中的月。

师："抱明月而长终"是现实中的"月"吗？

生3：不对，这是想象中的月。

师：还有没有其他的"月"？请同学们补充一下。

生4："惟江上之清风，山间之明月"，这里的"月"富有哲理人生意味。

师：不同意味的"月"出现在一文中，你是如何理解的呢？请讨论后评点一下。

小组（代表）：既交代了赤壁之游的时间，文人之事的雅，还悟出了人生要安贫乐道、随遇而安的哲理。

师：在人生低谷中，对月的品悟，对月的感喟、思辨，帮助苏轼完成了价值观的重构，正如余秋雨所说，苏轼"经历了一次整体意义上的脱胎换骨，也使得他的艺术才情获得了一次蒸馏和升华，他，真正地成熟了"。这，正是"以风月立骨"。

在此段教学中，教师作为课堂的组织者、指导者，在注重学生主体对《赤壁赋》全文自由评点的基础上，通过对"月"的现实、想象、文学及哲理等层面的文句的专题评点，最终形成了对苏轼作品的"以风月立骨"的认识。整个过程在以学生为主体和以教师为主导的前提下，将自由评点与专题评点结合起来，加深了学生对文本的理解，培养了学生的阅读能力。

（二）立足文本与超越文本相结合

文本是课堂教学的依据和基础。无论是国家规定的现行教材（必修和选修），还是学校编订的校本教材，所选都是精挑细选、文质兼美的篇章，有着明确的指向性和多元的价值取向。因而，在教学中既要立足文本，发掘、体会其中的价值，又要结合学生自身情况去超越文本，体味文本的多元价值。

1. 立足文本

文本的性质与价值决定了教学要以文本为基础，在语文阅读教学中，教师要引导学生走进文本，品味语言，体会形象，感悟思想感情，环环相扣地挖掘出文本的价值,体现文本作为课堂教学依据的地位。同时,也只有紧扣文本,立足文本品文嚼字,才能领略文字的魅力,让语文课堂教学具有"语文味"。但是,需要指出的是,立足文本不等同于教师放手让学生任意解读文本,它需要在教师的指导下进行对文本的"多元解读"。否则,可能会导致教学游离文本,不尊重文本,使得语文课成为历史课、地理课、政治课等。立足文本,尊重文本,不"随意解读"才能实现文本的价值取向,让语文课具有"语文味"。

2. 超越文本

"对于阅读教学而言,文本资源和生本资源是两大主要资源,前者具有明显的预设性,后者则具有较强的生成性。传统的阅读教学往往因文本资源的确定性而探究较深,因后者的不确定性而疏于关注。真正意义上的阅读教学应当促进文本资源和生本资源的有机融合,积极推动视界的融合和意义的建构。"[①]这说明了文本资源和生本资源结合对于阅读教学的重要性。换句话说,阅读教学不仅要立足文本,让学生体会文本的基本价值所在,而且要结合学生本身的知识、经验和情感去再次创作文本,在超越文本中发展、提升自我。

在这个意义上,超越文本有两层基本含义:一是让阅读教学回归生活。作为阅读主体的学生在体会文本、解读文本的价值后,往往会结合自身的生活,对文本做出有利于自己的文本再创造,从而让语文学习成为人生成长的过程,这一过程所得是超越文本的。二是学生超出狭隘范围的文本,即国家制定的教材和校本教材,能博览群书,与书为伴。如此超越"文本",拓宽了阅读教学的空间,扩大了文本的价值,提升了学生的文学修养。超越文本显然很有必要,正如叶圣陶所说,"教材无非是个例子",而且"立足文本仅仅是语文阅读教学的基础而不是全部,因为教材提供的文本是有限的,阅读能力的提高、语文学习能力的发展必须在立足文本的基础上超越文本才能最终完成"[②]。同时,只有超越文本,阅读主体才能通过阅读实

---

① 许有锋.融合文本生本资源 激活对话张力[J].中学教学参考,2011(4).
② 吴永军.立足文本·超越文本·回归文本——语文新课程阅读教学策略[J].语文建设,2003(11).

现多元化文本细读,发展、提升自己。在教学《渔父》一文时,学生就屈原形象进行了如下探讨:

生1:文中的屈原是一位忧国忧民、不同流合污、不妥协、洁身自好、坚守理想、矢志不渝、宁为玉碎不为瓦全的人。

师:在悠久的历史长河中,还有哪些类似屈原品格的人呢?

生2:林则徐——苟利国家生死以,岂因祸福避趋之;文天祥——人生自古谁无死,留取丹心照汗青;司马迁——人固有一死,或重于泰山,或轻于鸿毛;谭嗣同——我自横刀向天笑,去留肝胆两昆仑;史铁生——死是一件不必急于求成的事,死是一个必然会降临的节日……

师:面对困境,屈原及历史人物做出了自己的选择。对此,我们有什么启发呢?

生3:我们可以软弱,但不懦弱;允许坚守,却不固执己见。

生4:可以坦然接受平凡,但始终不能放弃追求卓越的勇气和信念。

在这一教学片段中,生1对于屈原形象的理解立足文本,是对文本的忠实解读,而且在教师的引导下,理解十分到位;生2是对文本的拓展延伸,结合自己的知识、人生体会,对屈原形象进行了再次创造;生3和生4的发言便是阅读文本后超越文本的结论,从中感知到了学生对人生磨难的深刻看法,自我在阅读教学中得以成长。如此教学,真正实现了立足文本与超越文本的结合。因此,在评点式阅读文本时,先要立足文本,尊重文本的基本价值;然后在此基础上,扩大阅读文本的范围,超越文本,提升修养,从而发展自我,提升自我。

(三)整体把握与局部分析相结合

文本是不同要素的结合体,是局部与整体的有机融合。文本的整体是局部存在的语言环境,局部的理解要建立在整体之上,局部只能在整体中才能理解,其存在才有价值意义,二者是不能分离的。这正如一篇文章的主题理解,首先你得认可文本主题只有在文本整体把握中才能正确得出,而不是在"肢解文本"中得出,所以在评点式阅读教学时,要能整体把握文本。同时，整体的文本是由局部的要素组成的，要想析出文本主题，就得在整体把握文本的前提下，对局部进行详细分析。在评点式阅读看来，要具体评点、分析、理解文本中的字词、句子、段落，以及形象、结构、写法等，这一环节的结束也就意味着在阅读中做到了整体把握和局部分析的结合，文本主题的丰富性自然会在评点中得到展现。

  在阅读鲁迅的《秋夜》一文时，文章开头的话："在我家的后园，可以看见墙外有两株树，一株是枣树，还有一株也是枣树。"当作何理解呢？如果不从整体文本把握，就仅从这一句话看，恐怕会被人看成是废话、病句，语言表达上显得啰嗦、不利落。这显然跟文本表达的初衷不一致，是对文本的误读。造成误读的原因就是没有从整体上把握文本。相反，当你解读了全篇，从整体上把握，从局部分析做起，你将发现，这里的"枣树"是在"秋夜"里直指天空进行战斗的寂寞的英雄人物，而且全篇都是在称颂这样的人，正因如此，文本开头便以反复的修辞手法强调一下，以引起读者的注意。

  因此，在评点式阅读中，不能整体把握，只局部地评点、分析理解字词、语段、写法、结构等，往往会犯"只见树木不见森林"式的错误，会严重误读文本。而从整体把握后，自然会理解局部，以至分析出文本深层的意义，也只有整体把握下的理解局部才有意义。在评点式阅读教学中，就应该从文本整体出发去关注局部，做到整体把握与局部分析相结合。评点阅读教学本身是一个系统的过程，从师生的角度看，学生的自由评点与教师的专题评点应结合；从文本的层面看，应该立足文本而又超越文本；从实施层面看，要兼顾整体与局部。只有做到了这"三结合"，评点式阅读教学方能全面深入地得以实施。

第四节　细读教学比较法

夸美纽斯在《大教学论》的扉页写道:"我们的目的在于寻找一种教学方法,使教师因此可以少教,但是学生可以多学。"比较既是一种思维方法,又是一种思维过程。如果能够寻找到科学的比较探究式细读教学方法,并能在实践中运用恰当,将会收到较为理想的教学效果,达到"少教多学"的教学目的。比较探究式细读教学是比较法与探究理论的有机结合,只有寻找到二者的最佳结合点,才能实现传统教学法与新课程理念的完美统一。随着新课标的全面实施和新课改的推进,语文比较阅读教学越来越受到重视。然而,在实际教学中,中学语文比较阅读教学尚缺乏具体有效的操作范式,教学的随意性较大,难以确保教学目标的有效实现。探求行之有效的体现新课标精神的比较探究式阅读教学方法,充分发挥比较探究式阅读教学的优势,解决长期以来比较阅读教学存在的问题,是我们努力研究和探讨的重要内容。

一、比较点的设计艺术

比较一般由比较的对象、参照物和比较点组成。所谓比较点,就在比较的过程中需要解决的某个问题。然而,构成一篇文章的要素是多方面的,有结构安排、写作手法、细节设置、表现主题、人物形象、环境描写等,那么在比较探究式阅读教学中我们该如何设定比较点呢? 在中学语文教学中采用比较探究式阅读教学,由于学生的阅读积累还不丰厚,阅读视野相对狭窄,一般是由教师根据教学目标,综合考虑教学的重点和难点,适当选择比较对象及参照物,并预设比较点,激发学生的求知欲望,促使学生带着问题充分感受文本,自主思考后形成自己独特的见解,然后在小组内交流讨论,互相启发,进而修正、完善自己的答案,最后各组代表在班内展示,师生共同明确答案。当然,随着学生阅读面的不断扩大,文本细读能力的不断提高,当学生能够在阅读文本的过程中有意识地运用比较法来探究文本的异同时,教师可以逐渐放手,让学生跟着阅读感觉走。当学生在阅读体验中出现了"愤悱"状态时,比较点就会来自学生的阅读体验,来自学生的心灵深处,教师只需稍加点拨,就会给学生拨云见日之感。无论是教师预设的比较点,还是指导学生在阅读中发现的比较点,都应遵循以下三个原则。

1. 比较点的设计力求具有启发性

在文本的比较探究式阅读中,如果比较点设计巧妙、运用恰当,可以收到"一石激起千层浪"之效。恰到好处的比较点,如同学生思维的引爆装置,能激发学生强烈的求知欲望,使学生主动地深入文本,积极地分析文本,在字里行间乐此不疲地寻幽探秘,并结合个人的生活经历和情感体验,与作者展开心灵的对话,与文本进行生命的交流。例如梁晓声的《慈母情深》与川端康成的《父母的心》、胡适的《我的母亲》的比较阅读,我们可以这样设计比较点:母爱是天底下最为美好的情感,难道也会有所不同吗?学生思维平衡被打破,走进文本探求母爱的不同内涵和表现形式。

2. 比较点的设计力求具有深刻性

在文本的比较探究式阅读教学中,如果比较点设计得深刻、准确,可以收到"牵一发而动全身"的艺术效果。例如《爱莲说》与《芙蕖》的比较阅读,我们可以将比较点设为:同样是以莲为题材的文章,试比较两篇文章有哪些异同之处?如此这样,学生见仁见智,从不同角度找出两文异同之处,继而合作探究,互相补充完善,就会实现文章体裁、表现手法、作家态度等多方面的比较探究。

3. 比较点的设计力求具有适切性

采用比较探究式阅读教学是为了让学生更好地领悟文本的思想内涵,品味精美的语言,学习作者遣词造句、布局谋篇的写作技巧。因此,比较点的设计要与文本的特点相适切,要与教学的重点、难点相适切,唯有如此,才能实现阅读教学的高效率。若比较点与文本的特点不适切,与教学的重点、难点不适切,比较探究式阅读教学就会流于形式,甚至使阅读教学事倍功半。

二、比较探究的方法

一般来说,最有价值的知识是关于方法的知识。人们认识事物、分析问题、解决问题都要借助一定的方法,只有方法得当,做事才能顺利成功,甚至事半功倍;如果缘木求鱼,就会南辕北辙。吕叔湘先生认为:"一切事物的特点,要跟别的事物比较才显示出来,语文也是这样。"①语文比较阅读教学可谓由来已久。20 世纪 20 年代,梁启超曾提出过"分组比较"教学法。30 年代,夏丏尊、叶圣陶等人主编《国文百八课》,主张单元教学,其中就蕴含了比较阅读的思想。叶圣陶先生认为:"阅读方法不仅是机械地解释字义,记诵文句,研究文法修辞的法则,最要紧的还是多比较、多归纳、多揣摩、多体会。"②70 年代末,上海育才中学进行"一次多篇,多次反复"的单元阅读教学改革,比较阅读是其主要教学方法之一。八九十年代,许多语文名师都对比较阅读教学进行了一定程度的实践探索,如张孝纯老师"大语文教育"中的"参读",宁鸿彬老师"创造性阅读"中的"综读",韩军老师"新语文教育"中的"联比揣摩阅读",蔡澄清老师的"抽换比较",洪镇涛老师的"比较揣摩法"等。比较法作为语文教育研究和语文课堂教学的方法之一,近年来更是备受关注。许多语文教育教学期刊如《语文教学通讯》《语文学习》《中学语文教学》等,都曾开辟过比较阅读专栏,主要刊载教师的比较阅读成果,但比较阅读教学理论提升方面的文章较为稀缺,尤其缺乏比较阅读教学策略的实践研究和理论研究。现将一些语文名师及笔者在比较阅读教学实践中所采用的方法总结、提炼如下。

1. 增删法

即在阅读文本中增加或者删去某些词语、句子、语段等,以便与原文进行比较探究的方法。特级教师韩军执教《大堰河,我的保姆》时,有这样一个细节:

---

① 转引自黄菊初.语文教育研究方法学[M].北京:语文出版社,1998:273.
② 叶圣陶.叶圣陶语文教育论集[M].北京:教育科学出版社,1980:59.

师：再看这句，听听我读得对吗？"我被生我的父母领回到我自己的家里"……

生：老师在"领回到"后面多加了一个"我"字。

师：有什么不一样吗？

生：加上"我"，表示对父母的家有感情；不加，表示不喜欢父母的家。

韩军老师添加一个"我"字，引导学生在比较中轻而易举地体会到了作者蕴含在文字间的无奈之情。

学习《黄果树瀑布》一文，原文有"后来，我发现人甚至可以绕过瀑布，抵达它的后面"这么一句话。笔者请学生去掉"甚至"一词，再读一读，比一比，发现有何不同？学生很快明确，"甚至"一词写出了作者发现可以抵达瀑布后面的惊喜之情。这种增删字词的比较训练，有利于培养学生的炼字能力。冯骥才的散文《珍珠鸟》的尾段是："我笔尖一动流泻下一时的感受：信赖，往往创造出美好的境界。"我们可以引领学生删去尾段，与原文尾段比较，思考哪一种结尾更好。学生通过探索研究，自会悟出原文尾段具有画龙点睛之妙用，同时引发读者对"信赖"的深入思考。这样，学生不仅深刻领悟了作者的写作意图，还获得了写作方法的启示。

采用增删法进行比较探究，学生不仅能提高的炼字炼句能力，而且能加深对课文内容的理解，深刻领会作者蕴含在字里行间的情感，习得遣词造句的方法和技巧。

2. **置换法**

即将阅读文本的某个词语、句子，换成另一个意义相近的词语、句子，或者改变语段的顺序，与原文进行比较探究的方法。例如阮翠莲老师执教公开课《在烈日和暴雨下》时，设计了这样一个环节：

师：下面请同学们默读课文第12段，看一看暴雨是怎样蹂躏祥子的。请同学们找一找本段文中哪些动词用得准确生动。

生：（讨论后明确）"裹""砸""横扫""拽""浇""挣命"。

师：请同学们分别找这些动词的近义词跟这些动词比较一下，品一品这些动词好在哪里。

生："湿裤子裹住他的腿"，一个"裹"字写出雨量之大，如果换成"粘"字，就没有这种效果。

生："上面的雨直砸他的头和背"，"砸"突出雨点大而有力，祥子所受痛苦之深。如果换成"敲"，感觉雨点就小了很多。

生："拽"写出祥子拉车之艰难，如果换成"拉"，艰难的程度就难以表现。

师：老舍先生不愧是著名的语言大师，用词准确、形象、生动，充满感染力。

学生通过找动词、换动词，于比较中见优劣，对文章语言进行了精彩的品味与赏析，习得了赏析名家名篇的具体方法。

朱自清先生的散文名篇《春》的结尾三段依次是：

春天像刚落地的娃娃，从头到脚都是新的，它生长着。
春天像小姑娘，花枝招展的，笑着，走着。
春天像健壮的青年，有铁一般的胳膊和腰脚，领着我们上前去。

笔者把三段任意调换一下顺序，请学生与原文比较。学生经过比较探究，就会明白，原文用了比喻的修辞，把春天分别比作娃娃、小姑娘和健壮的青年，依次体现春天新、美、壮的特点，这三个比喻句是按照春天的成长顺序排列的，如果交换顺序，就不符合逻辑了。

凭借作家的修改稿进行置换比较分析，也是一个很好的细读方法。一位教师在讲授柳永《雨霖铃》一课时，拿出作品的未定稿与定稿进行了比较，"执手相看泪眼，竟无语凝噎"在定稿前是"执手相看泪眼，有千语叮咛"，学生们都认为"有千语叮咛"比较直白，像是日常生活离别时的嘱托，不像是恋人之间的分别，而"无语凝噎"给人的想象空间是很大的，情到浓处，已经无需话语，只需二目相视，泪眼蒙眬，便知对方的心意了，所以定稿后的文字更符合当时的情景。在比较细读中，学生领悟了语言的优劣，情感的深浅。

采用置换法进行比较探究,可以有效地制造矛盾,打破学生的思维定势,激发学生的探究兴趣,使学生不仅知其然,更知其所以然,引领学生品味精美的语句,较好地训练学生的炼字炼句能力,提高学生写作中语言表达的准确性和严密性。

3. 图表法

即将阅读文本中的相关内容或关键性词语摘抄下来,通过画图或列表进行比较探究的方法。例如,学习契诃夫的小说《变色龙》时,为了让学生更好地认识主人公奥楚蔑洛夫警官的形象,许多教师不约而同地选择了图表法作为主要教学方法。首先让学生从文本中找出奥楚蔑洛夫警官对狗咬人事件处理的相关"判词",并提炼其中的关键性词语,然后画出奥楚蔑洛夫对"罪犯"小猎狗的态度不断变化的曲线图。这样学生可以一目了然地看出奥楚蔑洛夫警官的态度随着狗主人的变化而变化,进而探究出奥楚蔑洛夫警官是一个见风使舵、媚上欺下、趋炎附势、狡诈善变的家伙,其"变色龙"的卑劣灵魂也就显而易见了。

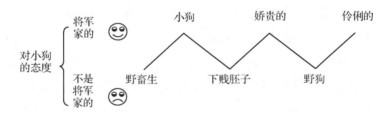

图表法可以将事物的特点和它们之间的异同,直观形象地呈现在学生面前,给学生留下清晰、深刻的印象。

4. 假想法

即引领学生凭借自己的阅读经验和写作经验,假想出与阅读文本相关的某些内容,进而与原文进行比较探究的方法。

学习徐迟的游记散文《黄山记》时,笔者故意没有让学生预习课文,而是出示了一个命题作文题目《黄山记》,请同学们列一下写作提纲,然后才让学生阅读课文,比较自己的作文构思与原文有何不同之处。从学生展示的作文提纲中可以看出,他们习惯于采用游踪的顺序,记叙并描写自己在黄山的所见所闻所感，而通过比较探究，学生认识到原文开篇的独特之处：作者用拟人化手法和丰富的想象描绘出大自然创造黄山胜景的过程，化静止的介绍为生机勃勃的动态展示；作者立足于宇宙之间，视野开阔，把黄山描绘得场面宏大，又给人举重若轻之感。莫泊桑的小说《项链》的结局是主人公玛蒂尔德用十年青春还清了债务，突然得知那挂项链是假的，小说到此戛然而止，给人意犹未尽之感。为了引领学生认识世界短篇小说巨匠莫泊桑如此结尾的匠心独具之妙，笔者让学生展开丰富的想象，续写小说。学生有的写玛蒂尔德要回了真项链，欢天喜地换回几万法郎，生活有所改善；有的写玛蒂尔德精神受到严重刺激，从此精神失常；有的写佛来思节夫人要把真项链还给玛蒂尔德，而玛蒂尔德慷慨地一笑置之，不愿收回……然后让学生将自己续写的结尾与原文结局进行比较探究，学生就体悟出原文的结尾更高妙：荒诞可笑的结局，出人意料，又在情理之中，极具幽默效果，耐人寻味。

黄厚江老师在教学《老王》一课时便采用假想法，让学生通过想象老王在送给作者鸡蛋和香油却听到作者坚持要给他钱时的心理感受，从而激发他们去深入细致地体会"老王"这个人物身上所具有的朴实、真诚、善良的品质。具体而言，课堂教学中黄老师引导学生仔细揣摩了文章第11段中"强笑"一词的内涵，从而让学生深刻体会到作者通过该词表现出来的与老王之间的距离感。在此基础上，黄老师又充分激发学生的探究意识，让学生揣摩作者在文章第14段中所说的一句话的言外之意，进一步使他们想象当时的各种情况。接着黄老师便引导学生站在"老王"这个人物形象的立场上，通过想象来体会老王当时的内心活动。[①] 在老师的引导下，学生最终深情地描述了老王的心理感受，也深刻体会到了老王的善良品质和对亲情的渴望。

笔者认为，采用假想法进行比较探究，不仅培养了学生的联想和想象能力，而且加深了学生对课文的理解和认识，同时又使学生获得写作方面的启示，即文学创作若能适当采用留白艺术，就会产生"言有尽而意无穷"

[①] 黄厚江.《老王》教学实录及反思[J].语文教学通讯，2012(9/A).

的奇妙艺术效果。

5. **勾连法**

即在阅读文本时，就文本中某个知识点勾连出与之相关的知识（包含课外知识），并进行比较探究的方法。勾连法不仅深化学生对文本知识的认识，而且促使学生温故知新，拓展阅读视野，并使学生的阅读不断向纵深发展。

李镇西老师执教《在烈日和暴雨下》讲到有关"暴雨"的语句时，为了把学生的思维引向深入，提醒道："咱们还是应该比较，看看我们以前学过的课文里还有哪些写雨的语句?"一句话点醒梦中人，学生马上想到朱自清《春》中有关春雨的描写，《金色的大斗笠》中对于夏雨的描绘。学生经过朗读、比较、探究，不仅温习了已学知识，而且总结出"一切景语皆情语"的感悟。

学习李清照的《声声慢》尾句"这次第，怎一个愁字了得"时，笔者借机引导学生走出文本，收集古诗词中写"愁"的名句。学生尽其所能，集思广益，搜集到李煜的"问君能有几多愁，恰似一江春水向东流"，李白的"白发三千丈，缘愁似个长"，秦观的"自在飞花轻似梦，无边丝雨细如愁"，贺铸的"若问闲愁都几许。一川烟草，满城风絮。梅子黄时雨"，李清照的"只恐双溪舴艋舟，载不动许多愁"，马致远的"夕阳西下，断肠人在天涯"等经典诗句。笔者要求学生对这些写愁名句进行比较，进而探究这些语句的异同之处。作者都尽力将看不见、摸不着的"愁"化作具体可感的形象，而又同中存异：李煜用"一江春水"比喻愁之多，李白用"白发三千丈"比喻愁之长，秦观用"无边丝雨"比喻愁之细而淡，贺铸用"一川烟草，满城风絮。梅子黄时雨"比喻愁之无边无际，李清照用"船载不动"形容愁之重，马致远用"断肠"生动形象地写出了天涯沦落人的羁旅愁思。这种动手搜集材料，进而比较探究的训练，较好地培养了学生的积极动手能力和信息处理能力，使学生深刻领会到诗歌意象的生动形象性。

比较探究式阅读的方法绝不止以上五种，还需我们在具体的教学实践中不断探索研究。授人以鱼，不如授之以渔。授人以鱼只救一时之及，授人以渔则可解一生之需。教给学生科学有效的阅读方法，可以使学生在自主的阅读活动中有章可循,有法可依,在一定程度上避免了学生在文本表面滑行、思维并未深入的阅读现象。当然,教无定法,法无定式,比较法亦然,这就要求教师能根据具体的教学内容、教学目标,灵活选择比较探究的具体方法。

三、比较探究式阅读教学的原则

比较探究式阅读作为阅读教学的方法之一,虽然具有一定的个性特征,但也具有其他阅读教学方法的共性。在比较探究式阅读教学中,教师应该根据教学目标、教学内容和学生的知识积累、生活经验把握好比较探究的尺度:既要有一定的广度,可以拓宽学生的阅读视野,又不能无限延伸,否则就会喧宾夺主,漫无边际;既要有一定的深度,使学生的思维得到有效锻炼,又要符合学生的认知水平和接受能力,否则就会揠苗助长,适得其反。除此以外,笔者认为,根据比较探究式阅读教学的特点,还应该遵循有效性原则、自主性原则和指导性原则,以保障比较探究式阅读教学的顺利开展。

1. 有效性原则

列宁说:"任何比较都不会十全十美……我们提醒读者注意一下这个大家知道的但是常常被人忘掉的真理。"[1]比较探究式阅读作为文本解读的一种方法,作为培养学生探究能力的一条途径,并非完美无缺,放之四海皆准,它也有自身的局限与不足,只有与其他文本解读方法有机结合,才能收到理想的效果。比较阅读材料的选择应该遵循可比性原则,比较阅读材料之间要有一定的相同点或相似点。比较点的设计要有助于教学目标的实现和学生知识的增长,这样的比较探究式阅读教学活动才有意义和价值。如果文本之间的异同一目了然,或者与教学目标关系不大,就不需比较,切忌为比较而比较。

2. 自主性原则

比较探究式阅读要建立在学生精读文本的基础上,以学生的自主思考

---

[1] [苏]列宁.列宁全集:第31卷[M].北京:人民出版社,1956:50.

为主,合作探究为辅。学生是课堂的主人,是语文学习的主体,是文本对话的体验者与感悟者。教师在采用比较探究式阅读教学时,务必要事先了解学情,根据学生的阅读积累、学习能力和认知规律来预设教学。教师要多方面激发学生的阅读热情,尊重学生对文本的独特体验与感悟,要及时鼓励与关注学生慧眼慧心的发现,在具体的文本细读中培养学生的探究能力、创新能力,真正提高学生的语文素养。

3. **指导性原则**

教师是比较探究式阅读活动的组织者和引导者,担负着阅读教学的指导重任,因而比较探究式阅读对教师提出了一定要求。

一方面,教师要深钻细研教材,切忌浅尝辄止。当前的比较阅读教学,常常是蜻蜓点水,归纳出几点异同之处便以为大功告成。宋代学者朱熹在《朱子语类》中指出:"读书无疑者须教有疑,有疑者却要无疑,至此方是长进。"比较探究式阅读教学离不开质疑解疑,不仅要让学生"知其然",还必须联系作品的写作背景、作者成长经历等因素探究造成异同现象的根本原因,即"知其所以然",使学生由感性认识上升到理性认识,将所学知识真正转化为学习能力。这就要求教师深钻细研教材,吃透教材,用慧眼敏锐地发现课文中看似不存在的比较点,或者为了解决教学的重点或难点,巧妙设置比较点,合理选择选择参照物进行比较。

例如于漪老师讲《晋祠》时,就视野开阔地选择《中国名胜辞典》中的"晋祠"条目与课文进行比较阅读,使学生在比较探究中辨析正误,轻松掌握了课文的说明内容,事半功倍。然后,于漪老师趁热打铁,指导学生就词条与课文在表达方式、语言特点两个方面进行同中求异的比较。这一比较阅读教学的成功实施,收到了一石数鸟的教学效果。

另一方面,教师要善读乐思,切忌孤陋寡闻。孔子曰:"学而不思则罔,思而不学则殆。"教师只有爱读书,多读书,才能不断开阔自己的文化视野,才能在比较探究式阅读中精选参照文本,巧设比较点。教师在读书时要有自己独特的体验和感悟,并善于结合教学实践,反思自己的教学行为,并养成将体悟和反思随时付诸文字的良好习惯,以不断提高自己的理论水平和教学能力。唯有如此,教师在课堂上的引导才有可能做到旁征博引、左右逢源，才能跟上时代的步伐，用先进的教学理念指导自己的教学行为。

第五节　细读教学对话法

要革除当前经典文本阅读教学存在的"去文本化""功利性"等弊端，经典文本阅读教学就必须落实到学生的自觉接受与精神的独立成长上，这才是经典阅读的意义所在：只有在与具有强大的精神力量的人的平等对话、交流与撞击中，才能培养出"能独立思考和独立判断的有创造能力的个人"。经典文本的阅读是师生极具个性化的行为，展现的是自己的思想与观点，是跨越历史鸿沟和作者、文本的对话，是和充满智慧的心灵的对话，是充满乐趣的精神生活。以往的阅读教学中，教师是主宰，控制着学生和文本，教师、学生、文本之间没有真正的对话，有的只是在教师牵引之下的形式化的问答，是学生被动的接受。学生只有自由、自主地与文本沟通，实现个性化的交流，才是名副其实的对话式阅读。

一、对话教学的源起

文学作品中的阅读欣赏，其本质就是对话，阅读经典文本是读者与作品生命的相遇，是一种精神上的对话。语文教学的目的是全面提高学生的语文素养，这是一个循序渐进的过程，学生只有在与教师、文本、同学的对话中，才能逐渐学会倾听、欣赏与表达。在经典文本阅读中，时空的界限将不再束缚学生，他们自由主动地与作者进行精神的对话，沉潜于知识的海洋中，真正实现心灵的交流与撞击。朱自清先生非常关心青少年一代，他认为经典的价值是不可估量的，与经典的对话首先要"设身处地，替人着想"，其次要把自己摆进去，"烧"进去，不能"隔岸观火"。这就是说不管是教师还是学生，都必须亲身体验，充分发挥自主性，全身心地进入作品中的世界，想作者、作品中的人物之所想，感作者、作品中的人物之所感。说得形象一点，就是要与作者、作品中的人物同哭同笑，产生情感的共振。对话的过程,实际上也是师生共同成长的过程,在与文本深入沟通,有了自己独有的见解后,也要适时地进行生生对话。学生之间存在独立性与个体差异性,每个人都有发表自己见解的自由,教师应给予支持与鼓励,只有在不同观念、意见的互相交融中,学生才能在阅读过程中共享知识,交流见解,取长补短。不同观点的相互沟通,还可以扩展学生的思维空间,从而实现对经典文本更高层面上的解读。

新课标提倡的对话式教学必须体现三个主体,即教师、学生、文本,三者缺一不可。语文课要上成生动的对话课,就必须抛弃"一言堂"的教学模式,不能仅仅听到文本中作者的声音,也不能只听到一味地复述教参为作者唱赞歌的声音,师生要有敢于直面经典的勇气,正确看待名作与大家,客观地发出自己的声音,善于发现文本中的问题。尽管在阅读初期我们发出的声音是弱小的、没有底气的,但终究是师生与作者真正对话的开始,只要我们有勇气迈出与文本对话的第一步,走进经典文本就指日可待。当代的中学生是生机勃勃、勇于接受新事物的一代,教师应考虑学生的具体情况,了解他们的心理发展特征,全面把握学情,因材施教,从而让学生与经典文本亲密接触。

二、对话教学的具体方法

经典文本是以感性的语言形式为载体的,而文本本身又是具有很多"不定点"和"意义空白"的召唤结构,开放性、模糊性是其特征,处处在召唤读者把它填补起来,扩充起来,这样就形成了阅读的对话过程。对文学作品意蕴的把握,应该允许有多重视角。中学生由于家庭环境、成长经历的不同,会存在个性化的阅读体验。此时,我们应以积极的态度对待,让每一个学生都成为对话的主角。

1. 知人论世,走进作者的精神世界

经典文本是具有历史积淀及深厚意蕴的文学作品,其思想内涵与我们当代的价值观有一定的距离。经典文本的时代性决定了其自身是存在某些时代烙印的,与它创作的年代是密不可分的,由于中学生阅历较浅,生活体验较少,在阅读教学中教师要带领学生知人论世,从历史发展的角度来理解经典所蕴含的精华。

知人论世,也就是三主体之一的作者主体的体现,联系作者生平及其所处的社会文化背景,就能更加深入地进入经典文本的历史语境,领悟其独特的风采。关于知人论世,鲁迅先生曾有精辟的议论:"世间有所谓'就事论事'的办法,现在就诗论诗,或者也可以说是无碍的罢。不过我总以为倘要论文,最好是顾及全篇,并且顾及作者的全人,以及他所处的社会状态,这才较为确凿。要不然,是很容易近乎说梦的。"[①]当然,现代阅读教学中提及的知人论世并非孤立的大谈特谈作者其人其事,而是与文本语言的审美性、思辨性紧密结合的。

比如读到建安七子的诗歌,就应该想到那些诗人刚健的人格与明朗的诗风,了解什么叫"建安风骨"。读到陶渊明的诗歌,就想到他不为五斗米折腰的事迹、淡泊名利的精神,于是可以把握他的诗歌风格基本是淡而远的。读到李白、杜甫的诗,就应该想到他们曾经历大唐的全盛期以及安史之乱,一个是狂放的,一个是沉重的,有浪漫主义和现实主义的区别。读到王维,就应该想到他喜好山水丹青、修学释道的特点,所以诗中多描写田园风光,风格清新明快淡远,有"诗中有画,画中有诗""诗佛"等美誉。读到高适、岑参,就应想到边塞风光、边塞士兵的生活,其边塞诗多表达思乡、反战、杀敌报国、建功立业等主题。读到刘禹锡,就应想到他处于晚唐政治倾颓时期,其作品以沉郁的怀古诗为代表。又如李清照笔下,大多词清调苦,流露的感情婉曲深挚,多有今昔盛衰之感,个人身世之悲。如"中州盛日……铺翠冠儿,燃金雪柳,簇带争济楚"与"如今憔悴,风鬟霜鬓"(《永遇乐》),就体现了两种迥然不同的心境,流露了两种截然不同的感情。《武陵春》"物是人非事事休,欲语泪先流",则是词人只身流落金华,加之眼前又见赵明诚遗著《金石录》,睹物思人,无限感慨而在其词中投下的心灵阴影。李清照生当宋金对峙之际,她主张抗战,期望收复失地,其所作"生当作人杰,死亦为鬼雄。至今思项羽,不肯过江东"(《乌江》)和"南渡衣冠少王导,北来消息欠刘琨"(《失题》),就是这种思想的集中体现。可见,金兵

---

① 鲁迅.鲁迅全集:第六卷[M].北京:人民文学出版社,2005:444.

南下前后两个截然不同的时代,相隔霄壤的生活境遇以及思想主张,都对李清照诗歌的思想感情产生了巨大的影响,把握这一背景往往就把握了李清照词的感情脉络。

再如范仲淹的《岳阳楼记》,不了解写作背景的学生,往往会认为如此雄阔的文章,肯定是作者身临其境之作,故观察入微,句句写实。其实不然,作者在写这篇文章时,正外放邓州(在今河南),根本不可能远赴湖南岳阳。同时,文中所表达的"不以物喜,不以己悲"的心境,"先天下之忧而忧,后天下之乐而乐"的远大理想抱负,也与作者所处的时代及其经历有着密切的关系。对于这篇文章的教学,作者生平及写作背景的介绍是必不可少的。通过简单介绍写作背景,我们便可看出范仲淹仅仅凭借滕子京给的一副岳阳楼的图画便写成此千古名篇,他没有亲自登楼,仔细观察,却将想象联想的审美主体的优势发挥到极致。《文心雕龙》说"目既往还,心亦吐纳,情来如增,兴往如答",心灵不仅仅是接收(纳),而且是发出(吐),不仅仅是答复,而且是赠予。本文题为"岳阳楼记",自然要写岳阳楼的景色,但作者却并没有囿于写景,而是借题发挥,谈及政治抱负以规劝友人。不管是"阴风怒号,浊浪排空,满目萧然,感极而悲"的忧郁,还是"春和景明,心旷神怡,宠辱偕忘,把酒临风"的喜悦,都不是作者的追求,他心向往之的是"不以物喜,不以己悲"的览物之情,不以客观事物的美好而感到高兴,也不以自己的不幸遭遇而悲伤。在文中,作者将一己之悲喜抛之脑后,认为个人的悲欢是不值得夸耀的。"进亦忧,退亦忧",突出一个"忧"字,不论个人的得失,在百姓未能安乐以前,就不能有一己之乐,那么自然就会有"何时而乐"的设问,"其必曰'先天下之忧而忧,后天下之乐而乐'乎"。作者在写这篇文章时,正遭贬谪,他在劝勉友人的同时也是在勉励自己,给自己提出了比平时更为严格的要求。学生只有在充分了解作者的生平及写作背景后,才能深入文本,结合特定的历史语境,感受作者独特细腻的情感。

在《重读经典——关于经典阅读的对话》一文中,郑素芳老师经过对《子路、曾皙、冉有、公西华侍坐》一文的多次研读后,认为在这一节"言志"课上,孔子不仅是以一个老师的身份鼓励学生"各言其志",更是在或赞扬或批评学生志向的过程中作为一个真实的"人"而存在的!袁湛江老师则认为,郑素芳在多元解读中形成了自己的见解——孔子是作为一个真实的人存在的,然而,此时此刻他已"心灰意冷","从灵魂深处来说,他也许一直渴望过一种闲云野鹤的生活",但郑老师的这个观点如果仅凭文章中的几句对话是不足以支撑的。以上两位老师的对话向我们发出了在教学过程中老师可以有自己感性的解读,但结论必须有充分的资料文献佐证的提醒。因而,对于一些具有特定时代性、阶级性的文章,我们更应该"知人论世",在经典文本阅读过程中与学生深入探究,共同走进作者生活的年代,了解其经历及思想的变化,一起解读历史中的作者,建构经典文本的当代意蕴。

2. 倾听文本,学做文本知音

语文学习中的倾听,不仅仅是耳朵在倾听,也是心灵在倾听,是生命在倾听,是一种全身心投入的过程。倾听文本,是一种态度。感知文本的言语形式,是阅读的重要途径,在读与听的过程中,师生便不知不觉地走进了文本,理解了文本。随着信息技术的不断发展,经典文本阅读教学中渐渐失去了师生的声音,取而代之的是多媒体录音、动画,在这个过程中,最淳朴的读与听被漠视了,文本也远离了学生。现在我们应该提倡对话教学,提倡素读,运用最传统的诵读方式,引导学生反复阅读,追求一种本真的教学方式,使学生在感性的语言文字符号中品尝经典的韵味,学做文本的知音。

《木兰诗》是中学生熟读成诵的名篇,在教学过程中,很多教师更多的是关注木兰这一"英雄"形象而忽视了"女性"这一特点。《木兰诗》是一篇文言文,某些教师便将字词句翻译作为重点来讲解,忽略了文本的整体结构及文本结构深层的文化内涵。教学从一开始,便运用多媒体播放木兰待字闺中、对窗织布、奔赴战场、建功立业等图片,以固定的英雄形象代替学生的感觉,接着播放录音,讲解生字词,分段翻译全文,最后得出木兰是"巾帼英雄"的主旨。学生的一答一问全部在教师的安排之下,这样的教学方式将文本割裂成词语与句子的组合,剥夺了学生倾听文本的权利,忽视了经典文本的宏观结构,课后再问学生木兰为什么是巾帼英雄,答案便是她

第五章 细读教学的方法

英勇善战、建功立业。整个课堂看似热闹,实际却并未进入文本,始终徘徊在文本之外,学生看到的只是课堂上死板的男性"英雄"形象,而不是文本中真正作为"女人"的花木兰。

实际上,《木兰诗》这一经典文本想要表现的花木兰与学生心理图式中的英雄人物是截然不同的,学生心理中所固有的英雄是有着与众不同的模范行为、崇高品质的人物形象,而文本中所塑造的英雄形象却不能脱离作者的创作意图和文本本身刻画的独特性。《木兰诗》这篇经典文本所展现的花木兰的英雄形象,其独特性并不在她的英勇善战。回到文本中来看,文章用了多少笔墨来描写打仗的呢?"旦辞爷娘去,暮宿黄河边。不闻爷娘唤女声,但闻黄河流水鸣溅溅。旦辞黄河去,暮宿黑山头。不闻爷娘唤女声,但闻燕山胡骑鸣啾啾",这是写思念父母,思念家乡;"万里赴戎机,关山度若飞",这是写行军;"朔气传金柝,寒光照铁衣",这是写宿营;"将军百战死,壮士十年归",这一句可以说是写打仗了,可是仔细分析,也没有正面描写战场,只是从牺牲与凯旋两方面写了战争伤亡之多,归来不易。这样来看,木兰在战争中的英勇不是文章的重点,文本这样安排恰是作者匠心独具之处。教学这篇南北朝民歌,就要让学生自己熟悉文本,倾听文本,融入自己独特的感受。

文本开头描画了一幅亲切温馨而平凡的农家生活画面,"唧唧复唧唧,木兰当户织……愿为市鞍马,从此替爷征"。学生在阅读的过程中,仿佛自己是木兰的朋友或邻里,身临其境,听到"唧唧"的织布声,看到木兰在当门放着的织布机上织布。文本这样的描写,拉近了木兰与学生的距离,学生感受到的是一个真实、亲切的女子,而非她的英姿飒爽。接着便听到了木兰的叹息声,一切都是那样自然而然,让学生不禁想知道一个织布的女子为什么要叹息呢?这十六句与上面提到的描写战争的句子形成鲜明的对比,浓墨重彩地展现了木兰作为女儿为父担忧并决心替父从军的心理过程。"问女何所思,问女何所忆",这两个相似的问句也使学生对木兰的关切绵长温婉,学生成为木兰的朋友,以同情和关切的心情注视着木兰的一举一动,木兰的形象始终是亲切自然的,她的从军并不是为了施展个人才华、报效国家,而是出于一个女儿对父亲的孝心,是迫于特定的社会境遇,木兰在学生的心中是邻家大姐姐的懂事而不是英雄形象的崇高。

"东市买骏马,西市买鞍鞯,南市买辔头,北市买长鞭",木兰一旦下定决心,便雷厉风行地准备从军所需的物品,一个"买"字将这四句贯穿起来,使人感觉到木兰的准备是紧张而有序的,这样的叙述方式让我们感到木兰的独立、勇敢。接下来写行军中对父母的思念也是毫不吝啬笔墨,用八句表达了一个出门在外的女儿对父母的思念之情,"关山度若飞""旦辞""暮至"的描写,展现木兰的雄健与飒爽,我们看到的是战马上飞奔的女战士形象,而非软弱无力的闺阁女子,"不闻爷娘唤女声"转而让我们感受到外表刚强的木兰内心的柔情。正是文本中不断穿插的"女性"特征,木兰才没有被裹上惊世骇俗的英雄色彩。放弃高官厚禄凯旋的木兰,又由一个英勇的战士回归到朴素的女儿身,这是一个充满温情的场面:"爷娘闻女来,出郭相扶将;阿姊闻妹来,当户理红妆;小弟闻姊来,磨刀霍霍向猪羊。"分别写了爷娘、阿姊、小弟为了迎接木兰归来的动作及心情,在家人的眼中,木兰还是当年那个乖巧懂事的女儿,并没有因为她战功卓著而有距离感。接着写木兰换衣化妆:"开我东阁门,坐我西阁床。脱我战时袍,著我旧时裳。当窗理云鬓,对镜帖花黄。"木兰回到家里,也是欣喜欢愉,换上旧衣裳,着上女装,内心的喜悦都已体现在动作上。"雄兔脚扑朔,雌兔眼迷离;双兔傍地走,安能辨我是雄雌?"这是文本中唯一的一个比喻,作者用雌兔和雄兔,而没有用一些雄健如苍鹰的动物作比,隐含了女性细微精致的心灵,可见文本中木兰的形象始终是以女性这一特征为独特性的。

经典文本之所以永垂不朽,自然有其独到之处,在阅读过程中,不能以模式化的套路去遮蔽它,而要揭开文本的面纱,体味到其中隐藏的"意脉"。教学《木兰诗》一文,就要深入文本,抛弃学生心目中已有的崇高、遥远的英雄形象,用文本中精细的言语打开学生们的内心世界。木兰主动承担男性责任,替父从军,并且战功卓著,却放弃功名利禄回到故乡,她的所作所为和一个作为男性光宗耀祖、富贵还乡的英雄形象差距甚远。文本中突出的是木兰的非英雄形象,作者塑造木兰不是为了赞颂她的英雄形象,也不是批判战争带给人们的痛苦,其真正意图是展现木兰积极乐观的人生态度和她独特的精神风貌,是木兰这一个女性英雄所象征的世间千千万万纯真质朴的生命力。

再如《三国演义》这部著名的历史小说，除了以故事情节取胜之外，更重要的是针对不同的形象有不同的富有人情味的描写，让读者在体验和回味中引起无穷的遐想。例如第三十六回，写刘备与徐庶分别一段，行文跌宕有致，两人依依不舍之情令人鼻酸。清人毛宗岗在此回的总评中说："观玄德与徐庶作别一段，长亭分手，肠断阳关，瞻望弗及，伫立以泣，胜读唐人送别诗数十首，几令人潸然下泪矣。"①我相信今天有一定古典文学修养的读者，也会像毛氏那样，由这一段的启发而在头脑中闪现出几组唐诗意境。有些读者可能会忆起杜甫"明朝牵世务，挥泪各西东"（《酬孟云卿》）的吟哦，有些读者可能会想起郑谷"数声风笛离亭晚，君向潇湘我向秦"（《淮上与友人别》）的感叹，有些读者可能会记起顾况"故人一别几时见，春草还从旧处生"（《赠远》）的惆怅等，这些都是符合刘、徐的形象特征的，因此都具有审美的合理性。但如果是随心所欲或心猿意马式的胡思乱想，由此产生"从此无心爱良夜，任他明月下西楼"（李益《写情》）、"心爱阮郎留不住，独将珠泪湿红铅"（武元衡《代佳人赠张郎中》）式的缠绵，则超越了小说描写的导向性和规定性，背离了文本坐标轴的方向，移动了文本圆心的位置。

总之，在文本细读中，我们要充分肯定读者在理解充实作品的意义架构、发掘作品题旨方面的独特性和创造性，不能把读者沿着文本意蕴路标的主观引申、合乎作品艺术逻辑的推导和衍生，不能把读者超越作者意识构想的范围的体验和见解，都看成是外在于作品的东西，而不承认其审美价值。应该充分肯定读者的主观因素在造成作品审美效果过程中的能动作用和催化作用，但这绝不意味着可以把读者的主观能动作用看成是文本审美效果生成的决定性原因，绝不意味着可以否定文本作为解释对象的客观规定性。文学评论家乐黛云曾以《红楼梦》为例，对这种过度读解现象做了论述，她说："例如《红楼梦》，你说它是阶级斗争的历史也好，什么什么的历史也好，都可以说，但你不能说这是一本侦探小说吧？你硬说这是一

---

① 毛宗岗.三国演义会评本[M].北京:北京大学出版社,1986:448.

本侦探小说,恐怕别人也不能接受。"①

　　文本是客观的,理论是灰色的,教学实践却应绿树长青。记得笔者2011年在北京师范大学和一位小学名师交流时,她给笔者讲了这样一个教育故事:

　　《坐井观天》一文教学即将结束的时候,语文老师让学生展开想象的翅膀,以"青蛙跳出井口了"为题说几句话。学生们一个接一个地讲着,内容不是"外面的世界很精彩"便是"青蛙真正感到了自己见识少"。这时,一个学生说:"青蛙从井里跳出来,到外面看了看,觉得还是井里好,又跳回井里。"话音刚落,同学们便哄堂大笑。教师还算幽默,也随口说道:"我看你就是一只青蛙,坐井观天。"

　　在看图作文时,这个学生坚持了自己的想法,他写道:"青蛙跳出井后,来到一条河边,想喝水,突然,听到旁边老青蛙的警告:'不要喝,水里有毒!'紧接着,又听到老青蛙被人用钢叉刺死的惨叫声……"

　　语文老师的心被震撼了:让青蛙跳回井里又有什么不好?可作为老师,自己却没有给学生一个发表自己观点的机会。于是,老师提笔在作文本上写道:"对不起,老师是一只青蛙。"

　　这个故事中的教师从"幽默"到"心被震撼"的过程,实际上折射出教育教学中诸多方面的问题。很显然,这位教师对自己的课做了一次迟到的"反思"。教师本应在课堂教学的过程中,及时地运用"教学机智"来解决这个问题,却用一个"幽默"堵住了学生的嘴,这种"幽默"表面看是一种"机智",实际上是对真正的"教学机智"的违背。这个教师的问题主要是面对那个孩子突然的"另类"表现,运用了虚假的教学机智,没有关注到儿童的体验和儿童作为主体性的存在,无视孩子的真诚思考,可以说在某种程度上伤害了孩子。好在那个学生最终坚持自己的思考,将其在写作中体现出来,得以给教师一个"倾听"的机会,也正因为这一环节,教师才意识

---

① 乐黛云.比较文学简明教程[M].北京:北京大学出版社,2000:124.

到自己在课堂上的问题所在。教学机智是对孩子声音的用心倾听,是对孩子内心声音的唤醒,用杜威的话说就是,教师不仅要感受到儿童用文字表达出来的意义,而且要注意到身体所表现出来的各种理智状况,像迷惑、厌倦、精通、观念的醒悟、装作注意、夸耀的倾向,以自我为中心把持讨论,等等。教师不仅要了解这些表现的意义,而且要了解学生思想状态所表现出来的意义,了解学生观察和理解的程度。

智慧的课堂教学要求关注课堂动态生成的问题。教师虽然在课前的教学设计中精心预设了一系列的问题,但课堂是活的,作为教师的我们永远都无法预设到课堂现场的生成性问题,因此智慧教学要求教师关注课堂动态生成的问题与精彩。如钱梦龙老师在《故乡》一文课堂教学中,遇到一位同学突然提出的一个"横炮式"的问题:"跳鱼怎么会有青蛙似的两只脚?"面对课堂上这个动态生成的问题,教学经验丰富的钱老师没有回避,而是紧扣提问,循循善诱地引导学生思考:

生:跳鱼怎么会有青蛙似的两只脚呢?
师:是啊!鱼怎么会有脚?
生:有!
师:什么鱼?
生:娃娃鱼。
师:你见识真广!我想鱼也有两只脚。可是我没有见过,你们谁见过?
生:(齐)没有。
师:可是少年闰土就知道,这又说明了什么?
生:闰土见多识广,他"心里有无穷无尽的稀奇事,这是我们所不知道的"。

这个教学案例中,钱老师及时抓住课堂上生成的问题,通过巧妙的引导,不露痕迹地把学生旁逸斜出的问题引导到了文本细读的教学目标上来,从而结合课文极大地加深了学生对少年闰土"见多识广"这一形象特征的认识。

犹记得 2016 年 7 月,肖培东老师在江苏省南菁中学执教《祝福》的情景。这节课教学设计简洁精练:说说祥林嫂的经历—赏析对祥林嫂眼睛的描写—寻找《祝福》里更多的不多余的"眼睛"。

用简要的语言说说祥林嫂的经历,这是检查学生自读的情况,同时也是为了让学生对小说主要人物有一个整体感知。很多老师上课会省略这一环节,认为这一环节不容易出彩,但是如果没有对文本的整体感知,后面的局部赏析就会变得零碎松散。请看在交流初读体会时的一段对话——

生:我读出了在这个封建社会中,祥林嫂虽然有反抗,但最终屈服。她在屈服的过程中,受到精神的打击,最后就去世了。

师:你说祥林嫂"去世了",书上用的是"去世"这个词吗?

生:书上用的是"死"这个字。

师:是啊,书上写的是"穷死了",那你为什么用"去世"这个词?

生:我用"去世",是因为对祥林嫂的反抗带着一种敬意,而"死"就是客观冷峻的陈述。

师:太好了!这才是把文章读到自己的心里去了。

学生发言中的"去世"一词是很容易被教师忽略的,但肖培东老师敏锐地抓住这一词语,并使它成为很好的教学资源,让学生对小说人物与主题的理解在这斜枝横生的追问中得以加深。尽管他从不刻意追求现场效果,但在他的课上,学生在他的点拨引导下,常常会有不少精彩的发言。

在整体感知祥林嫂的经历后,肖培东老师引导学生关注祥林嫂的眼睛,让学生按顺序从文中找到有关描写祥林嫂眼睛的词句,进而让学生思考:通过这些眼睛的描写,读出了什么?赏析了眼睛描写之后,肖培东老师引用契诃夫的一句话:"在小说里不要有多余的东西。这就如同在战舰甲板上一样,那儿多余的东西是一样也没有的。"反复写眼睛,显然不是多余的,那么小说中还有哪些不是多余的东西呢?一石激起千层浪,学生的回答精彩纷呈:有学生发现三处"我真傻,真的"并不多余,有学生发现三处"祥林嫂,你放着吧"并不多余,有学生发现小说中祝福的背景并不多余,有学生发现四叔书房里的摆设并不多余……肖老师会在学生发言的基础上或追问或点拨或总结,帮助学生获得更深的认识。真正的细读教学就是这样不断地在发现,这些发现都是学生自主阅读的成果,虽然在有限的课堂里不可能将这些有意味的"不多余"的东西都呈现出来,但学生已经掌握了读书的方法,他们读书的"眼睛"已经睁开。

细读教学需要智慧,它要求教师用自己的眼睛和耳朵,以一种关心和接受的方式去观察理解孩子的内心世界,挖掘孩子的潜力。课堂是教师和学生精神发育的场地,师生在这里一起生根发芽,开花结果。

后 记

语文独立设科已逾百年,但语文真正成为一个具有独立价值学科的时代尚未到来。近年来不太安静的语文教学常常让人困惑,语文教学忽然间被视为哲学、历史文化、生命教育、美学熏陶的躯壳,贴上了种种不是语文学科独有特质的标签。语文一时间像一个任人打扮的小姑娘,花枝招展,哗众取宠;一时间像为某个产品代言的明星,搔首弄姿,嗲声嗲气。由于语文教学对这些场外使命的屈从,对其他学科(哲学、心理学、精神文化史)方法的妥协,语文作为一门科学(或学科)之独有的使命,它独有的方法,进而连它在一系列其他学科中所独有的一席位置,都一直处于模糊不清之中。不能不说这是语文教育的悲哀,也是我们每一个语文人应该努力改变的现状。

《普通高中语文课程标准(实验)》指出:"阅读教学是学生、教师、教科书编者、文本之间的多重对话,是思想碰撞和心灵交流的动态过程。阅读中的对话和交流,应指向每一个学生的个体阅读。教师既是与学生平等的对话者之一,又是课堂阅读活动的组织者、学生阅读的促进者。"阅读是学生的个性化行为。细读教学应引导学生钻研文本,在主动积极的思维和情感活动中,加深理解和体验,有所感悟和思考,受到情感熏陶,获得思想启迪,享受审美乐趣。细读教学要珍视学生独特的感受、体验和理解。教师应加强对学生阅读的指导、引领和点拨,但不应以教师的分析来代替学生的阅读实践,不应以模式化的解读来代替学生的体验和思考;要善于通过合作学习解决阅读中的问题,但也要防止用集体讨论来代替个人阅读。学

后　记

生的成长是无人能够代替的,学生对文本的感悟、理解也是无人能够代替的。教师可以指导、引领和点拨——方法的指导、价值的引领和疑难的点拨,但不能越俎代庖。

"在作者完成作品的一瞬间,作者与作品的关系便宣告结束,解读权回归于读者手中。"(罗兰·巴特)这就是著名的"作者已死"理论。文本作为固定的物化物,一旦确定,自身不再变化,以同一面目向所有读者敞开。要想通过文本感受艺术形象,就必须用自己炽热的情感和有血有肉的经验去融化语符,填充图式,重构形象,使作者的经验、情感由凝固的物化形态重新变为流动的观念形态。无论是孟子的"以意逆志",还是董仲舒的"诗无达诂",都是对文本意义的积极追寻。阅读教学就是作者、文本、读者之间的多重对话。确立学生在课堂教学中的主体地位,是保证语文教学实现"教学生正确理解和熟练运用祖国语言文字"的基本任务的基础。廓清语文的位置,肩负独立之使命,需要一代代语文人的自觉追求,筚路蓝缕,坚毅前行。

古人说,三日不读书,便觉语言无味,面目可憎。阅读不仅事关学生在校的学习与考试,还和人生成长有关,培养学生的细读能力,更大的价值在于让其养成良好的阅读习惯。"真正的光明绝不是永没有黑暗的时间,只是永不被黑暗所掩蔽罢了;真正的英雄绝不是永没有卑下的情操,只是永不向卑下的情操屈服罢了。所以在你要战胜外来的敌人之前,先得战胜你内在的敌人。"(罗曼·罗兰)一个人的阅读史,往往就是一个人的精神成长史和能力发育史。大凡在某个领域有所建树的人,皆始学于知识,悟道于实践,境界至高则臻于法无定法,游刃于无形。阅读不仅是职业的需要,还是修养身心的需要,"把卷沉吟过二更,依然有味是青灯"。人最可怕的是精神的贫乏。

阅读让生命美丽,阅读让生命变得高雅,阅读让一个人变得睿智强大。一个爱阅读的人,便可走出狭隘的生活圈栏,进入无边疆域:虽是身居斗室,却从别人的文字里看到了沙漠驼影、秋月长笛、边塞烽火……哲人培根有言:"历史使人睿智,诗歌使人灵秀,数学使人精微,科学使人深刻,伦理使人庄重,逻辑修辞使人善辩:但有所学,均利秉性。人之心智但有残障,均可读适当之书加以克服,一如身体百病,皆可假相宜之运动来医治。"生有涯,知无涯,知识的海洋茫茫无边,必须养成"不可一日不读书"的习惯。

2016年年末,笔者申报的江苏省教育科学规划办"十三五"规划(重点资助)课题"高中语文经典作品细读教学的行动研究"(批准号:B-a/2016/02/51)与江苏省教育学会"十三五"教育科研规划课题"中学语文经典文本阅读教学的行动研究"(批准号:16A18J2SZ146)均得到正式立项,于是决定静下心来对从教三十年来语文阅读教学的所思所得做一梳理总结。笔者关注细读教学已有二十多年了,感觉探讨尚不够深入,但也始终没有间断,有时付诸笔端写一些文本解读之类的文章。通过本课题研究,笔者不揣浅陋,对细读教学进行了一次较为系统的梳理。本书既有对细读教学的理论探讨和多年来的教学点滴感悟,也有对于漪、钱梦龙、黄厚江、程翔、李镇西、王君等教育名家的经典案例解析,所举课文都是现行中学教材中的经典作品,大多是人教版以及其他教材都选用的经典篇目。

文浅意深,希望这一粗疏的课题研究成果能够抛砖引玉,呼唤出现更多更好的研究成果来引领语文教育的前行。在本书写作过程中,笔者参考了相关资料,得到了家人、朋友和学校的诸多帮助,特别是魏本亚教授在百忙中为本书作序,笔者深感荣幸,在此一并致谢!

书中谬误在所难免,敬请读者朋友批评指正。

李 彬

2017年10月